조선대학교 재난인문학연구사업단
재난인문학 번역총서 01

일본 지진 재해사

* 이 책은 2019년 대한민국 교육부와 한국연구재단의 지원을 받아 수행된 것임
(NRF-2019S1A6A3A01059888)

조선대학교 재난인문학 번역총서 01

일본 지진
재해사

日本震災史 復旧から復興への歩み

복구에서 부흥으로

기타하라 이토코(北原糸子) 지음

김성현·이석현 옮김

한국어판 기획 / 조선대학교 재난인문학연구사업단

역락

조선대학교 인문학연구원이 〈동아시아 재난의 기억, 서사, 치유-재난인문학의 정립〉이라는 연구 아젠다로 교육부와 한국연구재단이 지원하는 인문한국플러스(HK+) 사업에 첫발을 내디딘 지 어느덧 3년째가 되었다. 그동안 우리는 아젠다를 심화하기 위한 방안으로 학술세미나와 공동연구회(클러스터), 포럼, 초청 특강, 국내·국제학술대회 등 다양한 학술행사를 개최하는 한편, 지역사회와 연계한 지역인문학센터를 설치하여 '재난인문학 강좌'와 'HK+인문학 강좌'를 다채롭게 기획, 운영해 왔다.

이제 지난 3년간의 성과물 가운데 하나로 재난인문학 관련 번역총서를 간행하는 작업도 빼놓을 수 없는 과제가 되었다. 『일본 지진 재해사』는 이와 같은 취지에서 기획된 첫 번째 '재난인문학 번역총서'이다.

인류가 지나온 발자취를 재난이라는 렌즈를 통해 살펴볼 것 같으면 인류의 역사는 다름 아닌 재난의 역사라고 해도 틀린 말이 아니다. 홍수와 가뭄, 태풍, 지진, 해일 등 온갖 종류의 자연재해를 비롯하여 산불 및 각종 화재, 대형 사건과 사고, 전쟁과 국가폭력, 끊임없이 생명을 위협해 왔던 전염병 혹은 감염병 등 개인의 실수나 잘못, 사회나 국가가 저지른 억압이나 시스템 붕괴로 야기된 다양한 사회재난을 피할 수 없었던 것이 바로 인류의 역사라고 할 수 있기 때문이다. 근래 들어서는 황사와 미세먼지, 폭염, 식량난, 이로 인한 난민 발생 등 기후 관련 재난도 날로 심각해지고 있음을 간과하기 어렵다. 더욱이 인류는 현재 코로나19 팬데믹의 고통 속에서 헤어나기 어려운 상황에 놓여 있는 만큼 재난의 역사는 우리나라만의 일이 아니라, 동아시아가, 좀 더 폭넓게는 전 세계가 공동으로 경험하고 있는 일임에 틀림이 없다.

이와 같은 재난의 역사 속에서 우리 사업단이 일본의 재해사 전문가인 기타하라 이토코 교수의 저서 『日本震災史』를 우리말로 옮기는 작업에 착수하여 『일본 지진 재해사』라는 제목의 번역서를 세상에 내놓은 것은 여러 가지로 의미 있는 작업이라고 할 수 있다. 주지하듯이 역사상 일본은 지진과 그로 인한 화산 폭발, 쓰나미 등과 같은 대규모 자연재해를 겪은 곳이며, 그로 인한 재해의 기록과 지역사회, 국가의 대응 등의 양상이 역사적으로 다양하게 나타난다. 이러한 주제는 재난인문학을 연구하는 본 사업단의 주된 연구 대상이라는 점에서 이번 번역 작업의 의미는은 결코 작지 않다고 할 것이다.

원저인 『日本震災史』는 일본 고대부터 근대에 이르기까지의 역사 자료에 근거한 재해의 양상과 사회상의 고찰을 통해 구제와 지원, 복구·부흥의 진전 등에 초점을 두고 서술하였다. 특히 '복구에서 부흥으로'이라는 부제에서 알 수 있듯이, 재난 후의 복구와 함께 근대 이후 부흥이라는 슬로건 아래 어떠한 모습으로 복구와 재건이 이루어졌는지에 대해 실상과 허상의 두 측면을 균형 있게 시사하고 있다.

따라서 이 책은 단순한 자연재해가 아닌, 구제와 지원, 복구·부흥 등과 같이 사람을 중심으로 한 재해 극복의 사회적 측면을 중심으로 서술하고 있다는 점에서 '재난에 대한 인문학적 성찰'을 목표로 하는 본 사업단의 연구 목표와도 밀접한 관련이 있다. 또한 저자는 "지진 재해 유산에서 후쿠시마는 무엇을 잃었고, 무엇이 태어났는지를 후쿠시마의 경험으로서 남긴다."라고 언급하고 있는바, 현재의 재난과 그 극복을 둘러싼 상황에 대해 깊은 우려와 성찰적 시선을 보이고 있다는 점에서 본 사업단의 문제 인식과 궤를 같이하고 있다고 하겠다.

기후 위기라는 대재난이 계속되고 있는 가운데 코로나19 팬데믹이라는 감염병 재난이 중첩되어 있는 만큼 동아시아가 공동으로, 또는 각국이 경험해 온 재난의 기억과 역사를 새롭게 조명해야 할 이유는 너무나도 분명하다고 본다. 첫 번째 번역서의 간행을 또 하나의 출발점으로 어두운 시대를 밝힐 수 있는 찬란한 빛을 찾아낼 수 있기를 간절히 바란다.

2023년 1월
조선대학교 인문학연구원 재난인문학연구사업단장
강희숙 씀.

목 차

머리말

동일본대진재 이후 5년

2011년 3월 11일 도호쿠(東北) 지방에서 태평양 진원의 지진이 일어나고 5년이 지났다.[1] 올해(2016년) 3월에는 동일본대진재(東日本大震災) 5주년을 기념해 각지에서 다양한 행사가 있었다. 특히 재난지에서 지난 5년간 무엇이 사라지고 어느 정도 부흥했는지, 그동안 경과를 파악하고 앞으로 어떻게 나아갈지를 묻는 전시와 모임이 개최되고 책과 사진집 등이 간행되었다. 1995년 한신아와지대진재(阪神淡路大震災) 이후, 일본사회는 대규모 재해를 회고하고 부흥의 자취를 살펴오고 있다. 그리고 동일본대진재를 거치며 아카이브(archive)라는 단어가 새롭게 등장하였다.

아카이브는 문서를 보관하는 장소나 문서고(文書庫) 등을 뜻하는 단어로, 역사학계에서 10여 년 전부터 자주 사용되었다. 굳이 외래어를 사용하지 않고 자료라고 말해도 좋지 않을까 생각하는 저자에게, 그리 익숙하지 않은 단어였다. 그래서 저자는 왜 아카이브라는 단어가 등장했는지 궁금해 하며 '진재 아카이브'라는 전시회장에 가 보았다.

전시회는 동일본대진재의 상황을 전하는 사진(개인 사진을 포함)과 전단, 출판물 및 영상 등 모든 종류의 기록을 포괄하는 단어로 아카이브를

---

1   역자주: 일본에서 東北地方太平洋沖地震이라고 한다.

사용함으로써, 재해를 사회가 공유하는 정보로 위치 지으려 했다. 근래 미디어 환경이 급속히 발전함에 따라, 수집한 정보(데이터)를 인터넷 등을 통해 사회에 공개하고 환원해 활용하고 있는 것이다. 이전처럼 자료를 보려고 소장처로 가서 열람을 애원할 필요가 없어졌다.

인터넷은 이제 우리의 일상에 불가결한 미디어의 축이 되었다. 사회가 널리 공유하는 미디어 인터넷을 통해 우리는 재해에 관한 정보를 공개하고 활용해 방재(防災)에 쓸 수 있다. 그것과 연동해 개발된 새로운 미디어 3D의 활용도 공유할 것이다. 동일본대진재에서 얻은 지식과 지혜를 공유하고 활용하기 위해, 요즘 일본에서는 정보를 제공하는 측이 아카이브에 크게 기대를 하고 있다.

진재 디지털 아카이브

2016년 3월 하순 동일본대진재 5주년 행사로 다가조시(多賀城市)가 3D 디지털 아카이브를 활용해 해일의 흔적을 따라 걷는 여행을 개최하였다.

다가조시 걷기 여행의 포스터(부분)

다가조시에서 3월 11일 시내 건물이 무너지고, 188명이 죽었다. 주택의 피해는 전파(全破)와 일부 파손을 포함해 1만1천851세대에 이르렀다. 구체적으로 해일에 의한 피해가 5천410세대, 지진에 의한 피해가 6천494세대이다. 다가조시의 행사는 거리를 걸으며 3D 카메라에 담긴 진재 발생 당시의 영상과 겹쳐 보고, 피해 상황을 재현하려는 것이다. 부흥이 진전되면서 지표에는 당시 상황의 흔적이 거의 남아있지 않다. 해일 이후 피난소로 제공된 민간 건물 등이 사라지고, 그 흔적은 디지털 화상에만 남아있다. 걷기 행사는 그러한 실태를 걸으며 확인해 보려는 것이다. 막대한 비용이 들지만, 연구기관과 기업이 협동해 조사를 하고 진재 당시의 모습을 디지털에 보존해 시민의 기억에 남겨두려는 기획이다. 다가조시는 일찍이 기획을 시도하고 역사도시 다가성의 방재·감재(減災) 디지털 아카이브를 시의 홈페이지에 공개했다.[2] '천년 후 미래에 전해자'는 캐치프레이즈를 내건 것은, 동일본대진재가 일어나기까지 잊고 있던 869년 해일을 상기했기 때문일 것이다.

5년 전 지진으로 인해 천년도 더 전에 일어난 지진과 해일로 다가성에서 천여 명이 익사한 기록이 상기되었다. 지진학자뿐 아니라 행정도 869년 지진의 피해를 검증해 행정 현장에 활용했다면, 적어도 피해 상황에 대응할 수 있지 않을까 반성했을 것이다. 천여 년 전과 비교해 해안선, 지상 건물의 강도, 거주 인구의 규모 등 모든 면이 너무나 달라졌는데 동일본대진재로 인해 도호쿠 해안 일대에서 2만여 명이 숨졌다. 이에 다가조시는 5년 전 지진을 계기로, 재해를 사회의 기억으로 남겨 다시 망각하지 않으려 했을 것이다.

고대사에 문외한이지만, 필자는 먼저 869년 지진을 기록한 『일본삼대실록(日本三代實錄)』을 통해 고대사회가 재해에 어떻게 대응했는지 살펴보았다. 물론 매우 한정된 고대의 기록만으로 해일의 규모와 피해 범위를 알기 어렵다. 하지만 해일이 운반한 모래와 자갈의 축적을 조사하는 퇴적학(sedimentology)의 연구 성과가 많다. 발굴을 통해 유적과 유구에서 해일의

---

2   역자주: 디지털 아카이브의 이름은 'たがじょう見聞憶'이다.

흔적이 밝혀지고, 지형이 복원되어 고대 해안선이 추정될 수 있다. 그리고 역사학과 지진학 연구는 과거의 기록을 통해 반복되는 해일의 유형을 추정하고 있다. 이상의 다양한 연구를 통해 지난 5년간 매그니튜드(magnitude, M) 9라는 역사상 최대 지진의 재해가 분석되고 있다. 필자가 그 내용을 모두 이해할 수 없지만, 적어도 역사 자료에 기초해 일본인이 지진 피해로부터 다시 일어나기 위해 무엇을 하였는지 살펴볼 수 있을 것이다.

재해와 다이묘 조력 공사

일본에는 육국사(六國史)를 비롯해 역사 기록이 많이 전한다. 재해 피해에 관한 기록이 상당히 남아 있다. 특히 에도시대 이후 재해 피해의 기록에 기초해 구제가 시행되는 제도가 갖춰지면서, 재해 피해를 보고하는 자료는 한층 늘어났다. 하지만 대규모 재해로 인해 특별한 구제가 이루어지거나, 여러 방면에서 지원이 행해지는 경우를 제외하면 복구와 부흥에 관한 기록은 의외로 적다. 역사상 일본인은 일상적으로 재해에 당면해 힘써 원래 생활을 회복해 왔지만, 힘든 일상을 기록할 만큼 여유롭게 생활한 이들은 적었다.

그런데 개인의 노력으로 불가능한, 도로와 하천 또는 용수로 등 사회 기반시설의 복구는 어떻게 이루어졌을까. 에도시대까지 모든 대공사는 기본적으로 인력에 의존해야 했다. 필자는 그러한 사회에서 인프라의 복구 작업이 어떤 방법으로 수행되었는지를 살펴보려 한다. 재해 복구를 위해 많은 자금과 인력이 필요한 경우, 에도시대에는 대명수전보청(大名手傳普請) 즉 다이묘 조력의 공사가 많이 이루어졌다. 다만 에도시대 초기 막부가 성곽을 세우기 위해 다이묘로부터 돈과 인력을 동원한 예가 있는데, 그것은 재해 복구가 아닌 도시 건설을 위한 것으로 다이묘 조력 공사의 예에서 제외한다.

에도시대 초기 일본 전국 토지생산력은 총 1천800만석, 경지 면적은 150만 정보(町步)였다. 이후 저수지와 용수로 건설 등으로 개간이 이루어져 겐로쿠(元祿, 1688-1704) 연간 토지생산력은 약 1.5배, 경지 면적은 약 2배 증가했다(古島, 1975). 그와 함께 도시에서 물류가 증가하고 그것을 소비하는 거주민이 생겨났다. 농촌에서도 농업경영의 기술이 발전하고, 농가를 지속하는 지혜가 계승되며, 농촌의 조직이 재편되는 등 사회적으로 발전이 이루어졌다. 한편으로 예측할 수 없는 재해가 발생하여 위약한 지반에 개발된 신전(新田) 등은 큰 피해를 입었고, 무너진 사회기반의 회복이 필요해졌다.

18세기 초 지진, 해일, 분화 등 거대 재해가 연속해 일어나 막부는 새로운 시련에 처하였다. 애초 막부 재정에는 재해 대비를 위한 재정이 구축되어 있지 않았다. 막부는 임시 과세 또는 임시로 외부에서 자금을 조달할 수밖에 없었고, 에도시대 초기 도시 건설에 다이묘를 동원한 방법을 재해 복구에 원용하였다. 이후 재해가 발생하면 일상적으로 막부는 다이묘로부터 자금과 노동력을 조달해 하천을 복구하도록 했다. 그것은 다이묘에게 과중한 부담이므로, 점차 하천 유역의 영국(領國)이 일정 부분 부담하여 공사를 진행하는 방식 즉 국역 공사(國役普請)도 생겨났다. 그런 방법으로 막부는 재정 부담을 경감하려 했다.

에도시대 재해와 부흥이라는 과제를 자금과 인력의 동원 방법이라는 관점에서 보면, 다이묘 조력은 에도시대에 부합하는 것이라 할 수 있다. 이제까지 다이묘 조력은 대체로 다이묘의 경제를 파탄에 이르게 하는 요인으로, 다이묘 영지의 백성에게 과중한 부담을 주는 것으로 이해되었다. 분명 그것은 사실이다. 하지만 재해 부흥이라는 시점에서 보면, 다이묘 조력은 재해 지역에 막대한 자금과 인력을 투하해 진재 버블(bubble)의 상태를 만들었다고 할 수 있다.

기근, 화재, 풍수해 등 비교적 상습적인 재해로 인해 피해를 입은 사람들에게 봉건영주는 정치이념에 기초해 쌀을 주는 등 구휼을 행했다. 그것은 영주의 '얼굴'이 보이는 정치행위라고 할 수 있다(菊池, 1997). 하지만 대규모 공사의 재해 복구는 구휼과는 다른 정치적 발상에 따라 진행되어야 했다. 저자는 재해 복구와 부흥에 주목해 진재사(震災史) 즉 지진 재해의 역사를 재고해 보려 한다.

막부의 권위와 권력이 상대적으로 약화하면서, 다이묘 조력 공사는 그 형태가 달라졌다. 막말(幕末) 즉 19세기에 이르러 막부는 외국으로부터 개항 요구에 직면해 해안 방비 등에 힘써야 했고, 국내 재해를 배려하기 어려워졌다. 이에 민간 스스로가 지진과 해일 등 돌발적인 자연재해와 일상적으로 빈발하는 재해에 대응하는 실력을 갖추게 되었다. 그리고 근대 일본은 서양 기술을 적극적으로 도입하며 교통망과 건축구조물 등을 체계적으로 바꾸는 한편, 대규모 재해를 겪으며 자국이 지진 다발 지역인 점을 자각하고 문제를 극복하기 위해 기술과 학술 연구를 개발했다. 현 시점에서 일본사회가 근대 기술의 개발을 통해 재해에 대응하는 방법을 찾아냈는지, 기술적 해결을 통해 재해를 극복하고 부흥할 수 있는지 결론을 얻을 수 없다.

책의 구성

필자는 책에서 재해 자체를 다루기보다는 재해의 복구와 부흥 과정에 초점을 두고 재해의 역사를 고찰하려 한다. 각 시대별 일본인이 어떻게 재해로부터 회복했는지를 확인하려는 것이다. 저자는 역사적으로 알려진 크고 작은 재해를 개괄하는 것이 아니라, 예측할 수 없는 돌발적인 자연재해에 직면해 사회가 어떻게 복구하고 부흥했는지를 상징적으로 보여주는 재해를 다루려 한다.

제1장은 고대와 중세 역사에 문외한인 필자에게 가장 어려운 대상이다. 하지만 고대와 중세 재해에 관한 서술은 근세와 근대의 재해 부흥이 갖는 역사적 의의를 이해하는 데 필요하므로, 필자는 책의 머리말에 고대와 중세 재해에 관한 내용을 두었다. 고대와 중세의 대규모 재해로는 먼저 9세기 재해가 빈발했는데, 그 중 869년 지진과 864년 후지산(富士山) 분화의 기록에 주목한다. 당시 구제의 사실이 자세하지 않지만, 기록을 통해 고대 조정(朝廷)이 재해를 어떻게 파악했는지 확인하려 한다. 그리고 비교 검토의 관점에서 중세의 재해로, 15세기부터 16세기 말에 이르는 후지산 산록의 사원이 남긴 기록 『묘법사기(妙法寺記)』와 『이승산기(二勝山記)』를 통해 당시 일상적인 기갈(飢渴)의 실태를 살펴본다.

제2장과 제3장에서는 에도시대 재해의 복구와 부흥이 어떻게 이루어졌는지를 다이묘 조력 공사를 통해 살펴본다. 그것은 에도시대 특유의 재해 부흥의 방법으로, 이 책의 중심 논제이기도 하다. 제4장에서는 19세기 막부 권력이 동요하고 다이묘 조력 공사라는 정치적 강제가 작동하지 않는 단계에서 민간의 힘이 오히려 중요해지는 실태를 살펴본다.

제5장에서는 메이지(明治) 이후 1923년 간토(關東) 대진재까지 살펴본다. 메이지 초기 대규모 재해가 별로 일어나지 않았고, 그것은 일본정부의 정치 안정에 도움이 되었다. 하지만 메이지 20년대(1887-96) 분화, 지진, 해일이 연속해 일어났다. 필자는 제5장에서 정부가 근대화 과정에 재해를 어떻게 극복하려 했는지, 그리고 27년 뒤 간토지진으로 괴멸된 수도 도쿄(東京)를 어떻게 부흥하고 피해민 150만 명을 처우했는지 간략히 살펴본

다. 그를 통해 재해로부터 회복뿐 아니라 부흥과 발전을 이루려는 사고가 각지에 영향을 미쳤고, 그러한 발전적 사고야말로 일본 근대를 상징하는 것이었다.

지금 일본인 모두가 자연재해의 대규모 지변(地變)뿐 아니라, 그로 인한 피해자의 고된 현실에 직면해 있다. 5년전 동일본대진재, 2016년 4월 구마모토지진(熊本地震), 그리고 이후 일어날지 모르는 대규모 재해에 대해 재난 지역의 주민과 같이 결말을 알지 못한 채 큰 불안을 가지고 있다. 이러한 상황에서 과거를 되돌아보는 것으로 곧바로 답을 얻을 수 없다. 하지만 차근차근 역사를 따라가 보면, 과거 사람들이 직면한 고뇌 중에 현대 일본인이 가진 문제와 그렇게 다르지 않다는 것도 알게 될 것이다. 필자는 이 책을 통해 일본인이 그렇게 고뇌하며 어떻게 재해로부터 다시 일어섰는지를 살펴보려 한다.

제1장

고대와 중세의 재해

1. 869년 조간지진

무쓰국 치소, 다가성의 피해

먼저 지진이 덮친 다가성(多賀城)의 상황에 대해 『일본삼대실록(日本三代實錄)』 869년 5월 26일(양력 7월 9일) 기사를 살펴보자.[1]

"무쓰국(陸奥國)이 크게 흔들렸다. 빛이 보였다 사라지고 낮과 같이 밝아졌다. 잠시 후 사람들이 비명을 지르고, 땅에 엎드려 일어서지 못했다. 집이 넘어지면서 압사하고, 땅이 갈라져 묻혀 죽었다. 소와 말이 놀라 뛰어다니고, 서로 올라타려 짓밟았다. 성곽과 창고 그리고 문과 망루의 벽이 무너지니, 그 수를 알 수 없을 정도다. 바다는 울부짖는 듯하고 그 소리가 우레와 같았다. 파도는 끓어오르는 듯 고조(高潮) 되었다가, 물러나 다시 밀려오며 부풀어 올랐다. 파도가 바다에서 수십 리나 떨어진 성 근처에 이르니, 끝을

---

1   国史大系編修会 編, 1966, 『日本三代實錄』.

알 수 없을 정도로 넓은 범위가 바다로 변해버렸다. 사람들은 배
에 올라 달아날 여유도 없고, 산에 오를 수도 없었다. 그로 인해 익
사자가 천명이나 되었다. 자산과 작물도 대부분 사라졌다."

　기사를 정리하면, ① 5월 26일 밤 무쓰국에서 대지진이 일어났다. ②
발광 현상이 일어난 뒤 ③ 집이 무수히 무너지고, 땅이 갈라졌다. ④ 성곽
과 창고 등이 무너졌다. ⑤ 바다가 소리를 내고 파도가 밀려 왔다. ⑥ 수십
리나 떨어진 다가성 근처까지 해일이 밀려와 주변이 바다와 같이 변했다.
⑦ 사람들은 배에 올라 달아날 여유도 없이, 천명이 익사하고 모든 것이
유실되었다.

　기사는 무쓰국 관리가 치소 다가성과 일대의 지진 피해를 보고한 것
이다. 다가성은 성립 연대가 분명하지 않다. 유적의 비문에 따르면 724년
(진기 1) 안찰사(按察使) 겸 진수장군(鎭守將軍) 오노노 아즈마비토(大野東人)가
다가성을 건설하고, 762년 진수장군 후지와라노 아사카리(藤原朝獦)가 개
수하였다. 다가성은 당시 일본열도 내 이민족인 에미시(蝦夷)의 반란을 제
압하고, 고대국가의 영향력을 도호쿠지방으로 확장하기 위해 세운 성책
이자 무쓰국의 치소였다.

　구릉에 위치한 다가성은 대체로 1㎢ 규모로, 동남쪽 스나오시강(砂押
川) 인근에 저습 충적지가 있었다. 남문을 정면으로 하고 중앙에 정청(政廳)
구획이 있으며, 중앙정부에서 파견된 관리 등이 실무를 행하는 관아가 있
었다. 그런데 780년(호키 11) 에미시의 통솔자 고레하리노 아자마로(伊治呰
麻呂)의 반란으로 다가성이 불타고, 이후 정이(征夷) 정책이 전환되었다. 다
가조는 이전과 같이 부흥되었지만, 정이의 전초(前哨)로서 이와사성(胆澤城)
이 세워졌다. 무쓰국의 치소와 진수부(鎭守府)의 기능이 분리된 것이다. 한

편 정세 불안으로 다가성 주변에 군대가 주둔했다. 군단(軍團)의 병사는 원래 율령제에 기초해 주로 무쓰와 데와(出羽)에서 징발되었고, 시모사(下總)와 무사시(武藏) 등에서 징발되기도 했다. 치소와 진수부의 기능이 분리된 이후에는 무쓰와 데와의 에미시 중 징발되는 것으로 바뀌었다(今泉, 2015).

다가성 유적의 발굴

고고학의 발굴 성과에 따르면, 다가성의 역사는 4시기로 나뉜다.[2] ① 정청 제Ⅰ기(724-762) 창건부터 후지와라노 아사카리에 의한 개수까지, ② 정청 제Ⅱ기(762-780) 개수부터 고레하리노 아자마로의 반란으로 소실까지, ③ 정청 제Ⅲ기(780-869) 반란 이후 부흥부터 대지진으로 인한 피해까지 ④ 정청 제Ⅳ기(869-11세기 전반) 대지진 이후 부흥이다. 8세기 말 이와사 에미시에 대한 전투가 시작된 이후 다가성 성책의 외부에 남북과 동서 대로(大路)를 기준으로 구획된 시가(市街)가 형성되고, 성책 내외로 도시적 경관

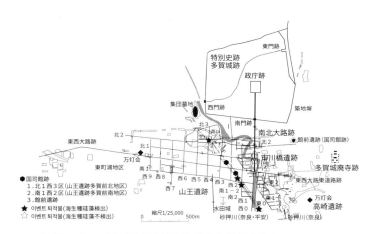

〈그림 1-1〉 869년 지진 이후 무쓰국 다가성 유적 전체도 (869-10세기 전반)

---

2   宮城縣多賀城跡調査硏究所, 『多賀城跡政庁跡本文編』, 1982.

이 나타났다(그림 1-1).

　　하지만 869년 5월 대지진으로 성내에서 건물, 문, 담장, 망루 등이 무너지는 한편 성 밖에는 해일로 인해 시가가 큰 피해를 입었다(柳澤, 2013). 천명에 이르는 익사자 중 성 밖에 거주하는 관리와 군단 병사 이외에 대로를 기준으로 구획된 거리에 거주하는 이들이 포함되었다. 다만 건물이 무너져 압사되고 땅이 갈라져 희생된 이들의 수는 기록되지 않았으므로, 당시 지진으로 죽은 이의 수는 정확히 알 수 없다. 그런데 다가성의 남쪽 구역에는 해일이 미치지 않았다는 견해도 있다. 발굴 성과에 기초한 분석에 따르면, 무쓰국 관리의 보고 중에 해일이 '바다로부터 수십 리' 떨어진 곳까지 미쳤다는 표현은 과장된 것이다(斎野, 2013).

869년 해일의 규모

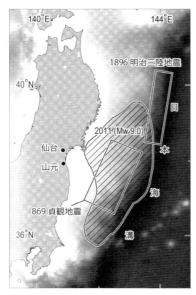

〈그림 1-2〉 세 개 지진의 해일 발생원
출전: 藤原, 2015.

　　당시 해일의 피해는 다가성만이 아니었다. 그렇다면 피해 범위는 어느 정도였을까. 그와 관련해 2011년 3월 이전 지진학과 퇴적학 등에 기초해 해일 흔적이 퇴적한 지점과 상황 및 당시 해안선이 조사되었다(宍倉 외, 2010). 이시노마키평야(石巻平野), 센다이평야(仙台平野), 후쿠시마현(福島縣) 연안 등에 걸쳐 조사한 결과, 869년 해일로 운반된 모래 퇴적 등으로 추정된 흔적은, 길이 200㎞와 폭 100㎞의 단층(斷層)에서 활동량 7m인

시뮬레이션의 결과와 일치했다. 그리고 단층 활동량에 근거해 869년 지진 규모가 M8 이상으로 추정되었다. 그와 비교해 2011년 3월 해일의 경우 발생원의 범위가 길이 500㎞, 폭 200㎞에 이르고 3개의 단층이 연동해 발생함으로써, M9라는 이제까지 일본열도에서 관측된 적 없는 규모였다. 매그니튜드 수치가 1 증가하면 해일 에너지는 32배 커진다. 〈그림 1-2〉는 869년 및 2011년 해일과 함께, 2만2천명이 사망한 1896년 산리쿠해일(三陸津波)의 발생원을 겹쳐 그린 것이다.

해일로 인한 피해의 범위는 발생원뿐 아니라 일본해구(Japan trench)에서 사태(沙汰)가 일어난 지점, 해저지형과 해안선 및 육상의 형상 등 다양한 지형 조건에 의해 달라진다. 해일의 발생원의 차이만으로 해일의 피해 실태를 말할 수 없다. 하지만 2011년 대지진의 피해와 비교해 869년 해일의 규모가 어떠했을지 그려볼 수 있다.

다가성의 부흥 정책

고대국가는 869년 대규모 재해에 어떻게 대응했을까. 869년 5월 26일 발생한 지진과 해일에 대한 보고가 조정에 도착했다는 기록은 없다. 동년 6월 26일 세이와천황(清和天皇)은 헤이안경(平安京)의 기근 대책에 관한 조칙(詔勅)을 내렸고, 이어서 7월 2일 태정대신(太政大臣) 이하 참의(參議)를 포함한 공경(公卿)이 협의해 상주(上奏)했다. 그 기록에도 다가성의 피해 등에 대한 내용은 없다.

그런데 7월 7일 '검육오국지진사(檢陸奧國地震使)' 즉 무쓰국의 지진을 조사하는 관리로 종5위하 기노 하루에(紀春枝)가 파견되었다. 부사(副使)로 판관(判官, 三等官) 1명, 주전(主典, 四等官) 1명도 함께 파견되었다. 기노 하루에는 기술계의 상급 관리로 사에몬노스케(左衛門助) 겸 이나바노곤노스케

(因幡権介) 재임 중 검육오국지진사에 보임되었다. 경력에 따르면, 그는 무쓰국의 지진과 해일 피해를 조사해 보고하고 부흥 사업을 통괄하기 위해 파견되었다(柳澤, 2012). 그리고 10월 13일 세이와천황이 조서를 내려 본격적인 구제책을 밝혔다. 그 내용은 ① 사망자 매장, ② 생존자에 대한 구휼, ③ 세금 중 조(租)와 조(調) 면제, ④ 환과고독(鰥寡孤獨) 대책 등이다. 천황이 천명사상(天命思想)에 기초해 재화(災禍)의 책임이 자신에게 있다고 밝히며 포괄적인 구제책을 명한 것이다.

12월 14일에는 세이와천황이 이세신궁(伊勢神宮)에 진호국가(鎭護國家)의 기도를 올렸다. 고문(告文)에 따르면, 천황은 당시 내우외환의 국가 위기를 서술하고 신(神)의 가호(加護)를 기원했는데 내용은 다음과 같다. 대외적으로 신라(新羅)의 해적선이 지쿠젠국(筑前國)의 항구를 침입해 공물(貢物)인 견면(綿絹)을 약탈하는 등 신라와 전투의 징조가 있었다. 국내적으로 히고국(肥後國)에서 지진과 풍수(風水)의 재해가 있어 관아와 집 등이 모두 무너지고 많은 백성이 유망했다. 그리고 무쓰국에 이상한 지진이 있었고, 다른 지역에서도 재해가 매우 많았다. 에미시와 부수(俘囚)의 반역, 반란, 역병과 기근 등 재앙이 있지만 일본은 신명(神明)의 나라이므로, 황대신(皇大神)의 덕으로 나라가 평안하고 황손(皇孫)이 영원히 이어지도록 가호를 빈다.

선행 연구에서 천황의 고문은 신국(神國) 사상을 표명한 것으로 주목을 받고 있다. 그것은 10월 13일 백성을 구제하는 조서와 달리 이세신궁에 사자(使者)를 보내 황대신에게 기원한 것으로, 국내 위기인 재해와 외국 침략의 위기에 대응하는 논리를 구분해 사용한 것으로 볼 수 있다(柳澤, 2012).

한편 이듬해 870년(조간 12) 9월 15일 일본은 신라인 20명을 사로잡았다. 그들을 벌하는 대신 무사시국으로 5명, 가즈사국(上總)으로 5명, 무쓰국에 10명을 보냈다. 무쓰로 보내진 이들에 대해 공민(公民)으로 대우하고

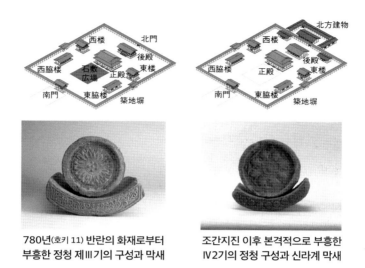

780년(호키 11) 반란의 화재로부터
부흥한 정청 제Ⅲ기의 구성과 막새

조간지진 이후 본격적으로 부흥한
Ⅳ2기의 정청 구성과 신라계 막새

〈그림 1-3〉 869년 지진 전후 다가성 유적의 정청 구성과 막새
제공: 宮城縣多賀城跡調査研究所. 출전: 柳澤, 2016

구분전(口分田)을 주었다. 그것은 전통적인 부수(俘囚)의 공민화 정책이었다
(今泉, 2015). 특히 그들 중 윤청(潤淸) 등 3명에게 무쓰국 치소를 수리하는 데
필요한 기와를 제조하고(預陸奧國修理府料造瓦事),[3] 그 곳 사람들에게 기술을
전수하도록 했다. 발굴된 기와 유물을 통해 기와 제조 기술의 전습(傳習)이
확인되며, 제조 과정도 알 수 있다.

　　윤청 등 3명은 신라에서 와공(瓦工)의 기술을 습득한 이들로, 조정이
다가성의 부흥을 위해 그들을 보냈다. 다가성 유적에서는 869년 지진 이
후 복구와 부흥 시기에 신라 특유의 기법으로 제작된 수막새(보상화문)와
암막새가 출토된다(그림 1-3). 신라 막새는 869년경 헤이안경에서 사용되지

3　'預陸奧國修理府料造瓦事'의 해석과 관련해 陸奧國修理府가 설치되었다는 의견이 있
　　다. 하지만 國府와 大宰府 등과 같이 府라는 관청이 설치되었다는 것은 타당하지 않으
　　며, 國府를 수리하는 것으로 해석되어야 한다(二上, 2012).

않은 반면, 규슈(九州)의 다자이후(大宰府)와 우사하치만궁(宇佐八幡宮)에서 출토되고 있다. 다자이후 출토의 기와 역시 신라의 기술을 가진 와공에 의해 제작되었을 것이다. 고대에 기와를 사용한 건물은 국가사업으로 건조되어 매우 한정되므로, 조정이 다가성 부흥을 위해 특별히 신라의 와공을 보냈을 것이다. 그리고 다가성 부흥을 위해 기와를 제작한 가마터를 조사해 보면, 재래의 기와 생산조직과 조정이 지원한 조직이 공동으로 작업한 것으로 추정된다.

이후 복구의 중심이 다가성에서 고쿠분지(國分寺)로 옮겨지고, 신라 기법의 기와는 문양 표현이 퇴화하였다. 신라계 와공이 단기적으로 다가조의 복구에 주요한 역할을 했지만, 복구가 점차 이루어지면서 역할이 감소했기 때문일 것이다. 그것은 다가성의 부흥이 그만큼 시급했음을 반증한다(佐川, 2014). 지진 이후 다가성 주변 도로가 새롭게 정비되고 집단 묘지도 만들어지는 등 치소의 재흥이 확인된다.

869년 전후 일본에 재해가 많았다. 실제 9세기 전반 각지에서 지진이 일어나, 조정이 피해를 조사하고 구제를 실시했다(二上, 2012). 구체적으로 818년(고닌 9) 7월 사가미(相模), 무사시, 시모사, 히타치(常陸), 고노즈케(上野), 시모쓰케(下野) 등에서 지진이 일어났다. 830년(덴초 7) 1월 3일에는 데와에서 지진이 일어나 아키타성(秋田城)의 성곽과 관사, 시텐노사(四天王寺)의 불상과 사왕당사(四王堂舍)가 무너지고 사상자가 나왔다. 841년(조와 8)의 경우 이즈(伊豆)에서 지진이 일어나 사람이 다치고 건물이 매몰되었다. 그리고 860년(가쇼 3) 10월 데와에서 다시 지진이 일어나 압사한 이가 많았다.

조정은 위의 지진들에 대해 관리를 파견해 조사하고 공민과 에미시 관계없이 조세 면제, 식량 지급, 가옥 복구의 원조, 압사자 매장 등을 실시하도록 지시했다. 869년 이전부터 조정은 지진 재해를 경험하며 피해에 대응하였고, 이미 관리 파견 등은 재해의 긴급 구제책 매뉴얼 중 하나였다 (前田禎彦의 의견).

2. 864년 후지산 조간분화

피해와 조정의 대응

869년 지진보다 5년 앞서 864년(조간 6) 후지산(富士山)이 분화했다. 『일본삼대실록』의 864년 5월 5일 기사에 따르면 스루가국(駿河國) 관리가 후지산 분화에 대해 다음과 같이 보고했다.

> 후지군(富士郡)에 위치한 정삼위(正三位) 아사마신사(淺間神社)의 신체산(神體山)에서 불기운이 매우 왕성하여 1,2리(里)[4] 불탔다. 불꽃이 20장(丈) 정도 치솟고, 우레와 같은 소리가 났다. 지진이 세 번 있었다. 10여 일이 지나도 여전히 불이 꺼지지 않으며, 바위가 불타고 산봉우리가 무너져 사석(沙石)이 비처럼 떨어졌다. 화산 연기가 가득해 사람들이 다가갈 수 없다. 후지산 서북쪽에 위치한 모토스(本栖) 호수에 암석이 흘러들어 호수를 30리 정도 메웠다. 폭이 약 3,4장이고 두께가 2,3장 정도이다. 화염이 이미 가이국(甲斐國)의 경계에 이르렀다.

후지산 분화에 대한 첫 보고에 따르면, 언제 분화했는지 분명하지

---

4   고대 1리는 약 540m.

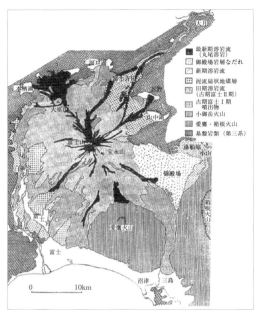

〈그림 1-4〉후지산의 용암류
출전: 日本火山學會, 2011

않다. 분화의 양상은 ① 불꽃이 약 60m 치솟고 1㎢ 정도의 분화구가 생겼다. ② 지진이 세 번 일어났다. ③ 10일이 지나도 불을 뿜고 있다. ④ 산봉우리가 무너져 사석이 흘러내리고 화산 연기가 가득 찼다. ⑤ 후지산 서북쪽의 모토스호에 용암이 흘러들어 호수를 14-15㎞를 메웠다. 그 폭은 2-3㎞, 두께는 6-9m이다. 마침내 용암이 가이국의 경계까지 이르렀다(그림 1-4).

스루가국 관리의 보고에 이어서 7월 17일 가이국 관리의 보고가 있었다. 그 내용은 대지진이 있고 우레와 비바람으로 어두워진 뒤, 분화가 일어나 용암이 모토스호와 세노우미(剗海)를 메웠다. 호수가 끓어올라 어류와 거북 등이 전부 죽고, 백성의 집도 호수에 묻혔다. 용암은 동쪽의 가와구치호(河口湖)를 향해 흘렀다. 그의 보고는 직접 피해를 입은 만큼 구체적이다.

이에 조정은 7월 25일 국가진호와 재해 소멸을 위해 법령이 정한대로 고키(五畿), 이가(伊賀), 이세(伊勢), 시마(志摩), 도오토미(遠江), 사가미, 가즈사 관리에게 명해 신사(神社)에서 성실히 제례를 집행하도록 했다. 그리고 8월 5일 복서(卜筮)를 행하고, 아사마신사가 제례를 게을리 하여 후지산이 분화했다는 결과가 나오자 가이국 관리에게 제례를 올리도록 명했다. 주목할 것은 869년 해일의 경우와 달리 피해지에 대한 구제는 없었다. 한편 12월26일에는 다자이후 장관의 보고가 있었다. 아소산(阿蘇山) 신령지(神靈池) 즉 중악화구(中嶽火口)에서 물이 끓어올라 쌀뜨물 같은 것이 주위 1km 정도를 덮으며, 초목을 덮치고 석신(石神)이 무너져 내리는 이변이 일어났다고 했다. 당시에도 구체적인 피해 구제는 없었고, 865년(조간 7) 조정이 덴치(天智), 간무(桓武), 닌묘(仁明), 몬토쿠(文德) 천황릉에 국가진호와 천하평안을 기원하도록 명했다.

후지산 분화와 관련해 조정은 865년 12월 9일 가이국 야쓰시로군(八代郡)에 위치한 후지산 신령의 사당에 관사(官社)의 지위를 부여했다. 그 배경에는 후지산 신령이 야쓰시로군의 호족 도모노 마사다(伴眞貞)에게 빙의해 탁선(託宣)을 했다. 즉 후지산 신령의 사당을 짓고 신직(神職)을 두어 제례를 집행하도록 하라, 그렇게 하지 않았기에 여러 가지 나쁜 일이 일어나 백성이 병사했다고 말했다. 탁선을 전하는 도모의 모습은 괴이하여 몸이 8척으로 늘었다가 2척으로 줄었다. 가이국 관리는 탁선에 따라 사당을 짓고 도모 등을 신직으로 두어 기원을 했다. 하지만 후지산의 분화는 멈추지 않았고, 관리가 사당을 살펴보았다. 사당은 돌담으로 둘러싸여, 안으로 들어가 보니 석조의 건물이 아름답게 빛나고 있었다. 관리는 사당이 있지만, 국가에 의해 제례가 시행되지 않은 것에 후지산 신령이 화를 낸 것을 알았다. 그래서 조정은 군 치소의 남쪽에 신궁(神宮)을 세우도록 했다.[5] 이어서 12월 20일 가이국 야마나시군(山梨郡)에도 후지산 신령에 제례를 올리도록 명했는데, 사당을 세웠다는 기술은 없다.

---

5   다만 당시 야쓰시로군에 설치된 신사의 위치에 대해서는 제설이 있다.

지진과 분화, 고대 국가의 대응이 다르다

다가성의 예를 통해 869년 지진의 피해가 어떠했는지, 그리고 복구를 위해 무엇이 행해졌는지 살펴보았다. 다가성은 에미시를 제압하기 위한 도호쿠의 거점이자 무쓰국의 치소로서 복구해야만 하는 대상이었다. 구체적인 복구 정책으로 조정이 직접 신라의 와공을 투입하는 등 매우 이례적인 조치가 이루어졌다. 구제 정책 역시 사망자 매장, 생존자 진휼, 세금 면제, 환과고독 구제 등 빈틈없었다. 다만 위 정책들은 지방관에게 내려진 지령으로, 실제 군(郡)과 향(鄕) 등에서 어떻게 전개되었는지 불분명하다. 신라 와공이 재래의 조직과 함께 기와를 생산한 점을 고려하면, 다가조의 복구 정책은 국가적 사명으로서 수행되었을 것이다. 당시 858년(덴안 2) 아홉 살에 즉위한 세이와천황은 연이은 재해로 인해 곤경에 처했다(保立道久, 2012). 869년 이전에도 818년 7월, 830년 1월, 841년 7월, 860년 10월 대지진이 발생해 구제를 실시했다(二上, 2012).

한편 화산 분화의 경우는 어떠했을까. 이미 서술한대로 864년 후지산 분화와 아소산 신령지의 비등에 대해 조정은 신사(神社)의 위계를 높이는 조치를 했을 뿐이다. 이어서 867년(조간 9) 아소산 분화, 871년(동 13) 조카이산(鳥海山) 분화, 874년(동 16) 가이몬다케(開聞岳) 분화 등이 있었지만 조정은 관련 신사의 위계를 높여 신령을 위무하는 데 중점을 두었다. 그것은 일본인이 화산 열도에서 생활하며 가지게 된, 신령에 대한 이해와 관련될 것이다. 화산은 "유동적이다. 때로 신비의 분노 즉 '신의 불'로써 신의 모습을 나타낸다." 인간에게 신의 불, 신의 분노는 예측할 수 없고 객체화, 고정화할 수 없다(益田勝実, 1993). 후지산 신령 역시 분화로써 분노를 나타낸 것이다.

864년 조정의 대책은 후지산 분화를 계기로 표출된 지방 호족의 불만을 위무하기 위해, 신사를 창설하고 신직의 지위를 수여한 것으로 이해될 수 있다. 후지산 신령의 신의(神意)를 파악하면서 지방에 대한 정책을 전개한 것이다. 즉 스루가의 관리가 먼저 분화를 보고했는데, 분화 이전 스루가의 아사마신사는 정삼위의 위계를 받은 상태였다. 하지만 가이의 경우 분화 이전에 후지산 신령을 모시는 사당도 없었고, 분화 이후 야스시로군과 야마나시군에 신사가 창건되었다. 후지산 신령에 빙의되어 이후 신직에 임명된 도모 일족의 예에서 알 수 있듯이, 분화를 계기로 가이의 호족이 스루가에 맞먹는 관사를 요구했을 것이다. 가이에는 도모 일족 이외에도 유력 호족이 존재했고, 9-10세기 위계를 높인 신사가 많았다. 9세기 신사의 위계를 높이는 방책에는 고대 국가의 지방 대책이라는 측면이 내포되어 있는 것이다(菅原, 2003). 조정은 지방의 불만을 고려하며 지방을 동화하려 했을 것이다. 지방 대책이라는 점에서 869년 해일 이후 다가성의 부흥 역시 재해 대책인 동시에, 조정이 도호쿠지방을 대상으로 에미시의 동화(同化)와 개발 정책을 전개한 것이다.

3. 중세 기록에 전하는 재해

후지산 산록에 위치한 '자치' 마을의 기록

864년 후지산 분화로 용암이 흘러 세노우미(剗海)가 둘로 나뉘고, 후지산 북동쪽 산록의 경관이 크게 달라졌다. 현재 후지산 북쪽 산록에는 864년 용암류뿐 아니라, 분출 시기를 알 수 없는 용암류의 흔적이 몇 군데 남아있다. 중세에 이르러 용암류를 피해 도로가 생겨나고 교역이 이루어졌으며, 16세기에는 전투가 이어졌다. 그리고 후지산을 신앙하는 순례자들이 왕래하면서 산록에 마을이 형성되었다.

특히 요시다(吉田)는 후지산 참예(參詣)를 안내하는 오시(御師)가 모여 사는 마을이었다. 중세 말 가이의 다케다(武田), 스루가의 이마가와(今川), 사가미의 호조(北條) 군대의 공격을 받아 마을이 불탔지만, 누구의 지배도 받지 않고 '자치'를 유지했다. 그 실태를 알 수 있는 자료가 후지산 산록의 고다치(木立)에 위치한 니치렌종(日蓮宗) 묘호사(妙法寺)에 전해졌다. 그것을 에도시대 국학자(國學者) 오야마다 도모키요(小山田與淸)가 『묘법사고기록(妙法寺古記錄)』이라고 칭했고, 1826년(분세이 9) 고바야시(小林正與)가 간행했다. 바로 『묘법사기(妙法寺記)』이다. 한편 묘호사 자료의 최고(最古) 사본이 묘호사 인근 신사에 전해졌는데, 그것은 분카(文化, 1804-1818) 『갑비국지(甲斐國志)』 편찬을 계기로 『승산기(勝山記)』라는 제목으로 알려졌다. 『묘법사기』와 『승산기』를 비교하면, 전자는 주로 한자로 기술된 반면 후자는 가타카나(片仮名) 혼용이다. 표기 방법이 다르지만, 양자 모두 1466년(분쇼 1)부터 1559년(에이로쿠 2) 또는 1563년(동 6)에 걸쳐 100여 년간 요시다 또는 가와구치호(河口湖) 주변에 관해 서술한 연대기이다.

현전하는 중세 사료는 근세 이후 사료에 비해 압도적으로 적고, 실제 에도시대의 사본이 많다. 연구자는 신뢰할 수 있는 사료를 특정하기 위해 사본의 계통을 조사하고, 가능한 한 원본의 형태와 사본의 작성자 등을 규명해야 한다. 사실 『묘법사기』와 『승산기』와 관련해 지금까지 저자와 사본 계통, 원본의 소재 등이 거듭 논의되었다(富士吉田市史編さん室, 1991). 1994년 『야마나시현사(山梨縣史)』편찬위원회 중세부회의 조사로 묘호사 근처 조자이사(常在寺)에서 새로운 사료가 발견되어, 원본의 저자 등에 관한 의문점이 일단 해소되었다(堀內, 1995; 末柄, 1995).

새로 발견된 사료에 따르면 『묘법사기』는 『승산기』를 필사한 것이다. 그리고 『승산기』의 원본으로 추정되는 조자이사 소장 사료는 1500년(메이오 9) 묘호사의 주지 닛코쿠(日國)에 의해 필사되었고, 그는 1508년(에이쇼 5) 묘호사에서 조자이사로 옮긴 후에도 연대기를 계속 기록했다. 1528년(다이에이 8) 그의 사후 연대기는 묘호사와 조자이사 등 가와구치호 일대 니치렌종 사원, 요시다 일대 니치렌종 사원 등에서 계속 기록되었다. 『묘법사기』와 『승산기』는 16세기 일본사회의 모습을 사실적으로 묘사한 기록이라 할 수 있다. 요시다와 가와구치호 주변 자연현상의 이변, 곡물의 작황과 물가, 무장들의 전투 등이 기록되어 있다.

에도시대 이전 가와구치(河口)에 후지산 참예의 등산을 안내하는 오시가 모여 살며 시가를 형성했다. 후지산을 참예하는 이들 대부분이 오시의 마을에 묵었다. 13세기 니치렌(日蓮)도 구온사(久遠寺)를 왕복하며 가와구치에 숙박한 기록이 있다. 가와구치는 일찍이 정비된 가마쿠라가도(鎌倉街道) 연변 마을로 오다와라(小田原), 이즈(伊豆)와 고부(甲府)를 잇는 위치에 있었다. 때문에 일찍부터 가와구치에 묘호사 등 니치렌종 사원이 위치하였고 가이의 다케다, 오다와라의 호조, 이즈의 이마가와 군대가 침공해 왔다(그림 1-5).

1492년(메이오 1) 이후 가이는 내란 상태에 놓이고 『묘법사기』와 『승산기』에 전투 기사가 두드러진다. 무장들의 전투로 인해 오시의 마을인 가미요시다와 그 곳에서 약 1㎞ 떨어진 시모요시

〈그림 1-5〉 중세 가마쿠라도(鎌倉道)(郡內地方)
출전 『富士吉田市史』通史編2卷, 2001, p435

다(下吉田)가 불탔고, 스루가로부터 물류가 중단되었다. 그런데 기사의 내용을 살펴보면 전투의 영향이 일시적으로 크지만, 오히려 100여 년에 걸쳐 일상적인 자연재해로 대풍(大風), 대우(大雨), 가뭄 또는 역병 등이 지역에 미친 바가 중대하였다 『묘법사기』와 『승산기』에는 자연재해의 기록이 많고, 쌀과 보리 가격도 기록되어 있다(大口·五味 編, 1993). 무엇보다 거의 매년 '기갈 무한(飢渴無限)'이라는 표현이 등장해, 후지산 북동쪽 산록의 혹독한 기후와 기갈의 실태를 알 수 있다(『富士吉田市史』). 이하 『묘법사기』와 『승산기』 인용은 양자의 사료를 연대별로 정리해 게재한 『후지요시다시사(富士吉田市史)』 사료편 제2권(1992)에 따른다. 주로 『승산기』 기사를 인용하고, 『묘법사기』 기사의 인용인 경우에 주기한다.

'기갈 무한'의 실태

기갈무한은 굶주림이 무한정 계속되는 상황을 가리킨다. 『묘법사기』와 『승산기』에는 기갈보다 한층 심각한 상태를 뜻하는 기근이라는 단어도 자주 나타나며, 쌀과 보리 등의 가격도 기록되어 있다. 먼저 사료를 통해 굶주림의 실태를 구체적으로 살펴보자.

1473년(분메이 5) "가이는 대기근으로 아사자가 무한하다. 쌀은 1升 130文, 조는 70文, 보리는 60文이다"
1492년(메이오 1) "올해도 대기근으로 할 말이 없다. … 굶어죽은 소와 말이 무한하다. 소금 1바리가 4貫文이었는데 이제 3貫600文이다."
1504년(에이쇼 1) "대기근(의 상황) 이루 다 말할 수 없다. 죽은 말과 사람이 무한하다."

1523년(다이에이 3) "올해 오하라장(大原莊)[6]을 비롯해 스루군(都留郡)에 대기근이 무한하다. 쌀은 80文에 거래된다."

1541년(덴분 10) "올 봄 아사가 극심해, 죽은 사람과 말이 무한하다."

1542년(동 11) "올 가을 나라 전체가 어렵고, 대풍이 세 번 불었다. 굶어죽은 사람이 무한하다. 하지만 거래는 많다."

1544년(동 13) "올 봄 세상 물가가 비싸다. 보리(의 작황이) 나빠 여름에 굶어죽었다. 특히 가을(의 작황도) 참혹해 굶어죽는 이가 무한하다."

1550년(동 19) 5월부터 큰비가 내려 홍수가 났다. 7월과 8월에는 바람이 크게 불어 아사한 이가 무한이다."

이상 기근과 아사가 무한하다는 기사를 간략히 적었다. 모두 기근으로 사람과 말이 죽은 상황을 보여준다. 1473년에는 쌀 가격이 1승 130문으로, 이후 100여 년의 가격과 비교해 매우 비쌌다. 그런 힘든 상황이 계기가 되어 『묘법사기』의 기록이 시작되었을 것이다.

〈역병〉

기근 이후 역병이 이어졌다. 그 예를 살펴보면,

1477년(분메이 9) "어린 아이 중 과반이 포창을 앓았다. 그 중 살아남는 이가 거의 없다."(『妙法寺記』)

1481년(동 13) "올해 세상에 역병이 유행했다. 병들어 죽는 이가 무한하다."

---

6   저자의 설명에 따르면 오하라장은 묘호사가 위치하는 가와구치호 주변 8개 마을에 걸쳐 장원이 설치된 것에서 유래한 지명이다. 8개 마을은 오이시(大石), 고다치(小立:木立), 후나쓰(船津), 나가하마(長浜), 오아라시(大嵐:足和田), 나루사와(鳴沢). 가쓰야마(勝山), 아라쿠라(新倉) 등이다.

1486년(동 18) "올해 거래(의 상황은) 좋다. 하지만 역병이 돌아 (병에 걸린 이는) 거의 죽었다.

1487년(동 19) "역병으로 (이 곳) 사람들 중 과반이 죽었다."

1489년(조쿄 3) "역병이 돌아 사람들이 죽었다."

10여 년간 역병이 유행해 많은 이가 죽었다. 1511년(에이쇼 8) "구비(口痺)가 유행해 죽은 이가 무한했다."구비는 목이 아픈 병으로 후비(喉痺)라고도 하는데, 그 병에 걸린 사람은 하루 만에 죽는다고 한다. 1513년에는 마진(麻疹)(『妙法寺記』) 또는 해병(咳病)(『勝山記』)이 유행했다. 또 역병은 아니지만, 매독이 많이 발생해 한참 후에 병이 나았다. 기술이 간단해 역병의 실태를 구체적으로 알 수 없지만, 기침 등을 동반한 유행병은 각지에 인플루엔자가 만연한 상황으로 추정된다. 아마도 후지산 참예 등 외부로부터 찾아오는 이가 많았기 때문일 것이다.

이후 20여 년이 지나 1534-1537년(덴분 3-6) 역병이 유행하고 해병으로 사람이 죽었다는 기사가 이어진다. 그리고 1550년(덴분 19) 시모요시다에서 포창으로 50여 명의 아이가 죽었다. 포창은 항체가 생기면 회복되는 것으로 통과의례라고 할 수 있지만, 지금과 다른 영양 및 위생 상태에서 많은 이가 목숨을 잃는 위험한 병이었다. 당시 연대기를 기록하는 이들도 포창 유행에 주의했다.

〈대풍·대우·눈사태〉

바람과 비는 풍요를 가져다주지만, 재해가 되기도 하였다. 사료에는 매년 대풍과 대우 기사가 등장하고, 가뭄 및 난기(暖氣)로 인해 호수가 결빙되지 않는 기사도 많다. 그리고 4척(1.2m) 정도 쌓인 대설(大雪)도 있었다. 가와구치호 일대는 원래 표고가 높고 추우며 눈이 많은 지역이다. 구체적으로 주요 지점의 표고는 묘호사 약 830m, 후지센겐신사(富士淺間神社) 870m, 가나도리이(金鳥居) 806m, 시모요시다 750m 등이다. 후지산에서 불어내리는 바람도 강했다. 사료에는 매년 큰 바람이 불었다는 기사가 있다. 그로 인해 흉작이 되거나, 큰 나무가 넘어져 집이 부서졌다. 그런 경우 보리, 밀, 피 등 곡식 가격이 급등했다.

가와구치호 일대는 기후가 냉랭하고, 토지에 화산재와 용암류가 섞여 있어 논농사를 지을 수 없다. 1669년 토지조사에 따르면 가미요시다에 논이 없고, 시모요시다의 경우 논의 비중이 경작지의 3분의1 정도에 그쳤다(富士吉田市編さん委員会, 2001). 그리고 후지산의 복류수(伏流水)는 수온이 일정하지 않은데, 외기(外氣)의 한난에 따라 여름에는 차갑게 겨울에는 따뜻하게 느껴진다. 그것을 이용해 해당 지역에서는 일찍부터 밭에 물을 끌어들여 보리를 재배했다. 일종의 저온 재배인 것이다. 그와 관련해 1545년(덴분 14) 눈사태로 인해 보리밭이 사라졌다는 기록도 있다.

당시 눈사태는 유키시로(雪代)라고 불리었는데, 산악지대의 산록에서 눈이 녹으면 일어나는 재해이다. 경사가 심한 산록의 경우 마을을 이전해야 할 정도로 피해가 심했다. 초봄 눈이 빠르게 녹으며 나무와 토사를 휩쓸어 산록의 경사지를 급하게 흘러내리고, 마을 일대의 논밭과 가옥을 쓸어버린다. 후지산 북동쪽 산록은 늘 눈사태가 일어나는 곳이었다. 그래서 에도시대 지도를 보면, 눈사태가 마을을 직격하지 않도록 눈사태 경로에 고랑이 파여 있다(北原 他編, 2012).

『승산기』에는 1545년(덴분 14), 1554년(동 23), 1557년(에이로쿠 2) 눈사태 기록이 있다. 1557년에는 정월 신일(申日)에 눈사태가 일어나 논과 집 등을 쓸어버렸다. 이에 쓰루군의 영주 오야마다 아리노부(小山田有信)가 나무를 베어 둑을 설치하고 준설 공사를 실시했다. 그것은 영주가 눈사태 때문에 준설을 한 최초의 기록이다. 이후 1572년(겐키 1) 가미요시다의 마을은 눈사태를 피하기 위해 이전했다. 그리고 간에이(寬永, 1624-45) 쓰루군 일대를 지배한 다이묘 아키모토 도미토모(秋元富朝)는 눈사태로부터 요시다를 지키기 위해 식림을 했다. 그만큼 후지산 산록의 경사지에서 눈사태의 피해는 심각했다.

그런데 당시 기근 등에 대해 영주의 구제는 없었다. 사람들은 스스로 재해를 피하기 위해 방법을 고안했다. 그 예로 가도마쓰(門松)를 두 번 세우고 신년을 다시 맞았다(1477년 기사). 구비가 유행할 때는 새 모형을 만들어 병을 내보려 했다(1511년 기사). 또 사사로이 연호를 바꿔 1506-07년 에이쇼(永正) 대신 미로쿠(彌勒)라는 사연호(私年号)를 사용했다.

〈동전 기갈과 곡물 가격〉

1520-30년대 기갈의 상황이 달라져 '동전 기갈(錢飢渴)' 즉 동전 부족의 현상이 나타난다. 당시 전국적으로 통일된 화폐가 없었고, 사사로이 주조한 동전 또는 무역을 통해 들여온 중국 동전이 사용되었다. 그래서 에리 제니(撰錢) 즉 동전을 골라 악전(惡錢)을 배제하는 행위가 빈번히 이루어졌다. 이후 동전의 유통량이 감소하는 한편 물가는 하락했다. 가와구치호 일대는 쌀농사가 어려워 산전(山田)에서 수확한 보리, 조, 피 등을 주식으로 하지만 쌀과 소금 등이 필요했다. 물가가 싸지면 구매가 쉬울 것 같지만, 실상 동전이 없어서 물건을 살 수 없었다. 물류보다 동전 유통이 사람들의 생활을 지배한 것이다. 자연재해뿐 아니라 동전 부족으로 주식의 식료품 가격이 변동했다.

100여 년에 걸친 연대기에서 물가에 대한 기사는 20건으로, 시기는

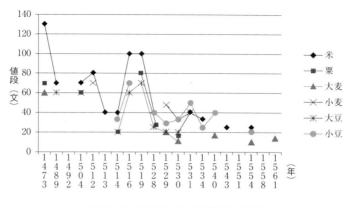

〈그림 1-6〉 센고쿠기 군나이지방 곡물 가격

1473년부터 1561년에 걸친다. 가격이 기록된 물품은 쌀, 보리, 밀, 조, 피, 겨(籾), 콩, 팥 등의 곡물과 소금이 주요하다. 1473년 1승당 쌀 130文, 조 70文, 보리 60文이었다. 하지만 '동전을 고르며 (동전 유통이) 줄어들어 모든 것이 값싸졌고' 16세기 중엽 물가는 급격히 안정되었다(그림 1-6).

『묘법사기』·『승산기』의 지진 기록

1498년(메이오 7) 8월 25일(양력 9월 11일) 오전 8시경 지진이 발생했다(메이오지진). M8-8.4로 추정된다. 선행 연구에서 파원(波源)은 이즈반도(伊豆半島)에서 기이반도(紀伊半島)에 걸치는 바다에 위치하는 것으로 추정되고 있다(宇佐美 他, 2013). 다만 근래 1498년 지진으로 인한 가마쿠라(鎌倉)의 피해에 대해 새로운 견해가 나오면서, 지진의 양상은 바뀔 수 있다. 먼저 『묘법사기』와 『승산기』에 기록된 1498년 지진의 피해를 살펴보자.

메이오 7년 무오(戊午) 윤10월

정월 초하루부터 의외로 따뜻해 눈이 내리지 않았고, 걸어 다니기에 편했다. 8월 25일 진시(辰時, 오전 8시경) 대지진이 일어나 일본 전국 당탑(堂塔)과 집들이 무너져 내렸다. 바다 근처 사람들은 모두 파도에 휩쓸려 이즈(伊豆) 해안으로 사라져 죽었다. 고가와(小河)도 손실되었다. 동월 28일 비바람이 끝없이 몰아쳤다. 신시(申時, 오후 4시경) 이 곳 사이코(西海), 나가하마(長浜), 오다와(大田輪), 오하라(大原) 모두 토석류(土石流)가 덮쳐 사람들이 많이 죽었다. 아시와다산(足和田山)과 고우미(小海)는 바위가 모두 떠내려가 민둥산이 되어버렸다.[7] 다케다(武田) 부자 즉 노부마사(信昌)와 노부쓰나(信繩)가 올해 화해했다.

겨울에 눈은 그다지 내리지 않았다. 대기근으로 할 말이 없다.

기사에 따르면 지진으로 인해 일본 전국에 피해가 미쳤고, 해일이 일어나 스루가의 이즈 해안에서 사람들이 많이 죽었으며 고가와도 손실되었다. 아마 여기까지는 전해들은 정보일 것이다. 이어서 기사에는 가와구치호 일대에 지진이 일어나고 3일 뒤 비바람이 거세게 몰아쳤으며, 오후 4시경 토석류가 발생했다. 가와구치호의 서쪽 아시와다산에서 토석류가 바위와 초목을 한 번에 휩쓸며 묘호사 주변 오하라 일대를 덮쳤고 많은 사람들이 죽었다. 그 결과 아시와다산은 민둥산이 되어버렸다고 쓰여 있다. 지진으로 지반이 약해진 상태에서 비바람이 몰아쳐 대규모 토사재해(土砂災害)가 발생했을 것이다.

흥미로운 것은 가와구치호 일대에서 토석류가 뱌쿠(壁)라고 불리었다. 가야누마 히데오(萱沼英雄)의 해석에 따르면 뱌쿠는 산사태이며, '뱌쿠

---

7   西海(南都留郡足和田村)・長浜(足和田村)・大田輪(鳴沢村), 大原(大嵐, 足和田村ほか), 大原郷(足和田、長浜、大嵐、鳴沢、勝山 등), 足和田山(足和田村, 鳴沢村), 小海(勝山村)

가 난다'는 표현은 호우 등이 지나고 땅이 갈라지듯 산괴(山塊)가 나타나는 느낌을 나타낸 것이다(笹本, 2003). 뱌쿠는 미나미칸토(南關東)의 방언으로 '뱌쿠가 눌렀다'라는 표현도 있다. 현지 조사에 의하면 뱌쿠는 이즈오시마(伊豆大島), 미우라반도(三浦半島) 북부, 단자와산지(丹澤山地), 다마구릉(多摩丘陵), 후지산 북쪽 산록 등 화산 분출물이 퇴적한 지점에서 사용된다(相原·井上, 2016).

1498년 지진의 경우 여진도 길었다. 『묘법사기』와 『승산기』에 따르면 1499년(메이오 8) 1월 5일 대지진이 있었다. 이듬해 1500년(동 9)에도 지진이 멈추지 않고 6월 4일 대지진이 있었으며 1498년보다 심했다." 2년이 지나서도 본진(本震)보다 큰 진동을 느낀 것이다.

메이오 시기, 또 다른 지진이 있었다

1498년 지진은 일본 전국에 피해를 입힌 대지진이었다. 특히 기이반도에서 보소반도(房總半島)에 걸친 해안과 가이에서 큰 진동이 있었고, 지진 피해보다 해일 피해가 더 컸다고 한다(宇佐美 他, 2013). 그런데 가이의 경우 큰 진동으로 가와구치호 주변에서 토사재해가 일어나는 등 지진 피해가 컸지만, 해일은 없었다. 가이의 미노부산(身延山)에서 수행하던 닛카이(日海)의 일기에 따르면, 지진으로 인해 구온사(久遠寺) 건물이 모두 부서지고 평지처럼 되어버렸다(古代·中世地震噴火データベース). 반면 스루가의 고가와 이와시가시마(鰯ヶ島)에 위치한 니치렌종 조교사(上行寺)는 해일의 습격으로 건물 모두가 떠내려가 강변처럼 되었고, 승려 대부분이 익사했다(『靜岡縣史』別編2, 1996). 해일 피해와 관련해 이세 오미나토(大湊)에서 가옥 1천호가 유실되고, 익사자가 5천명에 이르렀다. 사가미의 유이가하마(由比ヶ浜)에서도 파도가 가마쿠라 시가지에 이르렀고 200명이 떠내려가 죽었다(宇佐美 他, 2103).

　위의 광범위한 피해지를 전제로 지진학자가 파원 범위를 추정한 결과, 1498년 지진은 역사적으로 반복해 일어난 태평양연안 플레이트 경계의 지진에 해당하지 않으며 지진 패턴이 불분명하다. 그와 관련해 하토리 도쿠타로(羽鳥德太郞)가 현지 조사 등을 실시해, 해일 피해의 기록에 나타나는 각 지점의 해일 높이를 추정했다. 구체적으로 고미나토(小湊) 4-5m, 하치조도(八丈島) 4m, 가마쿠라8-10m, 니시나(仁科) 5m, 고가와 6-8m, 아라이·마이사카(新居·舞阪) 6-8m、아쓰미(渥美) 5-6m, 오미나토 6-8m, 구마노혼구(熊野本宮) 4-5m 등이다. 수치에 기초해 하토리가 주장하기를, 도카이도(東海道)에서 기이반도 연안에 걸쳐 1854년 난카이지진(南海地震)과 패턴이 유사하지만, 미나미칸토 지역에서 특이하게 해일이 두드러진다. 지진의 파원 범위는 1854년 해일보다 동쪽에 위치한다(羽鳥, 1975). 바꿔 말하면 기이반도에서 이즈반도 동쪽의 가마쿠라까지 해일 피해를 미칠 수 있는 플레이트 경계 지진이 지금까지 발생한 적이 없다는 것이다.

　현재 가마쿠라 지진에 대한 기록이 여러 사료에 전하지만, 모두『겸창대일기(鎌倉大日記)』의 내용을 필사한 것으로 추정된다. 그 내용을 살펴보면, 1495년 8월 15일 대지진과 홍수가 있었다. "가마쿠라 유이가하마의 해수가 천도단(千度檀)까지 미쳤고, 대불전(大佛殿) 건물을 무너뜨렸다. 익사한 이가 200여명에 이르렀다."[8] 기록에서 천도단은 미나모토노 요리토모(源賴朝)가 부인 마사코(政子)의 안산(安産) 기원을 위해 건설한 도로 와카미야대로(若宮大路)의 단카즈라(段葛)를 가리킨다. 그리고 해일이 대불전의 건물을 무너뜨렸다고 하지만, 당시 건물은 존재하지 않았다(山本, 1989).

8　『鎌倉大日記 彰考館本』(続史料大成), 古代·中世地震噴火データベース

문제는 해일이 1495년에 일어났다고 서술된 점이다. 그에 대해 선행연구는 1495년 기사를 필사의 오류로 추정하고, 1498년 해일 피해의 내용으로 이해하였다. 사실 『겸창대일기』는 14세기 중엽 가마쿠라쿠보(鎌倉公方) 가문에서 기록되기 시작했다. 15세기 후반 기사의 내용이 가마쿠라의 사사(寺社)와 지명에 한정되므로, 작성자는 가마쿠라 근처에서 견문한 바를 적었을 것이다. 따라서 1495년 해일 기사는 신뢰할 수 있으며, 1498년 해일 기록의 필사 오류로 추정할 필요가 없다(片桐昭彦, 2014). 다만 『겸창대일기』는 1501년(분키 1) 전후 간토쿠보(關東公方)와 무관한 자에 의해 가필되었을 가능성이 있고, 현전하는 자료는 에도시대 중기의 사본이다.

이에 최근 가네코 히로유키(金子浩之)는 고고학의 발굴 성과에 기초해 『겸창대일기』의 기사가 1495년 지진 해일의 내용이라고 주장했다(金子, 2012). 센고쿠 시대의 전투 경위를 배경으로, 1495년 사가미만 일대 해일이 덮쳤고 그것을 기회로 호조 소운(北条早雲)이 오다와라성(小田原城)을 공략했다고 강조했다(金子, 2016). 가네코가 논거로 제시한 것은 이토시(伊東市) 우사미지구(宇佐美地區)의 발굴이다.

이토시는 도시계획 도로개량공사의 일환으로 1987-2006년 45곳을 시굴해 지층을 조사했다(Trenching study). 최상층에 근세-중세 지층, 중간층에 고분시대(古墳時代) 취락 유구, 최하층에 조몬(繩文) 중기의 지층이 검출되었다. 그 중 중세 말기의 지층에서 화염구조(flame structure)가 확인되었다. 그것은 해일 등 급격한 힘에 의해 해빈구릉(beach ridge)이 붕괴되며 틈새가 생겨나고 그 속으로 사력(砂礫)이 들어가 형성된 것이다. 해당 지층에서 유물이 별로 발견되지 않아 생활 흔적은 확인되지 않았다. 하지만 그 위의 지층에 다양한 토기가 산재하고 대부분 15세기 제작된 것이었다. 동전도 출토되는데, 16세기에 주조 또는 유통된 것은 없었다. 따라서 15세기 말 해빈구릉에 위치한 취락이 해일에 의해 파괴되면서 내륙의 저지(低地)로 운반되었고, 당시 해일의 높이는 7-8m 이상으로 추정되었다(金子, 2016). 발굴 결과에 근거해 가네코는 지층에 남겨진 흔적을 메이오 해일 피해의 결과라고 주장했다.

한편 지진학 관점에서 1495년 사가미트러프(相模 Trough)가 움직이면서 지진이 일어났다는 견해도 있다(石橋, 2014). 그에 따르면 1495년 지진은 간토 메이오지진(明應地震)이라 할 수 있다. 1703년(겐로쿠 16) 지진과 연관해 보면, 약 200년 간격으로 사가미트러프 부근의 플레이트 경계 지진이 반복해 일어난다고 할 수 있다. 그리고 1498년 지진의 파원 범위는 이제까지 이해된 것처럼, 난카이트러프(南海 Trough) 지진과 유사해질 것이다.

메이오기(明應期)의 지진에 대한 사료가 적고, 현재 신뢰할 수 있는 사료가 『겸창대일기』에 한정된다. 사실 거대한 해일이 덮친 중세의 항구에서 사료를 얻기는 힘들다. 그래서 중세사 연구자들은 사라진 경관을 복원해 해일 피해의 유무를 확인하려 한다. 야다 도시후미(矢田俊文)의 경우 중세의 교역 시스템을 전제로 고고학의 발굴에서 얻은 유물과 유구 등을 통해 중세 물류의 흔적을 파악함으로써, 1498년 지진으로 사라진 중세 항구를 복원하고 있다. 아노쓰(安濃津, 津市), 오미나토, 하시모토(湖西市新居), 요코스카(横須賀, 掛川市), 나카지마(中島, 袋井市福田), 고가와(焼津市) 등 중세 물류 거점의 실태가 밝혀지고 있다(矢田, 2010).

제2장

근세 Ⅰ :
18세기 초 재해가 빈발하다

1. 1703년 겐로쿠지진

대규모 재해의 연속

18세기 초 일본열도를 구성하는 4개의 플레이트 중 태평양 플레이트와 필리핀해 플레이트의 경계 부근에서 단층이 어긋나 1703년(겐로쿠 16), 1707년(호에이 4) 연이어 지진이 일어나고 후지산이 분화했다. 사실 이즈반도 아래 필리핀해 플레이트가 들어와 있다. 이즈반도 일대가 하나의 플레이트 위에 놓여있어, 플레이트 동쪽에서 지진이 발생하면 이후 서쪽에도 지진이 발생하는 현상이 역사상 반복되었다. 다만 각 플레이트의 방향과 속도 등에 따라 발생의 과정이 다르다.

역사적으로 대규모 재해의 발생 간격을 살펴보면, 이즈반도와 인접한 스루가만 서쪽과 동쪽에 서로 다른 움직임이 나타난다. 때로는 약간의 시간차를 두고 연동하는 경우가 있다. 그 예가 바로 간토평야에 지진과 해일을 일으킨 1703년 지진과, 난카이트러프의 플레이트 경계 지진으로서 에도시대 최대 지진으로 평가되는 1707년 지진이다. 그리고 49일 뒤 화산 분화의 최대 레벨 Ⅴ에 해당하는 후지산 분화가 일어났다. 그러한 대규모 재해의 연속은 이제까지 일본인이 경험해 보지 않은 사건이었다. 제2장에서는 에도시대 중기 연속한 대규모 재해에 사회가 어떻게 대응했는지 살펴보려 한다.

간토평야에서 1만 명이 죽다

1703년 11월 23일(양력 12월 31일) 지진이 일어났다. 사가미 트러프의 플레이트 경계 지진으로 해일을 동반한 M 7.9-8 지진이었다. 1923년 1만 5천명이 사망한 지진(간토지진)도 같은 플레이트 경계 지진이다. 1703년 간토평야를 중심으로 약 1만 명이 희생되었고, 특히 보소반도(房總半島)에서 피해가 컸다(표 2-1). 다음으로 사가미만 인근의 오다와라 지방에 피해가 집중되었으며, 오다와라성이 무너지고 불탔다. 이하에서 각지의 피해를 간략히 살펴보자.

〈표 2-1〉 겐로쿠지진의 사망자

지역	사망	전궤	반궤
고후령(甲府領)	83	345	281
오다와라령(小田原領)	2,291	8,007	
호소반도(房総半島)	6,545	9,610	
에도(江戸)	340	22	
스루가·이즈(駿河·伊豆)	397	3,666	550
그 외(諸国)	722	774	160
합계	10,367	22,424	991

출전: 宇佐美龍夫他, 2013, 表149-2

보소반도의 피해

보소반도 연안의 어촌에서 약 6천명이 죽었다. 왜 그렇게 많은 사망자가 생겼을까. 지진학자 쓰지 요시노부(都司嘉宣)는 당시 다이로카쿠(大老格) 야나기사와 요시야스(柳沢吉保)에게 올라온 피해보고를 편집한 사료 『낙지당연록(樂只堂年錄)』과 현지 조사를 통해 각지에 지진으로 무너진 가옥, 해일로 유실된 건물, 사망자의 수를 정리하고 그 분포를 고찰했다(都司, 2003).

쓰지의 연구에 따르면 보소반도 남단의 하테야마시(館山市), 구주쿠리(九十九里) 해안, 이치노미야정(一宮町)·오아미시라사토시(大網白里市)·도가네시(東金市)·나루토정(成東町) 각각에서 1703년 피해의 양상이 다르다(그림 2-1·2).

먼저 하테야마시에서 진동에 의한 가옥 붕괴는 해안보다 내륙에 위치한 가나마리(神余)에서 두드러진다. 반면 구주쿠리 해안에서는 가옥 붕괴의 기록이 없지만 사망자가

〈그림 2-1〉 붕괴 가옥의 수
출전 都司, 2003

〈그림 2-2〉 지진과 해일에 의한 취락별 사망자 수
출전 都司, 2003

압도적으로 많다. 해일로 인해 가옥이 유실되면서 죽은 이가 많았던 것이다. 보소반도의 남단이 융기한 한편 아마쓰(天津)·고미나토(小湊) 일대는 지구대(地溝帶)로서 침강해 있으므로 진동과 해일에 의한 사망자가 많이 발생했을 것이다. 그리고 최근의 성과에 따르면 구주쿠리 해안에서 해안선에 위치한 창고의 피해가 컸고, 『낙지당연록』에 보고된 내용은 일부 지역에 한정된 것이었다. 따라서 차후 사료 검토를 통해 보다 정확한 사망자 수를 파악할 필요가 있다(矢田·村岸, 2016).

구주쿠리 해안 각지에는 지금도 1703년 지진으로 죽은 이를 위한 공양비(供養碑)가 남겨져 있다. 공양비는 센닌즈카(千人塚), 햐쿠닌즈카(百人塚) 등으로 불린다. 일설에 따르면 해일에 휩쓸린 이의 유해가 도착한 곳이라고 한다. 1970-80년대 고야마 유타카(古山豊)는 지바현의 보소 해안선에 분포하는 해일 석비를 조사해 보고했다. 그에 따르면 히토쓰마쓰(一ツ松)에 위치한 니치렌종 혼코사(本興寺)에는 1畳 크기의 위패(『元禄津波水死者大位牌』)가 있다. 현재 위패는 세 부분으로 나눠 보존되고 있는데 위패에 기록된 계명(戒名)을 복원하면 900명 이상이다(古山, 1994). 2003년에는 국립역사민속박물관이 '도큐먼트 재해사'전을 개최하면서, 1703년 지진의 300주년을 기념해 혼코사의 위패를 3개월간 전시하기도 했다.

고야마가 조사한 가쓰우라시(勝浦市) 하마나메가와(浜行川)의 고문서

〈그림 2-3〉 1703년 해일의 공양탑
茂原山鷲山寺

에 따르면, 해일로 인해 마을의 93호 중 38호(인수 196명)가 재산을 전부 잃어버렸다. 이에 나누시(名主) 등 마을 대표가 해당 지역을 담당하는 막부의 지방관청 다이칸쇼(代官所)에 곡식 대부를 청원했고 1일 남자 3홉, 여자 2홉을 기준으로 금화 약 30량을 지원받았다. 그리고 지진으로 산사태가 일어났으므로 마을은 스스로 논 4反19步의 토사를 제거해 복구하기로 하고, 인부 640명분의 품삯을 지급해 주기를 청했다. 해일로 인해 배 30척, 지비키(地引) 어망 2개 등 금화 약 85량에 해당하는 어구(漁具)를 잃어버려 생계를 꾸릴 수 없으므로 어구를 구입하는 대금도 청원했다. 이에 막부는 금화 177량1분을 3년 거치 상환의 조건으로 대부했고, 해일 피해를 입지 않은 55가에 대해 식량 사정을 조사하도록 명했다.

사가미만의 피해

앞서 언급한 대로 보소반도에서 사망자가 두드러졌는데, 사가미만(相模灣) 일대의 피해는 잘 알려져 있지 않다. 그 이유로 1703년 지진이 일어나고 4년 뒤 후지산이 분화하면서 화산재, 실상은 거의 모래(화산 모래)가 두껍게 쌓였다. 그 피해가 너무나 심각해 생활하기 곤란할 정도였다. 해당 지역 주민은 분화 재해에 대한 인상이 강한 만큼, 1703년 지진 피해에 관심을 갖고 있지 않다. 거기다 1707년 사카와강(酒匂川)이 범람해 집과 논밭이 유실되고, 기록도 함께 잃어버렸다. 현지를 조사하면 1703년 지진보다 후지산 분화에 관한 문서가 많이 남아있고, 연구도 진행되었다.

이하에서는 시모가모신사(下賀茂神社)의 신관(神官) 나시노키 스케유키(梨木祐之)가 1703년 에도에서 교토로 가던 중 지진을 만나, 그 참상을 기록한 일기를 통해 도카이도(東海道)의 피해를 살펴보려 한다. 참고로 나시노키는 에도에서 야나기사와 요시야스의 저택에 머물렀다.[1] 야나기사와가 와카(和歌)의 첨삭을 오기마치 긴미치(正親町公通)에게 의뢰했기 때문이다. 오기마치는 야나기사와 측실의 이복형제로, 나시노키와 관계가 돈독했다.

도카이도의 피해 기록, 『우지지진도기』

나시노키 일행은 11월 21일 에도를 출발해 다음날 도쓰카숙(戸塚宿)에 묵었고 지진을 체험하였다. 11월 23일 새벽 2시경 지진이 발생한 것이다. 이후 나시노키는 도카이도(東海道)를 통해 교토로 가면서 지진 피해를 입은 숙(宿)의 상황을 기록했다. 당시 도카이도 일대의 모습을 자세히 기록한 그의 일기는 일찍부터 신뢰할 수 있는 자료로 주목을 받았다.[2]

나시노키와 함께 교토로 향한 일행은 그의 휘하로 추정되는 미쓰유키(光行)를 포함해 15명이었다. 일행은 에도를 출발해 가와사키(川崎), 가나가와(神奈川), 호도가야(保土ケ谷) 등을 거쳐 해질 무렵 도쓰카에 도착했다. 주에몬(十右衛門)이라는 사람의 여관에 머물렀는데, 새벽 3시경 지진이 일어났다. 벽이 주저앉고, 일행이 일어나려 해도 일어나지 못하고 쓰러질 정도로 흔들렸다. 그렇게 시작된 지진 일기의 여정은 도쓰카(戸塚)→(가미쿠라타, 上倉田)→후지사와(藤沢)→히라쓰카(平塚)→오이소(大磯)→(하네오촌, 羽根尾村)→(고즈, 国府津)→(산노촌, 山王村)→오다와라(小田原)→하코네(箱根)→미시마(三島)→누마즈(沼津)→에지리(江尻)→하마마쓰(浜松)→아라이(新井)→아카사카(赤坂)→미야(宮)→사야(佐屋)→구와나(桑名)→구사쓰(草津)→교(京)이었다.

---

1   『楽只堂年録』, 元禄 16년 11월 21일 기사.
2   熊原政男 校定, 1953, 『祐之地震道記』, 神奈川縣教育委員会.

괄호의 지명은 도카이도에 공적으로 설치된 숙이 아닌 임의의 숙 또는 촌
(村)이다. 〈표 2-2〉에 여정 중 마을의 가옥 붕괴, 화재 발생, 사망자 등에 대
해 간략히 정리했다. 여정에서 미시마 서쪽부터 지진 피해가 거의 없었다.

〈표 2-2〉 사가미 만 일대 도가이도의 피해

宿·村	도괴 가옥	소실	사망자	기타
도쓰카숙(戸塚宿)	다수	있음	100여명	
구라타촌(倉田村)	40헌		없음	
가마쿠라(鎌倉.円覚寺)	200헌			
후지사와숙(藤沢宿)	대부분		30명 압사	
오와다(小和田)	8. 9헌			
난고(南湖,茅ヶ崎)	과반			
히라쓰카(平塚)	전부			
오이소(大磯)	과반		50여명 압사	
우메자와(梅沢)	6, 7헌			
하네오(羽根尾)		전부 소실		1헌 남음
고즈(国府津)	대부분		50~60명	
오다와라(小田原)		성 및 성하	1,600명	사체 산란
유모토(湯本)				암석과 나무가 길을 본 도를 막다
하코네(箱根)	번소 부근 도괴		인마 30여명·30필	

출전:『祐之地震道記』에 기초해 작성

1703년 도쓰카-하코네 간 숙마다 가옥이 붕괴되거나, 화재로 인해
전소되었다. 산사태도 많이 발생했다. 오이소에서는 해일로 인해 어선도
심하게 파손되었다. 일기에는 화재 중 압사 또는 소사한 내용도 여러 번
기술되어 있다. 진동으로 인한 가옥 붕괴와 압사, 화재로 인한 소실 등 사
가미만의 피해가 상당히 심각했음을 알 수 있다. 다만 나시노키는 해안선

에서 떨어진 도카이도를 통해 여행했기에 해안의 융기 현상 등에 대해 언급하지 않았다.

나시노키는 도카이도 인근의 마을 사람들이 도로 위의 쓰러진 나무를 제거하고, 다리가 무너진 곳에 별도의 길을 만드는 등 대응을 했다고 적었다. 도카이도 인근 마을이 스케고(助鄕) 즉 인마(人馬) 제공의 의무를 가졌을 뿐 아니라 도로의 가로수를 관리하고, 화재로 인한 피해 복구도 부담한 것이다. 그렇다면 도카이도의 숙에서 복구 작업은 어떻게 이루어졌을까. 그에 관한 사료는 현재 찾을 수 없지만 당연히 막부 지배의 숙에서는 막부의 명령으로 복구되고, 오다와라번(小田原藩)의 영지에서는 번이 복구를 책임졌을 것이다.

오다와라 지역의 피해

가장 큰 피해를 입은 곳은 오다와라(小田原) 지역이었다. 진원이 가까워 진동에 의한 피해가 컸고, 화재가 발생해 시가지 대부분이 불탔다. 당시 오다와라번의 피해를 〈표 2-3〉에 정리했다.

〈표 2-3〉 1703년 지진 당시 오다와라번의 피해

(1) 오다와라 시가의 피해

신분	가옥	전궤	반궤	소실	사망자
무가	406	322	0	84	137
조닌	1,123	603	36	484	651
여행자					44
사사	46	29	12	5	13
計	1,575	954	48	573	845

(2) 시가를 제외한 번 영역의 피해

国別	가옥	전궤	반궤	소실	사망자
사가미국 (相模国)	백성 6,388*	5,605*	775	8	764*
	사사 23	170	67	0	18
스루가국 (駿河国)	백성 836	-	-	-	37
	사사 19	15	4	-	1
이즈국 (伊豆国)	백성 476	-	-	-	639
	사사 9	5	4	-	4
	8,024	-	-	-	1,446

출전: 内閣府防災担当, 2013, 표 8-1. 단 *의 수치는 불확실.

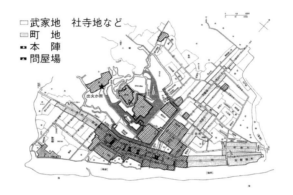

〈그림 2-4〉 1703년 오다와라 지역의 소실 구역(사선 부분)
출전: 内閣府防災担当, 2013

오다와라번의 영지는 약 11만3천석이다. 그 중 4만6천여 석은 하리마(播磨, 兵庫縣), 가와치(河内, 大阪府), 시모쓰케(下野, 栃木縣) 등에 위치한 비지(飛地)였다. 1703년 지진으로 직접 피해를 입은 영지는 사가미만 연안의 평야였다. 오다와라의 시가에서 무가 · 조닌(町人) · 사사를 포함해 피해 가옥 1천575채, 사망자 845명이었다. 그리고 사가미의 아시가라(足柄), 스루가 슨토군(駿東郡). 이즈 가모 군(賀茂郡)에서 피해 가옥 8천024채와 사망자 1천446명이 발생했다. 이를 더하면 전체 피해 가옥은 9천588채, 사망자는 2천291명이다.[3] 특히 지진 직후 오다와라성에서 덴슈(天守), 혼마루(本丸), 니노나루(二之丸)의 건물이 무너졌고 석벽과 망루 및 문 등도 쓰러졌으며 동시에 화재가 발생했다. 시가 역시 진동과 함께 많은 가옥이 전파되고 화재가 발생했으며 압사한 이가 많았을 것이다(그림 2-4). 피해의 정도로 진도(seismic coefficient) 7 이상이었을 것이다. 다만 바다로 떠내려 가 죽은 이의 수치가 없는 점을 고려하면, 해일 피해는 크지 않았던 것과 같다.

오다와라 지역의 구제와 부흥

오다와라번은 대규모 재해에 어떤 대책을 취했을까(『1703 元禄地震報告書』제8장 참조). 번주(藩主) 오쿠보 다다마스(大久保忠増)는 에도에 체재 중이었는데, 대규모 지진으로 번의 존망이 위태롭다고 인식하고 12월 6일 오다와라로 돌아왔다. 그는 곧바로 피해지 조사에 나섰고, 먼저 불타버린 오다와라성과 하코네관소(箱根關所) 등을 돌아보았다. 한편 번은 재해 복구를 위해 막부에게 1만5천량 대부금을 받았다. 대부금은 기본적으로 무이자 10년 연부(年賦)로 상환해야 했다.

당시 오다와라에서는 성의 니노마루가 소실되고 재해 대책의 본부로서 기능해야 할 관청조차 없었다. 번은 먼저 성 밖으로 나가는 하코네구치문(箱根口門)에 가건물을 세우고, 지진 직후 11월 24일부터 재해 대책을 지시했다. 치안을 위해 성내 각처에 번소(番所)를 설치했다. 이어서 하코네

---

3   단 시모주 기요시(下重清)의 조사에 따르면 전체 피해 가옥은 9천540채, 사망자는 2천 308명이다.

구치에 솥을 5개 설치하고, 12월 2일까지 7일간 하루에 쌀 10俵씩 죽을 끓여 나눠주었다. 가신들에게는 총 7천500량의 구제를 실시했다.

번은 거목과 암석 때문에 통행할 수 없는 도로를 정비했다. 영지 내 도카이도의 피해 구역을 복구하고 숙의 전마(傳馬) 체제를 정비했으며, 하코네숙(箱根宿)에 대해서도 전마 체제를 정비했다. 그를 위해 번은 각각 막부 대여금 1천500량과 300량을 이용했다. 말이 많이 죽고 마을의 스케고가 어려워졌으므로 영내 마을에 100량을 대부했다. 그리고 639명이 죽은 이즈의 영지에 대해서 긴급 식량 600표를 대부하였다.

그런데 1923년 간토 대지진으로 오다와라성의 석벽이 다시 무너지면서, 이전 석벽을 복구했다는 내용의 석비(石碑)가 발견되었다. 그에 따르면 1705년(호이에 2) 4월 석벽이 세워졌다. 참고로 덴슈의 경우 무나후다(棟札)에 기재된 상량 날짜가 1705년 2월 12일, 준공은 1706년 6월이었다. 1705년 성의 복구는 성곽의 기초가 되는 석벽이 세워지는 것으로 끝난 것이다. 하지만 이후 석비의 내용이 확대 해석되며 당시 성이 부흥된 것으로 선전되는 한편, 오다와라성이 불타서 무너진 사실도 세상에 널리 알려졌다.

가마쿠라의 피해

이어서 해일 피해가 컸던 가마쿠라(鎌倉)에 대해 간략히 설명한다. 먼저 사가미만 연안에서 가마쿠라와 가까운 쓰(津)·가타세(片瀬)·고시고에 등은 해일로 인해 어선 200척과 도구 및 식량 등을 잃었고, 막부의 다이칸(代官) 고나가야 간자에몬(小長谷勘左衛門)으로부터 200량을 대부받아 복구에 나섰다. 다음으로 가마쿠라에서는 외부와 연결되는 통로가 지진으로 붕괴되어 통행이 곤란해졌다. 쓰루가오카하치만궁(鶴岡八幡宮)과 엔카쿠사(円覚寺) 등의 건물이 붕괴되고, 하세(長谷)에 위치한 대불(大佛)도 전방 석단이 무너져 90cm 정도 기울어졌다. 해일이 시가 중심의 니노도리이(二の鳥居)까지 덮쳤다. 해안의 자이모쿠자(材木座)에 위치한 고묘사(光明寺)의 경우 누문까지 바닷물이 차올랐고, 경내 동북쪽 나이토(內藤) 집안 묘소의 석탑이 무너졌다. 나메리강(滑川) 하구 인근의 엔노사(円応寺)는 해일로 염마당(閻魔堂)이 유실되고, 이후 겐초사(建長寺) 근처로 이전되었다.

에도의 피해

1703년 지진으로 에도(江戸)의 피해는 어떠했을까. 지진의 직격을 받은 오다와라 지역에 비해, 도쿄만 깊숙이 들어가 있는 에도는 지진과 해일의 피해가 크지 않았을 것이다. 지진에 관한 에도의 피해 기록은 많지 않다. 에도의 행정을 담당하는 마치부교(町奉行) 야스다 무네사토(保田宗郷)에게 제출된 피해 보고는 총 39건이었다. 그 중 사망자는 40명으로, 가게의 고용인이 창고에 깔려 죽은 예가 많았다. 당시 막부가 에도의 조닌을 구제한 기록은 없다.

무가의 경우 다이묘 저택 36건, 하타모토 가옥 44건이 지진의 피해를 입었다(『1703 元禄地震報告書』). 고후번(甲府藩)의 저택 이외 화재는 발생하지 않았다. 다만 공식 기록에 없지만 공동주택인 나가야(長屋)가 무너지고 화재가 발생했으며, 무가에서 일하는 여성들이 500여명 죽었다 등의 소문이 돌았다. 사례는 적지만, 시중의 피해 등을 고려해 진도 분포를 작성하면 다음과 같다(그림 2-5).

에도에서 최대 진도는 6강(强) 정도로 추정된다. 다만 데이터가 적고, 스미다강(隅田川) 동쪽에 위치한 혼조와 후카가와 구역에서 피해 보고가 거의 없다. 사실 그 곳은 저지대로 수해의 빈도가 높고 지반이 약해, 사람들이 솔선해 거주하는 지역은 아니었다. 1680년 다테바야시번(館林藩)의 쓰나요시(德川綱吉)가 쇼군을 계승하고, 이어서 1704년 고후번의 쓰나토요(綱豊)가 쇼군의 양자가 되면서 막부는 쇼군의 가신단을 이주시키기 위해 스미다강 동쪽을 개발했다. 개발지는 1713년(쇼토쿠 3)에 이르러 에도마치부교(江戸町奉行)의 관할이 되었다.

한편 1703년 지진 전후 구체적으로 11월 18일 미타(三田) 일대에서 화재가 발생했다. 불은 후루카와(古川) 일대를 지나 신바시(新橋)와 시바

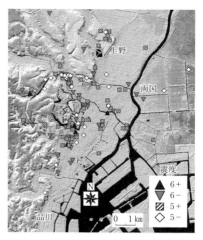

〈그림 2-5〉에도의 진도 분포
출전: 内閣府防災担当, 2013

(芝) 등에 위치한 다이묘 저택까지 태웠다. 그리고 동월 29일 고이시카와(小石川)의 미토번(水戸藩) 저택에서 불이 일어나 시타야(下谷), 시노바즈노이케(不忍池), 아사쿠사(浅草) 그리고 에이타이바시(永代橋)까지 번져 에도의 3분의 1이 피해를 입었다. 그로 인해 두 화재 사이에 일어난 지진 관련 기록이 남아있지 않는 것일까.

다이묘 조력 공사로 에도성을 복구하다

1703년 11월 23일 미명(未明) 지진이 발생했다. 22일 한밤중이라는 기록도 있지만, 같은 시간대를 가리킨다. 〈그림 2-5〉를 보면 에도성(江戸城) 주변에 진도가 높다. 그것은 에도성 석벽이 무너졌다는 기록이 많았기 때문이다. 막부는 지진 피해를 입은 에도성 석벽을 복구하기 위해, 다이묘 23가를 동원해 대규모 공사를 실시했다(北原, 2016).

에도시대 초기 막부가 다이묘를 동원한 대규모 공사(이른바 天下普請)

를 통해 슨푸성(駿府城), 나고야성(名古屋城), 오사카성(大坂城), 다카다성(高田城) 등 쇼군 도쿠가와가(德川家)와 긴밀한 주요 성곽을 건설했다. 성곽 건설과 연관된 도시 개발이 끝난 후 다이묘 조력 공사는 내용적으로 바뀌었다. 그 예로 1657년(메이레키 3) 대화재로 에도성의 덴슈와 건물이 불타서 무너졌을 때, 막부가 다이묘를 동원해 덴슈를 복구했다. 재해가 일어나면 막부는 직접 피해 현지에 부흥 자금을 투여하지 않고, 재해 현장과 떨어진 곳의 다이묘에게 노동력과 자금을 마련하도록 했다. 다이묘는 에도시대 초기와 같이 석재와 목재 등을 부담하지 않고, 막부가 제공한 물자로써 공사를 했다. 따라서 막부의 지출도 적지 않았다.

조력 공사에 참여할 다이묘를 지명하다

지진이 일어나고 이틀 뒤 25일 막부는 에도성 내 도쇼궁(東照宮)과 불전(佛殿)을 복구하도록 로주(老中) 아베 마사타케(阿部正武)와 와카도시요리(若年寄) 이노우에 마사미네(井上正岑) 및 고부신카타(小普請方)에게 명했다. 그리고 에도성 내곽과 외곽의 수리는 로주 아키모토 다카토모(秋元喬知), 와카도시요리 이나가키 시게토미(稲垣重富), 사쿠지부교(作事奉行), 후신부교(普請奉行) 등에게 명했다. 총력 체제로 에도성의 복구에 임한 것이다. 27일에는 내·외곽 복구를 명받은 사쿠지부교와 후신부교 등이 피해 상황과 복구가 필요한 정도를 파악하기 위해 성 내외를 직접 조사했다. 그 중에 사쿠지부교 휘하의 다이쿠가시라(大工頭) 스즈키 나가요리(鈴木長賴)도 참가했고, 당시 상황을 일기에 자세히 기록했다.[4]

---

4   『鈴木修理日記』1-4권, 『近世庶民生活史料 未刊日記集成』3-6, 三一書房. 이하 「修理日記」로 생략.

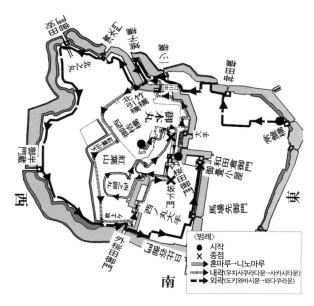

〈그림 2-6〉 에도성의 피해 조사 코스

『수리일기(修理日記)』에 근거해 조사의 경로를 개략적으로 정리하면 다음과 같다(그림 2-6).

11월 27일 오전 10시 사쿠지부교 등이 모여서 먼저 성내 건물들을 돌아보고 피해 상황을 조사했다. 즉 혼마루(本丸) 건물의 겐칸(玄關) 앞에서 오테문(大手門)과 우치사쿠라다문(內櫻田門), 니시노마루(西之丸) 오테, 야마자토문(山里門), 모미지야마(紅葉山), 사카시타문(坂下門), 우즈미문(埋門), 깃테문(切手門), 가미바이린(上梅林), 시모바이린(下梅林), 기타히키교(北引橋), 니노마루(二之丸) 구이치가이(喰違) 순으로 조사했다. 그리고 30만석 규모의 다이묘 2명에게 공사를 명하기로 했다.

이어서 내곽을 돌아보는데 우치사쿠라다문에서 오테구치(大手口)

와·히라카와구치(平川口), 다케바시(竹橋), 기타하네교(北桔橋), 니시하네교(西桔橋), 모미지야마, 후키아게(吹上), 소토사쿠라다(外櫻田), 사카시타문 순으로 조사했다. 그리고 15만석 규모의 다이묘 2명에게 공사를 명하기로 했다. 다음으로 외곽을 도키와바시문(常盤橋門), 간다교(神田橋), 히토쓰바시(一橋), 기지교(雉子橋), 다야스문(田安門), 한조문(半藏門), 소토사쿠라다, 히비야문(日比谷門), 바바사키문(馬場先門), 와다쿠라문(和田倉門) 순으로 돌았다. 그리고 10~15·16만석 규모의 다이묘 4-5명에게 공사를 명하기로 했다. 마지막으로 에도 전체 총곽(總郭)의 경우 아사쿠사문(淺草門)에서 스지카이문(筋違門), 스지카이문에서 고이시카와(小石川)·우시고메(牛込)·이치가야(市ヶ谷)·요쓰야(四谷)·아카사카(赤坂)·도라노몬(虎ノ門)·사이와이바시(幸橋)·야마노시타(山下)·스키야(數寄屋)·가지바시(鍛冶橋)·고후쿠바시(吳服橋) 각문까지 93丁과 2里21丁은 파손 부분이 적고 벽도 많지 않았다. 그래서 15·16만~20만석 규모의 다이묘 2명에게 공사를 명하기로 했다.[5]

『수리일기』를 통해 막부로부터 복구 공사를 명받은 다이묘의 기준을 알 수 있다. 에도성의 복구를 담당한 관리들이 모여 피해 구역을 조사하고 복구에 필요한 공사 규모를 추정한 뒤, 어느 정도 규모의 다이묘에게 복구를 명할지 원안을 세웠다. 피해 규모에 따라 영지 규모를 기준으로 조역(助役) 다이묘를 지명하기로 한 것이다. 여기서 조역은 공사를 부담하는 다이묘를 가리키는 용어이다.

조사 결과는 곧바로 로주와 와카도시요리에게 전해졌다. 그에 따라 당일 27일 저녁 제1기 복구 공사를 위해 조역 다이묘 7명이 지명되었

---

5   「修理日記」3권.

다. 해당 번의 에도 번저(藩邸)에는 루스이(留守居)의 출두를 명하는 로주의 문서가 전달되었다. 제1기 공사는 주로 니시노마루, 혼마루 겐칸, 혼마루와 산노마루(三之丸) 경계 등의 석벽을 복구하는 것이었다. 뒤늦게 니노마루의 건물을 복구하기 위해 지명된 다이묘 2명을 포함해, 제3기 공사까지 총 23명의 다이묘가 동원되었다(표 2-4). 내·외곽을 대상으로 조역 다이묘의 공사구역은 〈그림 2-7〉과 같다.

〈표 2-4〉 1703년 에도성 공사의 다이묘 일람

기	연호	월	일	다이묘	수령명/통칭명	공사 구역	영지	석고
1	元禄16	11	28	毛利吉広	大膳大夫	西之丸下~半蔵門	長門国萩城	369,411
1	元禄16	12	2	池田吉泰	右衛門督	大手下条橋·中ノ門·玄関前	因幡国鳥取城	320,000
1	元禄16	11	28	立花宗尚	飛騨守	蓮池·和田蔵·馬場先·内桜田·日比谷 각문	筑後国柳河城	109,600
1	元禄16	11	28	丹羽秀延	左京太夫	上下梅林坂·平川口帯曲輪·北桔橋	陸奥国二本松城	100,700
1	元禄16	11	28	稲葉知通	能登守	数寄屋橋·鍛冶橋·呉服橋	豊後国臼杵城	50,065
1	元禄16	11	28	加藤泰恒	遠江守	一橋부터 雉子橋까지	伊予国大洲城	60,000
1	元禄16	11	28	戸沢正誠	上総介	常盤橋-神田橋	出羽国新庄城	68,200
1	元禄16	12	15	吉川広達	勝之助	毛利吉広의 구역 내	周防国岩国城	60,000
①	元禄17	1	22	上杉吉憲	民部大輔	田安門·清水門 주위의 석벽	出羽国米沢城	150,000
2	宝永1	3	22	松平昌親(吉品)	兵部大輔	玄関前二重櫓·二之丸銅門·多門, 潮見坂高石垣 및 多門二重櫓·上梅林坂門二重櫓	越前国福井城	250,000
2	宝永1	3	22	伊東祐実	大和守	北桔橋門多門·続き二重櫓, 上梅林坂二重櫓	日向国飫肥城	51,080
2	宝永1	3	22	黒田長清	伊勢守	坂下門·外桜田門·日比谷門	筑前国東蓮寺館	50,000
2	宝永1	3	22	鍋島直之	摂津守	神田橋門·鍛冶橋新口·竹橋門多門	肥前国蓮池城	52,625

2	宝永1	3	22	秋月種政	長門守	半蔵門	日向国高鍋城	27,000
2	宝永1	3	22	六郷政晴	伊賀守	半蔵門부터 북쪽 石垣 210間余	出羽国本荘城	20,400
2	宝永1	3	22	毛利高慶	周防守	半蔵門부터 북쪽 石垣 250間余	豊後国佐伯城	20,000
3	宝永1	5	29	松平(松井)康官	周防守	筋違門	石見国浜田城	50,400
3	宝永1	5	29	有馬真純	大吉	赤坂門	越前国丸岡城	50,000
3	宝永1	5	29	永井直達	日向守	小石川門	摂津国高槻城	36,000
3	宝永1	5	29	松平(久松)定基	釆女正	虎門	伊予国今治城	35,000
3	宝永1	5	29	小出英利	伊勢守	浅草見付	丹波国園部城	26,711
3	宝永1	5	29	酒井忠囿	靫負佐	牛込·市ヶ谷·四谷の各門	若狭国小浜城	103,500
3	宝永1	5	29	内藤義孝	能登守	幸橋·赤坂溜池落口	陸奥国平城	70,000
	宝永1	5	14	水野忠之	監物	二之丸殿舍	三河国岡崎城	50,000
	宝永1	7	19	内藤清枚	駿河守	二之丸石垣	信濃国高遠城	33,000

出典:『江戸城外堀跡 市谷御門外橋詰·卸堀端』第Ⅱ分冊、表66「宝永元年普請担当大名」인용

단, 上杉吉憲는 다른 제1기 공사의 다이묘들과 달리 석재 조달이 늦어져 공사 완성이 늦었다.

〈그림 2-7〉 에도성의 공사구역

출전: 都立中央圖書館「甲良家文書」(6158-07)

다음날 28일 제1기 공사를 담당하는 다이묘 7명의 루스이 또는 다이묘 후계자 등이 출두해 공사를 명받았다. 그 중 쓰번(津藩)의 도도가(藤堂家)는 미토번의 저택에서 일어난 화재(29일)로 연소되었기에 조역을 면제받았고, 대신 12월 2일 돗토리번(鳥取藩)의 이케다가(池田家)가 공사를 명받았다. 그것은 매우 드문 일이었다. 공사를 명받은 번들은 약 1개월 공사를 준비하고, 막부의 후신부교와 사쿠지부교의 지시를 받았다. 번은 공사구역을 지정받는 한편 공사장에서 다툼 등을 금지하는 조목(條目)과 공사 완료의 시기 등 세세한 작업 일정을 통보받았다. 3개월 내 공사 완료를 목표로 대체적인 일정을 지시받았다. 니노마루의 건물 공사를 제외하고 제1기 공사구역은 니시노마루와 혼마루 일대, 제2기 공사구역은 내곽, 제3기 공사구역은 외곽 즉 에도성의 외주(外周) 부분이었다.

하기번 모리가의 공사

모리 요시히로(毛利吉廣)는 36만석의 다이묘로, 지정받은 공사구역은 니시노마루 내 오테와타리(大手渡), 나카지키리(中仕切), 후키아게와타리(吹上渡), 야마자토문(山里門), 겐칸마에와타리(玄關前渡), 우라문(裏門) 일대였다. 다만 모리가의 공사구역에 이와쿠니번(岩國藩) 깃카와가(吉川家)의 공사구역은 포함되어 있지 않다. 당시 막부는 깃카와가를 모리가의 신하로 인식했기에 깃카와가에게 직접 공사를 명령하지 않고, 대신 모리가가 깃카와가에게 공사를 명하도록 했다. 그런 점에서 막부가 지명한 조역 다이묘는 22가라고 할 수 있는데, 필자는 깃카와가를 다이묘로 위치 짓고 조역 다이묘를 23명으로 서술하였다.

1703년 다이묘의 공사구역을 표시한 것으로 추정되는 지도가 「고라가문서(甲良家文書)」에 전한다(그림 2-8). 지도는 막부 다이쿠가시라 스즈

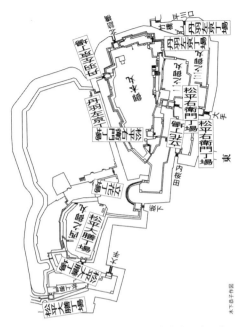

〈그림 2-8〉 모리가·다치바나가·단바가 공사구역
출전: 都立中央圖書館「甲良家文書」(6158-6)

키 휘하에서 다이토료(大棟梁)를 맡았던 고라 무네요시(甲良宗賀)가 작성했을 것이다. 지도에는 다이묘의 이름을 적은 부전으로써 공사구역이 표시되어 있다. 모리가의 공사구역은 니시노마루의 오테문(大手門)에서 후키아게문(吹上門), 야마자토문(山里門)에 이르는 범위에 걸쳐 있다. 실제 공사 대상은 대부분 망루와 문, 고시가케(腰掛), 오반쇼(大番所), 벽 등의 건조물이다.

에도성 공사와 관련해 막부 후신부교의 지시가 「모리가문서(毛利家文書)」에 전한다.[6] 그것은 에도성의 복구에 동원된 다이묘 전체와 연관된 내용으로 다음과 같다. ① 석벽 자재는 막부의 이시부교(石奉行)로부터 받는다. 석축(石築) 인부의 경우, 하기번이 석공과 석재 운반인 등을 고용해 차출한다. 부족하면 일용 인부를 사용한다. ② 건축과 관련해 죽목(竹木)·철물·벽토(壁土)·기와 등 일체와 목수 및 직공들은 막부가 부담한다. 인부는 대부분 하기번이 차출한다. 공사 자재는 막부로부터 받고, 그 출납을 목수가 각각 장부에 기록해 둔다. ③ 복구를 위해 나무와 대나무 등을 이동하

---

6   山口縣文書館藏 毛利家文書, 「元禄十六年御普請御手伝公儀事控」

는 경우에 우에키부교(植木奉行)에게 알리고, 나중에 원래 위치에 되돌린다. ④ 우차(牛車)와 짐수레가 정해진 통로 이외, 구루와(曲輪) 안에 들어가는 경우 통행증이 필요하다. ⑤ 석재와 목재 등을 운반하는 데 막부 가와부네부교(川舟奉行)가 배를 내어주고 그 수 등을 장부에 기록한다. ⑥ 건축중 비계(飛階)에 필요한 죽목은 회소(會所)에 알리고 빌린 다음, 사용 후 반납한다. 손상이 있는 경우 후신부교가 조사한 후 불하해 대금을 반납한다. 주목할 점은 막부가 다이묘를 동원해 석벽을 수축하는 한편 건축에 대해 직공을 파견한 것이다. 복구에 필요한 공사 자재 역시 막부가 제공하였다.

이와키타이라번 나이토가의 공사

〈표 2-4〉에서 알 수 있듯이 1704년 5월 29일 제3기 다이묘 조력 공사의 명령이 내려졌다. 다만 『수리일기』에는 6월 5일 명령으로 기록되어 있다. 7명의 다이묘가 공사를 명받았고, 공사구역은 현재 소보토리(外堀)라고 불리는 에도성의 외주(外周)였다. 이와키타이라번(磐城平藩) 나이토가(內藤家)의 경우 7만석 다이묘로, 공사구역은 번의 가미야시키(上屋敷)에 가까운 다메이케오토시구치(溜池落口)와 사이와이교(幸橋) 두 곳이었다.

메이지대학(明治大學) 박물관이 소장한 사료(內藤家史料)에 당시 공사에 관한 일기와 장부 등이 다수 전한다. 그 중 두 종류의 장부를 통해 공사의 실태를 알 수 있다. 하나의 장부에는 막부가 파견한 직공이 망루 등을 공사하는 데 사용한 복구 계획과 재료비, 직공 임금 등이 기재되어 있다. 그 금액이 금 635여량과 반미(飯米) 약 177석5두7승이었다.

막부 지정의 직공 임금 즉 공정(公定) 임금은 1인당 1일 은 1匁5分, 반미 1升5合이다. 각 공사구역에서 막부 직공을 관리하는 도료(棟梁)가 장부를 작성한 후, 그것을 해당 구역의 공사를 맡은 번의 후신부교가 막부의 지시에 따라 정리해 다이쿠가시라 스즈키에게 제출하였다. 스즈키가 장부를 조사한 다음, 정식으로 막부 간조부교쇼(勘定奉行所)에 장부를 제출하면 그에 따라 막부가 도료를 통해 직공에게 임금을 지불하였다. 나이토가가 막부에 제출한 장부의 부본 역시, 공사 각처에 사용된 재료비와 직공의 임금·반미 계산서이다. 그것은 앞서 서술한 「모리가문서」에 전하는 막부의 지시 중 ②에 해당한다.

나이토가의 또 다른 장부는 막부에 제출하지 않은 장부로, 나이토가 내부의 공사비용 장부이다.[7] 내용은 대부분 나이토가가 고용한 청부 조닌에게 지불한 것으로 총액은 약 2만9천187량이다. 공사 당시 막부 관리에게 준 선물 대금 약 1천633량을 합치면 모두 2만820여량이다.

〈표 2-5〉는 조닌이 청부한 내용 중 일부를 정리한 것이다. 일의 수순에 따라 무너진 석벽을 제거하는 작업(번호2), 석벽 쌓기(번호1), 망루 건축을 위한 비계 제작(번호4), 막부의 목재장에서 목재를 고르고 공사구역까지 운반(번호6·7·10), 망루의 상량(번호5), 백토(白土) 반죽과 미장(번호12·13), 대장일(번호15·16) 등이 이루어졌다. 일부이지만 표에 정리된 청부 조닌의 일은 수축(修築)의 수순에 따라 다종다양하다. 청부 조닌은 직공 관리자 또는 직공으로 대부분 에도의 조닌으로 추정된다. 그들을 고용한 나이토가는 총 1만9천여 량을 지불했다.

---

7   明治大學博物館藏 內藤家文書, 「幸橋·溜池落口普請手伝金銀払下帳」

〈표 2-5〉幸橋溜池落口普請手伝金銀払 1706년 6월 26일 矢吹半右衛門

번호	금(량)	은匁	보	린	수취	항목
1	2,906	1	13		4	石屋四郎左衛門 同仁左衛門	石垣築方 청부 대금
2	1,067	3	0	0	0	近江屋庄兵衛 鹿島屋勘兵衛	溜池櫓台・多門台 石垣 崩方 청부
3	484	2	11	0	0	瓦師権左衛門 同九右衛門	幸橋櫓冠木門・番所瓦塀에서 瓦落, 瓦洗, 瓦葺, 瓦積送・陸待ち 일용 청부 대금
4	537	2	12			池田屋九右衛門	櫓足代結台, 청부 대금
5	213	3	0	0	0	川野一郎右衛門 兵庫屋吉左衛門 同次兵衛 尾張屋兵左衛門 倉田屋十蔵	櫓建前 인부 청부 대금
6	229	3	9	3	0	樽木屋市左衛門	本所 猿江源森에서 材木 수취, 選木取木 인부 임금 청부 대금
7	80	2	0	2	8	樽木屋市左衛門	材木 水揚 및 小屋까지 持込 인부와 一ツ橋小屋에서 수취한 材木引 인부 청부 대금
8	82	3	9	2	5	樽木屋市左衛門	普請 後 재목을 中川屋敷로 보내는 船賃 청부 대금
9	57	0	7	7	2	窪谷平十郎	大工手間 인부 청부 대금
10	58	3	6	0	9	山崎権左衛門	재목 木挽き小屋에서 幸橋門까지 持込 인부 청부 대금
11	42	1	2	5	4	鈴木また三郎 手代源口	樽木을 本所倉에서 수취해 운반하는 인부, 水揚, 桝形樽本割 인부 청부 대금
12	44	1	14	6	5	灰屋八兵衛	白土 반죽, 上壁 左官 手伝 인부와 白土 운반 인부 청부 대금
13	149	0	5	0	2	左官忠兵衛	흙 이기기, 운반, 바르기 인부, 물 긷기 인부 청부 대금
14	335	1	10	2	0	飾屋忠兵衛 同忠三郎	普請 入用 釘鎹 玄能 石割矢 石垣 入用 기타 鉄物 청부 대금
15	53	0	5	5	4		錯師 手間代, 櫓冠本門番所塀 錺鉄物、鯱付 대금
16	25	3	7	3	0	飾屋忠兵衛 同忠三郎	鍛冶 手間代

출전: 明治大學博物館藏 內藤家文書「幸橋・溜池落口普請手伝金銀払下帳」(普請38)

두 종류의 장부에 따르면 다이묘 조력 공사의 실태는 다음과 같다. ① 지정된 공사구역에서 수축하기 전에 기존 구조물을 무너뜨린다. ② 공사를 맡은 다이묘는 막부로부터 석재를 지급받고, 영지에서 조달한 인부 또는 에도의 일용 인부를 이용해 지정된 공사구역의 석축을 수축한다. ③ 다이묘는 건축에 필요한 목재를 막부 목재장에서 골라 막부가 제공한 배로 운반한다. 그때 사공과 하역 인부는 다이묘가 차출하고, 목재를 공사구역 근처 양륙(揚陸) 장소까지 운반한다. ④ 막부 사쿠지부교와 다이토료 등의 지시에 따라 막부 파견의 직공이 담당 공사구역의 망루와 문 등을 세운다. ⑤ 다이묘가 막부 파견의 직공 임금, 지정업자로부터 납입된 재료비 등을 기재하여 장부를 보내면, 막부 사쿠지카타(作事方)가 검사한 후 막부가 직공에서 임금을 지불한다. ⑥ 그 외 모든 비용은 다이묘가 지불한다.

막부는 나이토가의 공사구역에 파견한 사쿠지카타 직공에 대해 약 금635량과 반미177석5두7승을 지불했다. 그리고 나이토가는 청부업자에게 약 금1만9천187량을 지불하고, 선물 대금으로 약 금1천644량을 사용해 공사비용은 총 금2만1천391여량이었다. 다이묘가 석벽 구축은 물론 건축 이외 모든 잡역을 맡았다. 거기에 영지로부터 징용한 인부, 공사에 참가한 가신 등의 수당까지 합산하면 다이묘의 공사비용은 상당했을 것이다.

이와 관련해 막부가 모리가의 공사구역에 파견한 직공의 임금 및 기타 재료비는 약 금3천443량1분이었다. 그리고 모리가가 부담해야 하는 공사비용 총액은 은2천貫308匁6分1厘로, 금1량=은60匁로 환산하면 약 금3만3천량에 이르렀다. 전자는 막부가 직공에게 지불해야 할 금액이고, 후자는 모리가의 공사비용으로 막부에 알리지 않았다. 나이토가의 경우에서 알 수 있듯이, 공사비용에는 공사에 참가한 가신 등에게 주는 녹봉은 포함되어 있지 않다.

에도성 복구를 위한 다이묘 조력 공사에서 다이묘는 각자 공사구역의 석벽을 구축하는 인부를 부담했다. 기타 건조물의 경우 막부 파견의 직공이 담당하지만 공사구역 관리, 건축자재 관리, 치안을 포함한 직공 감시 등은 다이묘가 맡았다. 다이묘는 계획서에 따라 막부가 지정한대로 건축이 이루어지는지 관리하지만, 막부 직공에 지시할 수 없었다.

여담이지만 당시 5대 쇼군 쓰나요시가 동물 보호를 명했다. 에도성의 공사구역에 자주 개가 들어오자, 메쓰케(目付) 등 막부 관리가 개를 포박해 나카노(中野)에 위치한 견사로 보내는데 전용 가마와 마차 등으로 이송했다. 그 수가 하루 20마리인 경우도 적지 않아, 약 1년간 공사기간 중 상당수의 개가 견사로 보내졌다. 1696년(겐로쿠 9) 견사의 개 1마리당 사료비가 1일 쌀2슴으로, 1년간 약 9만8천량에 이르렀다. 견사 유지비는 개를 이송한 마을에 징수되었는데, 지진이 일어난 1703년 12월에는 면제되었다 (根崎 2016). 한편 막부는 다이묘를 동원해 토지를 조성하고 견사를 지었다.

복구에 사용된 공사비의 행방

에도성 복구에 조력한 다이묘는 막대한 공사비용을 마련하는 데 힘들었다. 모리가의 경우 구체적으로 금액은 기록되지 않았지만, "영지 내 각촌의 대표를 비롯해 하기성 및 하마사키(浜崎) 조닌도 공사비용을"냈다. 번주 모리 요시히로(毛利吉廣)는 에도에서 영지로 내려왔을 때 그들을 직접 만나 사의를 표했다. 또 에도에서 모리가와 거래하는 상인 미타니 산쿠로(三谷三九郎)도 공사비용을 냈는데, 금액은 기재되어 있지 않다. 번주는 그를 직접 만나 모리가의 가문이 들어간 옷을 하사했다.

나이토가는 교토 호상(豪商)으로부터 돈을 융통하지 못하고, 1704~1705년 가신의 녹봉을 100석당 금14량3분 비율로 차감했다. 돗토리번(鳥

取藩) 이케다가(池田家)는 오사카 호상인 히라노야(平野屋)에게 매월 1만량을 에도로 보내도록 하는 한편 영지의 도시에서 가옥 1間당 은10匁씩 합계 은150貫目, 농촌으로부터 토지 1석당 은1匁5分 비율로 1만량을 징수해 공사비용을 충당했다.[8] 그리고 후쿠이번(福井藩)은 농촌에 약 3만량을 상납하도록 하고, 녹미를 받던 가신까지 감봉을 했다.[9] 니혼마쓰번(二本松藩)은 상납금의 기록은 보이지 않지만, 농촌에서 토지 100석당 인부 1인을 조달했다. 공식적으로 번 전체 토지가 10만석이므로 영지로부터 인부 천명을 조달했을 것이다.[10]

에도성 공사에 동원된 번은 공사비용으로 상당한 금액을 조달해 에도성 복구에 투입했다. 나이토가의 장부에 따르면 공사비용은 주로 인부를 조달한 청부 조닌에게 지불되었다. 막부는 직접 공사 자재를 조달했는데 공사에 필요한 새끼·대나무·거적, 미장용 백토 등은 에도 주변의 다이칸(代官) 관할지로부터 공급했다. 그런 점에서 다이묘 동원의 공사가 물류를 활성화했고, 재해 피해지역의 고용을 촉진했을 것이다.

다이묘 조력 공사는 에도시대 봉건적 강제에 의해 성립한 재해 복구·부흥 정책이었다. 그 배경에는 공사에 필요한 인부의 수요에 대응할 수 있는 시장이 필수적이다. 당시 그러한 시장이 성립되었기에 에도에서 멀리 떨어진 영지의 다이묘가 인부를 조달할 수 있었다. 또 에도성 공사에 사용된 목재의 불하에 관한 법령도 내려졌다.[11] 하기번의 사료에 따르면, 막부가 제공한 목재의 판매금은 막부에 반납되었다.

---

8   鳥取縣 編, 1971, 『鳥取藩史』제4권, 鳥取縣立鳥取図書館.
9   福井縣立図書館·郷土史懇談会 編, 1961-1962, 『国事叢記』, 福井縣郷土誌懇談会.
10   二本松市 編, 1999, 『二本松市史』 제5권, 二本松市.
11   『江戸町触集成』第二巻, No3906·No3965

산사태로 내륙지역 주민이 피난하다

1703년 지진의 피해지역은 오다와라와 에도만이 아니었다. 현재 시즈오카현(靜岡縣) 경계에 위치한 후지산(富士山) 산록과 야마나시현(山梨縣) 야마나카호(山中湖) 주변도 큰 피해를 입었다. 마을에 남겨진 당시 세금 감면 청원서 등에 그 흔적이 나타난다. 그를 통해 지진 피해의 실태를 살펴보자.

히라노촌(平野村: 현 山梨縣南都留郡山中湖村)은 지진에 의한 산사태로 마을 대부분이 매몰되었다. 마을은 아키모토 다카토모(秋元喬知)의 영지로, 후지산과 가까운 고지대에 위치해 호수 옆에 약간의 토지가 있는 한촌(寒村)이었다. 1669년(간분 9) 농민의 요구로 행해진 토지조사에 따르면 마을 전체 토지는 24석476이었다.[12] 논은 전혀 없고 모두 밭이었으며, 땅이 척박해 등급이 낮은 하전(下畑)·하하전(下下畑) 또는 개척지 등이 약 70%를 차지했다. 토지조사 장부에 밭을 가진 농민은 28명이었다. 한편 택지는 31필(筆)인데, 그 중 2필 소유의 농민이 4명 있었다.

마을에서 가장 많은 밭을 가진 2명은 각각 2석7두와 2석8두를 소유한, 나가타(長田)와 아마노(天野)의 본가였다. 그 외 농민은 5~1畝의 산밭을 가지는 정도였다. 이후 교호(享保, 1716-36) 연간에 막부의 다이칸이 신전(新畑)을 조사해 6두3升9合이 증가하지만, 19세기까지 히라노촌의 토지는 24석 정도이고 택지를 제외한 경지는 모두 밭이었다.

24석 규모의 한촌 히라노촌은 1703년 지진과 이듬해 수해로 인해 토지의 약 40%가 피해를 입었다. 마을의 문서(『平野村引方覺』)에 따르면, 손실을 입은 토지 130필을 대상으로 세금이 감면되었다. 문서의 마지막에 기

---

12   山中湖村史編集委員会 編, 1977, 『山中湖村史』第2巻, 山中湖村.

재된 바로는 지진 감면 대상 6석5두1승1합, 수해 감면 대상 3석8승으로 모두 9석6두9승1합이었다. 그 중 택지 8두7합과 밭 5석8두4합 합계 6석7두1합은 유실되어서 영구히 연공을 거둘 수 없는 토지가 되었다.

사실 택지 13필의 상실은 보다 심각한 피해를 말하고 있다. 히라노촌의 사찰인 주토쿠사(壽德寺)의 과거장(過去帳)에 사망자의 계명(戒名)이 기재되어 있다. 주지의 허락을 얻어 과거장을 직접 조사한 결과, '1703년 11월 22일 새벽 2시경 대지진으로 사망한 단가(檀家)' 중 히라노촌의 사람은 42명이었다. 계명 중 신사(信士)·선정문(禪定門) 5명, 신녀(信女)·선정니(禪定尼) 17명, 동자(童子)·동녀(童女) 20명이다. 그 중에는 부모와 처 그리고 아이 3명 등 일가 6명이 희생된 예도 있다. 전반적으로 사망자 중 아이가 절반을 차지한다. 한밤중 지진으로 산사태가 일어나 도망갈 여유도 없이 어머니 또는 할머니가 아이와 함께 희생되었을 것이다.

지진과 수해로 가옥이 매몰되고 경지를 잃어버린 사람들은 생활 수단을 상실한 채 산 하나를 넘어서 오미카촌(大御神村, 현 静岡縣小山町)으로 옮겨갔다고 전해진다. 오미카의 나가타 히데아키(長田秀昭, 64세)에게 듣기로는 1703년 지진보다 약 50년 앞선 1645년(쇼호 2) 이미 히라노촌에서 아마노·고토(後藤)·와타나베(渡邊) 등 일족과 함께 개척을 위해 이전했다고 한다. 따라서 1703년 지진으로 택지 등을 잃은 히라노촌 사람들은 이미 이주해 정착한 일족에게로 피난했을 것이다.

2. 1707년 호에이지진

피해의 양상

1707년(호에이 4) 10월 4일 오후 2시 경 난카이 해곡(南海 Trough) 일대의 플레이트 경계를 진원으로 지진이 발생했다. M8.6 추정의 대규모 지진으로, 4년 전 겐로쿠지진과 달리 피해 범위가 이즈반도(伊豆半島)에서 서일본의 태평양 연안으로 확대되었다. 지역적으로 광범위한 피해 양상은 성곽의 피해 분포를 통해서도 쉽게 알 수 있다(그림 2-9).

해일로 인해 시코쿠의 태평양 연안과 기이반도(紀伊半島) 연안, 규슈의 분고수도(豊後水道) 연안 등에서 많은 사람들이 죽고 막대한 피해가 있었다. 내륙의 중앙구조선(中央構造線)과 이토이가와-시즈오카구조선(糸魚川-静岡構造線) 일대 지반이 복잡하게 조성된 지대에서도 지진에 의한 요동으

〈그림 2-9〉 성곽 피해 분포도
출전: 内閣府防災擔當, 2014

로 집이 부서지거나, 산사태가 일어나 하천이 막히고 결괴(決壞)가 일어나 집과 논밭이 유실되는 등 다양한 피해가 있었다.

후지강 유역의 피해

〈그림 2-9〉의 성곽 피해 분포도는, 5대 쇼군의 소바요닌(側用人)으로 당시 정보를 파악할 수 있었던 야나기사와 요시야스(柳澤吉保)의 공용일기 『낙지당연록(樂只堂年錄)』에 근거해 작성되었다. 1704년 고후번주(甲府藩主) 쓰나토요(綱豊)가 쇼군의 후계자가 되어 에도성으로 가고, 그 뒤를 이어 야나기사와가 고후성의 성주가 되었다. 그리고 3년 뒤 지진이 일어나 고후성은 물론 고슈(甲州)와 슨슈(駿州)에 걸친 15만석의 영지가 상당한 피해를 입었다.

『낙지당연론』에는 고슈의 피해에 대해 다음과 같은 보고가 있다. 고후성의 경우 "성내 곳곳에 망루, 병사, 담 등의 기와와 벽이 떨어지는"정도로 성곽 피해는 크지 않았다. 하지만 고후성의 시가에 집이 149채 무너지고, 그 외 농촌 지역에서 5천621채 무너졌다. 또 제방 2만5459간(약46㎞)이 잘리고 지진의 진동으로 무너졌다. "평평한 곳에 여울이 솟구쳐 마을의 논밭에 물이 넘쳐흘렀다." 강 수위가 높아져 강물이 논밭으로 흘러넘치고 농민이 마을로 돌아갈 수 없다는 보고가 이어졌다. 지진이 일어나고 10여일 지난 10월 13일의 보고였다. 그 곳은 다케다 신겐(武田信玄)이 가스미테이(霞堤)라는 제방을 설치해 논밭을 개발했다고 전해지는, 가마나시강(釜無川)·아라강(荒川)·후에후키강(笛吹川)이 합류해 큰 강을 이루는 후지강(富士川)이었다. 그리고 고슈와 슨슈의 경계에 있는 시라토리산(白鳥山:그림 2-10에 城取山으로 표기)도 호에이지진으로 대규모 산사태가 있었다.

에도시대 제작된 「후지강 주운도(富士川舟運圖)」를 보면, 산간에 바위

〈그림 2-10〉 후지강 주운도
제공: 富士市敎育委員會

가 있어 위험한 곳이 많은 것을 알 수 있다. 그림이 그려진 연대는 분명하
지 않지만, 고슈와 슨슈의 경계에 있는 시라토리산을 돌아서 후지강이 크
게 굽이치는 모습이 그려져 있다(그림 2-10). 사행(蛇行)으로 인해 지진뿐 아
니라 큰비 등으로 시라토리산에서 종종 토사재해(土砂災害)가 일어난 것을
추측할 수 있다.

　후지노미야시(富士宮市) 시바강(芝川)의 맞은편에 있는 시라토리산(표
고 568m)에서는 북쪽 사면부터 북동, 동, 남쪽 사면을 휘감으며 후지강이
굴곡하고 있다. 1705년(호에이 2) 호우로 산사태가 일어나, 시라토리산의 동
쪽 사면 아래에 있던 시오데촌(塩出村)에서 35명의 사망자가 나왔다. 그와
관련해 1878년(메이지 11) 공양비(供養碑)가 세워져 지금도 산기슭에 서 있
다. 그로부터 2년 후 호에이지진으로 시라토리산에서 떨어진 토사가 후지
강을 막았다. 당시 토사의 양은 640만㎥로 추정되며, 3일간 담수(湛水) 후
무너져 토사가 후지강으로 흘러들어갔다. 지형도에 근거해 붕괴퇴적물의
잔토가 약 140㎥로 추정되므로, 약 500만㎥의 토사가 후지강으로 흘러들

어갔을 것이다(內閣府, 2014).

붕괴 토석으로 동쪽 사면의 맞은편에 있는 나가누키촌(長貫村)의 고보라(小洞)에서 7집이 매몰되어 22명이 죽었다. 200년 후 도카이지진에도 같은 곳에서 토사 붕괴가 일어나 희생자가 생겨났고, 그들을 포함해 공양비가 세워졌다. 또 무네후다(棟札, 상량기)에 따르면 호에이지진의 토사 붕괴로 나가누키촌 하치만궁(八幡宮)이 매몰되어 이듬해 1708년 현재 위치(長貫宮谷戶)로 이전되었다(田中, 1997).

도카이도 연변의 피해

호에이지진이 일어나고 8일 후인 10월 12일, 막부는 메쓰케(目付) 2명을 파견해 오사카까지 도카이도 연변의 피해를 조사하도록 했다. 보고에는 "고슈 미노부산(身延山)과 후지강 하구가 무너져 3일정도 걸어서 통과했다"[13]고 쓰여 있다. 그 곳은 후지강을 건너는 이와모토촌(岩本村)-이와부치촌(岩淵村)의 나루를 가리킨다. 시라토리산에서 떨어진 토사로 인해 강이 막힌 것으로 상상할 수 있지만, 토사의 양으로 보면 그곳까지 토사로 막힐 정도는 아니었다는 주장도 있다. 3일 정도 걸어서 건넜다는 표현에 따르면, 3일간 어디를 걸었는지 알 수 없지만 적어도 배로 강을 건널 수 없었던 것이다.

이와모토촌과 이와부치촌은 도카이도의 숙 중 후지강의 정도선장(定渡船場) 즉 막부 공인의 나루였다. 그래서 3년마다 도선용 배가 새로 만들어지고, 그 비용은 막부가 부담하였다. 호에이지진으로 두 마을은 전반적으로 집이 무너지는 등 피해를 입었고, 나루를 포함해 도카이도 연변의 복

13　「文露叢」, 『增訂大日本地震史料』第二巻, 鳴鳳社.

구를 위해 1707년 12월 1일 막부는 세 명의 다이묘에게 공사를 명하였다.

도카이도 연변의 복구에 지명된 다이묘는 마쓰시로번(松代藩) 사나다가(眞田家, 10만석), 야마가타(山形)의 쓰루오카번(鶴岡藩) 사카이가(酒井家, 14만석), 에치고(越後)의 무라카미번(村上藩) 혼다가(本多家, 15만석)이었다. 그중 마쓰시로번이 복구 공사에 대해 상세한 사료를 남기고 있다. 사료에 따르면 에도성의 경우와 달리, 다이묘 조력 공사 자체가 문제로 떠오른다. 다이묘 조력 공사는 원래 군역(軍役)으로, 무가(武家)의 동량(棟梁)인 도쿠가와가(德川家)의 동원 명령에 응해 군사를 출동하는 규정에 따른다. 하지만 전투가 없어지고 '도쿠가와의 평화'가 도래하면서, 군역은 재해 복구를 담당하는 것으로 바뀌었다. 성곽 복구의 경우 수축 대상이 직접 도쿠가와가에 봉사하는 것이지만, 하천 복구 공사는 에도성 등의 공사와는 의미가 다르다. 그 차이를 구체적으로 분석한 예는 없다. 이하에서 그 차이를 확인하기 위해 보다 상세히 지진 이후 가도(街道) 연변에 대한 다이묘 조력의 복구가 어떠한 것인지 살펴보려 한다.

주의할 것은 도카이도 연변의 복구라 해도 피해가 발생한 숙역(宿驛)을 전부 복구하지 않았다. 〈표 2-6〉으로 알 수 있듯이, 막부령에 속하는 숙역을 복구하는 것이다. 그렇다면 다이묘 영지 등 사령(私領)에서 발생한 지진의 피해 구역은 어떻게 복구되었을까. 그것은 각각의 영주가 복구한다. 그 사례는 이미 겐로쿠지진에서 오다와라번이 영내 숙장(宿場)의 복구에 자금을 내는 것을 통해 살펴보았다.

호에이지진에 의한 도카이도 연변 숙역의 피해율을 산정하려 했지만, 피해율을 산출하는 데 필요한 숙역의 호수 등 기초 수치를 기재한 겐로쿠기의 사료를 찾을 수 없었다. 이에 덴포기(天保期) 막부 도추부교(道中奉行)의 조사에 기초한 사료 「동해도숙촌대개장(東海道宿村大概帳)」을 활용해, 요시와라숙(吉原宿)에서 유이숙(由比宿)에 이르는 동안 인마(人馬)와 호수 등을 참고하려 한다. 그 중에는 상숙(相宿)과 가숙(加宿)도 포함된다. 100여 년 이후의 기초 수치인 점을 고려해야 하지만, 도카이도의 숙이 갖춰야 할 인마는 게이초기(慶長期, 1596-1615) 36인 36필에서, 1638년(호에이 8) 100인 100필로 바뀌고 이후 크게 변화가 없다. 단, 실제 숙역의 성쇠는 있었다.

덴포기의 수치로 의하면 가장 큰 숙역은 요시와라숙이었다. 요시와라는 막부의 전마(傳馬) 등이 대량으로 필요한 때를 대비해야 하므로, 가숙의 덴포촌(傳法村)을 포함해 호수(家數) 653호, 인수(人別) 2천832명, 혼진(本陣) 2·와키혼진(脇本陣) 3·하타고(旅籠) 대소 합해 60호 등이었다. 막부의 통신·유통을 담당하는 숙역으로서 100인 100필 전마역(傳馬役)에 대응하는 한편 1만평의 지대(地代)를 면제받았다. 간바라(蒲原)와 유이의 경우, 전마역은 요시와라와 같지만 혼진, 와키혼진, 하타코, 호수, 인수 등이 적었다. 특히 유이는 자체적으로 준비할 수 없는 인마를 주변 11개촌의 가숙으로부터 조달하였다. 그리고 이와모토와 이와부치는 후지강의 도선을 담당하는 '상숙'으로 공식적으로 전마역의 숙장으로 기능하지 않았지만, 가와도메(川留) 등으로 계속 도선이 정지된 상태에도 혼진과 와키혼진 등이 있었다.

100여 년 이후 덴포기 사료에 기초한 호수를 기준으로, 호에이지진에 의한 피해율을 산정하면 〈표 2-7〉과 같다. 수치는 대강 어림잡은 것이지만, 요시와라와 이와부치의 피해율이 약 20%인 것에 비해 이와모토의 피해율이 매우 높다. 간바라와 유이의 피해율은 약 50%로, 상당히 강한 진동의 피해를 받았을 것이다. 가옥 붕괴의 비율이 30~50%에 이르는 피해는, 현대 진도계로 적어도 진도7로 추정된다. 다만 위의 수치로써 도카이도 연변 스루가만(駿河灣) 연안의 진도를 판정하는 것은 다소 문제가 있다. 이와모토촌에서는 농민 6명이 허위로 가옥이 완전히 무너졌다고 신고한 것으로 밝혀져 그에 관한 문서를 제출하기도 했다.

〈표 2-6〉 도카이도 연변의 피해 보고와 다이묘 조력 공사 구역

숙역	지배	피해 상황	조력 다이묘
沼津	代官能勢権兵衛	과반 潰家	
原	代官能勢権兵衛	과반 潰家	
吉原	代官能勢権兵衛		真田家
蒲原	代官能勢権兵衛	대·소가 대파, 산사태로 潰家, 지진 두 번	真田家
由比	代官能勢権兵衛	지진 두 번으로 油井宿과 加宿役人家 대파 240헌 ((83헌 半崩, 157헌 대파)	真田家
興津	代官能勢権兵衛		酒井家
江尻	代官能勢権兵衛	파손 있음, 가옥 전도 없음, 백성 가옥 5헌 정도 무너짐	酒井家
駿府府中	代官能勢権兵衛	潰家 22헌, 半潰 15헌, 대파 45헌 등	
丸子	代官能勢権兵衛	과반 潰家	酒井家
岡部		지진 두 번, 傳馬役屋 16헌 무너짐, 半潰 91헌, 대파 21헌	
藤枝	内藤紀伊守式信	問屋, 年寄, 伝馬役人, 町中 대파, 潰家 23건, 半潰 59헌	
島田	代官窪島長敬	潰家 없음, 破損家 많음	酒井家
金谷	代官窪島長敬	役屋 기타 大破, 潰家 5헌	酒井家
日坂	松平忠喬	役屋 등 곳곳 파손, 潰家 없음	
掛川	松平忠喬	傳馬役屋 100헌3정(85헌 潰,15헌 半潰), 歩行役屋 33헌(19헌 潰家,14헌 半潰), 脇町 369헌(無役,222헌 潰家,147헌 半潰), 사망 5명, 부상 46명	
袋井	代官大草政清	傳馬役屋敷 100헌 중 97헌 倒潰, 男女 35명 사망, 말3필 죽음, 도로 주변 집이 무너져 통하지 않으므로 일대 마을의 인부로써 제거하는 한편 陣屋이 무너지고 袋井町裏堤 제방 파손됨, 기타 마을 공사장도 파손	酒井家
見附			本多家

浜松	松平資俊	두 번 지진, 35명·말 3필 사망, 제방 및 관련 시설이 무너지고 곳곳에 땅이 갈라져, 마을 대표자가 망연자실	
舞坂	代官 窪島市郎兵衛	39헌 役屋 潰家, 47헌 屋敷 潰, 24헌 無役屋 潰, 75헌屋敷 潰, 15곳 창고 무너짐, 전부 200헌	本多家
新居	牧野成央	町並 潰家 4헌, 기타 대부분 무너짐	
新居	牧野成央	番所 전부 무너지고, 惣圍柵 외 곳곳 파손	本多家
新居	牧野成央	町流家 241헌, 潰家 107헌, (町並橋本村와 大倉戸村에서 流家 46헌, 潰家26헌), 전체 416헌, 流死人 19명, 부상 2명	
白須賀		대지진으로 해일 일어남, 가옥 파손, 사망자 있음	本多家
二川	土井利盈	役屋 등 곳곳 파손, 潰家 없음	
吉田	牧野成央	도로 일대 潰家 135헌, 파손 다수, 사망 1명	
吉田	牧野成央	마을 5분의 1 파손, 旅籠屋 모두 무너짐	
熱田	成瀬正幸	시가 潰家 319헌, 半潰 265헌, 土蔵 249, 町 파손 426헌, 사망 11명, 부상 4명	
桑名	松平定重	御茶屋敷 석벽 곳곳이 무너짐, 高塀御門番所 대파	
四日市	代官石原正利	役屋敷 과반 潰, 町屋 다수 潰, 도로 일대 다리가 무너지고 대파, 마을 제방이 무너져 평지와 같고, 산지도 무너짐	
庄野			本多家
亀山	板倉重冬	町屋 22헌 무너지고, 9헌 파손, 제방과 다리 파손	
関		마을 대파, 潰家 없음	
大津	代官雨宮勘兵衛 雨宮庄九郎寬長	潰 18헌, 半潰 14헌, 파손 680헌	本多家

출전: 『樂只堂年錄』(『新收』 3권별권), 西澤淳男 『江戸幕府代官履歷辭典』, 『寬政譜』

〈표 2-7〉 요시와라숙~유이숙 가옥 피해율

숙촌	호수	피해 호수	피해율
요시와라	653	大破472	118/653=18%
이와모토	195	崩家145 半崩50	170/195=87%
이와부치	230	大破230	58/230=25%
간바라	267	崩家54 半崩95 大破118	13/267=49%
유이	245	半崩245	122.5/245=50%

비고: 大破1/4=全潰, 半崩1/2=全潰로 환산
출전: 家數(宿驛『東海道宿村大概帳』 岩本村은『駿州富士郡岩 本村地震潰家』, 寶永4年10月)

마쓰시로번의 사나다가, 도카이도 연변을 복구

요시와라~유이 간 도카이도 연변의 피해 가옥 등은, 해당 구간의 복구를 명받은 마쓰시로번 사나가에 전하는 문서[14]에 따른 것이다(이하는 北原, 2015). 구체적인 내용은 다음과 같다(그림 2-11 참조).

피해 지역	복구 호수	복구 비용
요시와라	472헌 (426헌 신규 건축, 46헌 파손 복구)	6840兩1分, 은9匁
이와모토	195헌 (145헌 신규 건축, 50헌 복구)	1082량3分, 은9匁
이와부치	233헌 (33헌 신규 건축, 198헌 이전)	1176량
간바라	267헌 (63헌 신규 건축, 204헌 파손 복구)	2646량
유이·가숙	240헌 (26헌 긴슈 건축, 214헌 파손 복구)	877량

후지강을 건너는 이와모토-이와부치 간 도선 경로는 상·중·하 3개 있다. 강폭은 상도선장 420간, 하도선장 210간, 도하 기준보다 2척 높으면 도하 금지.

〈그림 2-11〉 도카이도 요시와라~유이

출전: 大邑潤三 작도(참고 靜岡縣敎育委員會文化課編『歷史の道探訪 道マップ(靜岡縣歷史の道 東海道 別冊)』1994)

---

14   「東海道筋砂浚御手伝一件」(国文学研究資料館蔵「真田家文書」)

도카이도 연변 복구이므로 당연히 가옥 건축뿐 아니라 도로와 다리 등 도로 관련 복구가 있다. 그에 대해서는 각 숙장별 복구 장소와 비용을 간단히 〈표 2-8〉에 정리했다. 가옥 복구 비용이 4개 숙의 합계 1만2천622량과 은15匁이고, 〈표 2-8〉의 도로 복구 비용 2천309량1분과 은65匁이므로 합하면 1만4천931량과 은80匁이다. 마쓰시로번에게 약 1만5천량의 공사비가 필요했던 것이다.

〈표 2-8〉 요시와라~유이 간 도로 복구 공사비

피해지역	공사비	공사 구역
요시와라	地形水道入用 1187량1分·은5匁, 往還道橋 10곳 60량2分·은11匁, 潮除堤 476량1分·은9匁	石橋 9곳 파손 수복, 水道 780間 箱樋과 780間 丸太樋 및 桝 32組(3尺사방), 시가지 砂利敷 744間×5間, 마을 潮除堤 곳곳 파손 수복 2470間
이와모토		
이와부치	地形入用 280량, 新道 다리 1곳 35량·은13匁, 도로 건설 62량·은4匁	宮谷,湯沢,横手 파손 수복, 新往還 다리, 湯沢横手道 수선
간바라	往還道入用 151량·은13匁	堤石橋 3·土橋 1 파손 수복, 潮除堤 2378間, 敷1間半~4間, 高1間~9尺, 馬踏み1間~2間. 川除籠 파손 수복, 七難坂 欠所 築立道地形除 및 砂利敷 220間. 도로 다리(中之郷往還板橋架替)
유이·가숙	石橋 기타 57량1分·은10匁	潮除(洞村까지 1904間), 敷4·5間~2·3間, 高8·9尺~2間, 馬踏 2·3間~8·9尺. 川除籠 파손 수복
합계	2309량1分·은65匁	

출전: 北原, 2015

실제 공사비에 대해 막부 간조부교(勘定奉行) 오기와라 시게히데(荻原重秀)가 다음과 같이 지불하도록 지시를 내렸다. 이하 ①~③은 막부의 지시, ④~⑥은 공사 현장의 실태에 관한 것이다. ① 막각(幕閣)에서 지진 관련 업무를 담당하는 도추부교 겸임의 간조부교 오기와라 시게히데가, 사나다가의 공사 책임 관리에게 먼저 공사비의 대강을 알리고 공사의 진행을 지시하였다. ② 사나다가는 현장에 공사 담당 관리를 파견하였다. 오기와라의 지시에 따라 사무소 등은 설치하지 않고 근처 농가를 빌렸다. 공사 실무는 다이칸의 데다이(手代)로부터 지시를 받은 막부 지정의 에도 청부 조닌이 맡았다. ③ 스루가다이칸(駿河代官) 관할의 3개 숙과 정도선장 두 곳을 담당 구역으로 한 사나다가의 공사비는 약 1만5천량으로, 다이칸 데다이의 지시에 따라 청부 조닌에게 지불되었다.

막부의 지시를 배경으로 공사 현장의 실태를 살펴보면, 다음과 같이 공사가 이루어졌다. ④ 정도선장(定渡船場) 관련해 이와모토와 이와부치 두 마을에서 지진 피해를 입은 가옥이 복구되는데, 도선을 맡은 집만이 복구의 대상이 되었다. 복구 공사는 원칙상 청부 조닌이 담당하지만, 마을이 원하면 마을 차원의 공사 즉 무라부신(村普請)도 실시되었다. ⑤ 피해를 입어 복구 비용을 받은 농민은, 사나다가가 복구 비용을 부담한 것을 자각하지 못하고 막부의 구제라고 여겼다. ⑥ 공사비의 부담은 모두 사나가가 짊어졌다. 그래서 공사 피해에 관한 다이칸 데다이 등의 심사는 매우 느슨하였고, 촌장을 통해 신고된 피해액은 실제보다 부풀려져 그대로 통용되었다. 간단히 결론을 말하면, 도카이도 연변의 다이묘 조력 공사는 시종(始終) 업자에게 위탁되었다. 막부 지정의 청부 조닌에게 맡겨진 것이다.

공사비 지불과 관련해 마쓰시로번은 1708년 정월 16일 4천400량, 동월 22일 7천량, 윤정월 2회분 4천100량 합계 1만5천500량을 간바라숙에 위치한 사나다번 후신소부교(普請總奉行) 사무소로 운반했다. 그리고 막부가 미리 지정한 단바야 시로자에몬(丹波屋四郎左衛門), 동 다케베(武兵衛), 다케우치 다헤(竹內太兵衛), 오시마야 세베(大島屋淸兵衛) 등에게 공사 착수와 동시에 지불하였다. 금전 수수의 절차에서는 먼저 청부 조닌이 사나다가 관리에게 제출한 청구서에, 공사 현장을 담당하는 스루가다이칸(駿河代官)

노세 곤베(能勢權兵衛)의 데다이(手代)가 승인 도장을 찍고, 사나다가 관리가 입회해 조닌에게 청구 금액을 지불하였다. 문서에 기재된 공사비가 전부 지불된 후, 1708년 2월 12일 공사가 완료되었다. 그 중 공사 현장의 사나다가 관계자들에게 지불된 돈은 약 277량이었다. 그것은 사나다가의 전체 공사비 중 2%에도 미치지 않았다.

이번 공사와 관련된 마쓰시로번의 관리들은 녹을 받는 신분(知行取り)의 무사 14명, 그들 휘하의 아시가루(足輕)와 주겐(中間) 53명, 가치(徒士) 등 48명으로 모두 115명이었다. 번의 명령에 따른 출장이지만, 실제 그들은 에도의 번저(藩邸)에서 도카이도의 공사 현장에 간 것으로 추정된다. 12월 1일 공사 명령을 받은 후, 번은 공사 담당 관리 등을 정하는 준비 기간을 거쳐, 1707년 12월 18일 공사 책임 관리 등을 공사 현장으로 보냈다. 공사 기간은 이듬해 1708년 정월과 윤정월을 지나 2월 12일까지 84일간이었다.[15]

쇼나이번 사카이가의 조력 공사

쇼나이번 사카이가도 사나다가와 함께 도카이도 연변의 복구를 명받았다. 공사 장소는 엔슈(遠州) 후쿠로이(袋井)·가나야(金谷)·시마다(島田), 슨슈 마리코(丸子)·에지리(江尻)·오키쓰(興津) 6개소였다. 원래 지정된 오이강(大井川)과 아베강(安部川) 2곳의 제방 준설은 제외되었다. 부담의 정도에 대해 번이 막부와 논의했거나, 막부 내부에서 검토되면서 면제되었을 것이다. 공사비는 영지 규모 5만석당 1만량으로 계산해, 간조부교 오기와라 시게히데로부터 지시되었다. 쇼나이번 사카이가가 실제 지불한 공사

15　「幸道公御代御用被遊御勤候留書写」長野縣立歷史館蔵〔米山和正收集資料〕

비 총액은 기록되지 않았지만, 대체로 14만석 쇼나이번의 공사비는 2만8천량이다.

공사 현장으로 출장한 관리의 수에 대해서도 오기와라의 지시가 있었다. 즉 가로(家老), 반가시라(番頭), 요닌(用人), 루스이(留守居), 오메쓰케(大目付), 모노가시라(物頭), 나이쇼야쿠(內証役), 우마마와리(馬廻士) 각 1명씩 그리고 의사 2명, 가치 12명, 아시가루 50명, 주겐 50명 등이었다. 청부 공사이므로 후신부교는 필요치 않았다. 이에 쇼나이번 사카이가는 에도에서 근무하던 가로(家老) 마쓰다이라 도네리(松平舎人, 3천석), 구미가시라(組頭), 루스이, 오메쓰케, 모노가시라, 의사 등을 공사 담당 관리로 명하였다. 그리고 6개소 공사 현장 담당관으로 각각 무사(士) 1명, 가치 2명, 아시가루 5명씩을 할당하고 가치메쓰케(徒目付), 오사도시(御茶道師) 2명, 유히쓰(祐筆) 2명, 가치 12명, 아시가루 70명, 주겐 60명을 12월 10일과 11일에 출발시켰다.

쇼나이에서는 12월 29일 가로 미즈노 구라노스케(水野內藏助), 이듬해 1708년 정월 군다이(郡代)가 공사 현장으로 향했다. 동년 3월 공사가 완료되었다. 3월 28일 공사를 맡은 다이묘 세 명은 에도성에서 쇼군으로부터 포사(褒詞)와 시복(時服) 등의 포상을 받았다. 다이묘의 주요 가신도 포상을 받았는데, 사카이가 가신 중에는 현장에 임한 가로, 구미가시라, 루스이, 모노가시라, 오메쓰케 등이 쇼군으로부터 시복과 하오리(羽織) 및 백은(白銀) 등을 받았다.

이상으로 공사의 경위를 개략적으로 서술하였는데, 사카이가의 기록에 다음의 기사가 포함되어 있다. "청부 공사이므로 후신부교는 포함되지 않으며, 3월까지 통행이 가능할 것이다. 공가(公家) 사람들이 에도로 오기 전에 가능할 것이다"[16] 청부 조닌에게 공사를 위탁하므로 번에서 후신 부교를 파견할 필요가 없고, 공가 사람들이 도카이도를 통해 에도로 오기 전 3월중에 공사를 완료될 것이라는 했다. 하지만 1708년 4월 큰 화재로 인해 교토의 궁궐이 전소했기 때문에, 공사 종료 직후 공가가 도카이도를 통해 에도로 가려던 일은 잠시 연기되었다.

에치고 무라카미번의 조력 공사

에치고 무라카미번의 혼다가가 맡은 공사구역은 마이사카숙(舞坂宿)에서 오쓰숙(大津宿)까지 막부령의 7개 숙이었다(표 2-7 참조). 본고에서는 이전 해일이 덮쳐 이전할 수밖에 없었던 아라이(新居)에 대해 살펴보려 한다. 아라이는 고대 이래 교통의 요충지로, 1499년(메이오 9)과 1510년(에이쇼 7) 두 번에 걸친 지진으로 해일이 덮쳤다. 하마나강(浜名川)이 바다 속으로 빠지고, 이마기레(今切) 나루가 생겨났다. 1574년(덴쇼 2)에는 도쿠가와 이에야스가 도선장의 규정을 정했다. 1600년(게이초 5) 아라이관소(新居關所)가 설치되고, 이듬해 1601년 도카이도 숙역으로서 아라이숙(新居宿)이 정해졌다. 관소·도선장·숙장 세 가지 기능을 겸하는 아라이가, 1707년 지진 해일로 인해 다시 가옥과 배가 유실되는 등 큰 피해를 입었다.

사실 막부 관할에 있던 관소·도선장·숙장은 1702년(겐로쿠 15) 요시다번(吉田藩)이 다스리게 되었다. 지진이 일어나기 직전 번주 마키노 나리하루(牧野成春)가 26세 나이에 죽고, 그의 적자로 당시 아홉 살 나리나카(成央)가 뒤를 이었다(渡辺, 1983). 요시다번의 피해 보고는 다음과 같았다.[17] 첫

---

16   山形縣史編さん委員 編, 1962, 『山形縣史』資料篇六, 巖南堂書店.

17   『樂只堂年録』

째 도선장의 보고로는, 10월 8일부터 차차 파도가 잠잠해 졌고 왕래는 보류 중인 상황이다. 배 140척 중 현재 30척만 남아있다. 40척은 유실되고, 나머지 40척은 육지로 밀려와 부서지는 등 당분간 도해(渡海)는 할 수 없다. 아라이와 노마(野間) 간 인마를 교체할 수 없지만 도로를 통해 인마 모두 통용되고 있다. 둘째, 관소의 보고에 따르면 관소는 모두 무너졌다. 거실, 부엌, 아시가루 숙소가 크게 부서졌다. 지진 직후 해일이 밀려와 관소 번소(番所)의 마루 아래까지 잠겼다. 아리아숙은 3분의 1이 무너져 유실되었다. 셋째, 아라이숙 및 기타 마을의 경우 가옥 유실 241채, 가옥 파손 107채, 물에 휩쓸려 죽은 이가 19명(남 15명, 여5명), 부상자 2명 등이다. 하시모토촌(橋本村)·오쿠라도촌(大倉戸村)에서 유실 가옥 46채, 하시모토촌·오쿠라도촌·마쓰야마신덴(松山新田)에서 가옥 파손 22채 등이다.

〈관소와 숙장의 복구 및 부흥〉

이상의 피해로 아라이관소는 이전되고, 숙장도 옮겨졌다. 원래 요시다번이 복구해야 하지만, 빠른 대책이 필요한 교통의 요지인 점 등이 고려되어 막부가 관소를 당분간 관리하기로 했다. 그리고 막부령의 경우와 같이 무라카미번에게 관소의 공사를 명하였다. 다만 아라이 숙장의 복구는 요시다번이 담당하였다.[18] ① 1708년 정월 아라이관소의 복구에 대해 에치고 무라카미번의 혼다 다다타카(本多忠孝)에게 공사 명령이 내려졌다. 정월 중 공사가 개시되었다. 막부 다이칸 호소다 도키쓰네(細田時矩)가 관소의 후신부교를 맡고, 데다이에게 지도로써 지시를 내리며 구역 정리를 하였다. 그에 기초해 입찰하고 막부에 보고한 후 공사를 시작하였다. ② 공

---

18   新居町史編さん委員会 編, 1987, 『新居町史』別巻 関所資料, 新居町.

사 중 혼다가의 관리는 모노가시라 1명, 아시가루 15명, 가치메쓰케 1명이 왔다. 그들은 별도의 사무소는 짓지 않고 '후나야(舟家) 남쪽'에 2간과 5간의 초가를 만들어, 막부 관계자들이 오면 차 등을 내었다. ③ 다이칸 겸 후신부교 호소다와 그의 데다이는 시라스카(白須賀)에 머물면서 매일 아라이로 왔다. 요시다번주는 때때로 호소다와 데다이들에게 선물 및 요리 등을 보냈다. ④ 1708년 2월 21일 관소 공사가 완료되고 혼다가의 모노가시라와 가치메쓰케 등이 요시다번 가로에게 인도하였다. 요시다번은 즉시 관소 인도가 이루어졌다고 막부에 보고하였다. ⑤ 같은 해 4월 초하루 새로운 번소로 옮겼다. 관소 공사가 이미 2월에 끝났는데 이전이 늦어진 것은, 아리이숙의 복구 작업을 담당한 요시다번의 마키노가가 자금 조달이 곤란해 공사가 늦어졌기 때문이었다.

무라카미번 혼다가에 의한 아라이관소 공사의 실정을 살펴보았다. 무라카미번의 경우 담당한 숙역이 광범위하게 분산되어서, 공사 규모에 상응하는 관리를 파견하는 것도 어려웠을 것이다. 무라카미번이 공사를 맡은 욧카이치숙(四日市宿)의 경우, 호수 1천272가(1725년)를 기준으로 피해율을 산정하면 가옥 붕괴 152채, 대파 524채로 숙의 50% 이상이 피해를 입었다. 복구에는 욧카이치숙의 대표자라 할 수 있는 돈야(問屋)·쇼야(庄屋)·도시요리(年寄) 등이 복구 비용 약 4천840량을 청부하였는데, '원래 목수들이 청부' 했다고 기록되어 있다.[19]

다이묘 조력 공사의 변용

다이묘 조력에 의한 도카이도 연변의 복구는 실제 청부 조닌에 의한

19   四日市市教育会 編, 1930, 『四日市市史』, 四日市市教育会.

공사였다. 사실 그것은 이미 1704년 도네강(利根川) 제방 공사에서 실시되었다. 7월초 지진으로 파손된 에도성 석벽 등을 공사하던 중, 간토평야의 도네강 일대가 수해를 입었다. 수량이 증가해 둑이 무너지면서 가사이(葛西), 가메이도(龜戶), 혼조(本所), 후카가와(深川) 일대 전체에 홍수가 났다. 인가의 마루 위로 6~7자 물이 찼다. 시모사(下總)의 고가(古河)에서 동쪽으로 교토쿠(行德), 서쪽으로 아사쿠사(淺草)에 걸쳐 수해로 인해 익사자가 많이 생겨났다. 이에 막부는 와카도시요리(若年寄) 이나가키 시게토미(稻垣重富), 고부신부교(小普請奉行) 오바타 시게아쓰(小幡重厚)와 오쿠다 다다토모(奧田忠朝)에게 피해 지역을 답사하도록 했다. 3개월 후 10월 21일 도사번(土佐藩) 야마우치가(山內家, 20만2600석), 아키타번(秋田藩) 사타케가(佐竹家, 1만5810석), 히로세번(廣瀬藩) 마쓰다이라가(松平家, 3만석), 히토요시번(人吉藩) 사라가가(相良家, 2만2000석) 등에게 도네강 제방 복구의 공사를 명하였다.

이듬해 1705년 정월 그믐날 막부 간조부교 오기와라 시게히데가 도사번 후신부교를 불러 공사비 관련 문서를 전했다. 내용은 다이칸 이마이 구에몬(今井九右衛門)과 히키 조자에몬(比企長左衛門)의 지시를 받을 것, 공사구역은 아라강(荒川)·도네강·와타라세강(渡良瀬川)에 걸치는 제방 38리, 이미 약 1만9080량의 입찰 금액으로 조닌이 청부하여 2월 9일 공사를 시작할 것 등이었다.

이제까지의 공사 명령에 비추어 도사번이 필요한 관리와 인부 등을 준비하려는데, 막부 다이칸이 '번의 사람은 한 사람도 필요하지 않다'고 말한 것이다. 번은 군역 대신에 공사를 책임지게 되었고, 인부를 제공하는 것이 공사의 기본이었다. 그런데 사람은 필요치 않다 즉 인부가 불필요하다는 것은, 일찍이 도사번이 경험한 공사에 없는 형태였다. 이에 번은 최소 인원으로 후신시타부교(普請下奉行) 20명과 쓰에쓰키(杖突) 50명을 공사 현장으로 파견했다.[20] 번 관리의 현장 파견은 이미 서술한대로, 공사구역의 치안과 인부 관리, 필요한 자재 관리 등을 담당하는 것으로 실제 공사에 참여하기 위한 출장은 아니었다.

다이묘 조력 공사의 관점에서 도네강의 치수정책을 연구한 오타니 사다오(大谷貞夫)의 연구에 따르면, 1705년 도네강 홍수의 복구와 관련해 아키타번은 에도강(江戸川)과 도네강 중하류의 제방 39리를 복구하는 데 입찰가 1만9천379량에 조닌 청부를 하였다. 호에이기 이후 하천 홍수가 증가하는 경향이 나타나는데, 1705년 도네강 일대 공사가 다이묘 조력 공사를 통해 하천을 복구하는 효시가 되었다(大谷, 1996).

3. 1707년 후지산 호에이분화

간토평야에 불어 내린 모래

호에이지진 이후 49일째 1707년(호에이 4) 11월 23일(양력 12월 16일) 후지산이 분화하였다. 아라이 하쿠세키(新井白石)의 수필(『折りたく柴の記』)에 분화 당시 에도의 모습이 기록되어 있는데 처음에 하얀 재, 다음날에는 검은 재가 내려와 주위 전체가 어두워졌다고 했다. 에도(현재 도쿄)에 하얀 재가 버려진 폐기장이 발굴되었고, 묘지 등과 같이 거의 손대지 않는 곳에서는 검은 색의 뾰족하고 까끌한 모래가 얇게 쌓인 상태가 확인되었다. 그것은 하쿠세키의 기술이 정확한 것을 뒷받침한다.

전조 현상을 포함해 분화의 추이에 주목한 화산학자에 따르면,

---

20 『南路志』.『山内家史料』,「豊房公紀」一七, 綱文 一〇, 土佐山内家宝物資料館蔵.

15-16일전부터 후지산 동쪽 산록[21] 일대에서 매일 명동(鳴動)이 느껴졌다. 지하의 얕은 곳에서 지진이 발생한 경우, 지진의 흔들림이 음파로 바뀌어 땅이 울리듯 인간의 귀에 들리는 것이다. 후지산 북동 산록[22]에서도 11월 22일 오후부터 작은 지진이 빈번히 일어나고, 밤이 되어서 큰 지진이 되었다는 기록이 있다. 지하에서 마그마와 수증기가 상승하는 것을 알리는 전조로 추정된다.[23]

본격적으로 분화가 시작된 것은 23일 아침 10~11시 경이었다. 분화는 이후 16일간 이어졌고, 1707년 12월 9일 멈췄다. 일반적으로 화산재라고 하지만, 현재 확인된 바로는 모래였다. 그것도 대량의 모래였다. 현재 신토메이(新東名) 고속도로가 건설되고 있는 가나가와현(神奈川縣) 하다노시(秦野市) 부근 공사 현장에서 대량의 모래가 검출되었다. 마을의 고문서 등에 따르면 일대에 모래가 45~50cm 쌓였고, 발굴 현장에서 막대한 양의 모래가 나왔다. 분화 전과 같이 밭으로 회복하는 데 상당한 노력이 필요했을 것이다. 당시 '우나에카에시(うなへかえし)'라는 방법으로 화산재를 묻고, 그 위에 파낸 흙을 덮어 경작할 수 있는 밭을 만들었다. 모래가 내린 지역은 후지산으로부터 동편 지역이며, 편성풍의 영향으로 분화구와의 거리에 따라 모래층에 차이가 발생하였다(그림 2-12).

사진은 현재 진행 중인 하다노시 요코노(橫野)의 발굴 현장이다(그림 2-13). '우나에가에시'는 일반적으로 '덴치가에시(天地返し)'라고 불리는 방법으로, 모래를 묻고 그 위에 흙을 덮어 경작 지면을 확보하는 것이다. 현재 지표면에서 45cm를 파면, 덴치가에시를 하면서 묻은 모래층의 상부에

---

21   静岡縣裾野市須山, 富士市吉原
22   山梨縣山中湖町, 富士吉田市小明見
23   中央防災会議·災害教訓の継承に関する専門調査会, 2006

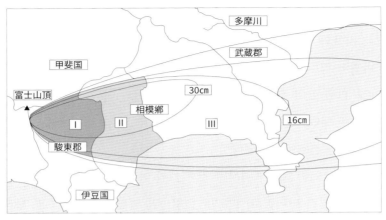

〈그림 2-12〉 후지산 호에이분화의 화산 모래 범위

출전: 北原 他編, 2012

접한다. 일대에서 모래층은 약 40cm이다. 모래층의 상부 약 10cm 정도가 남동 방향으로 밀려있는데, 그것은 약 200년 후 간토지진으로 지반이 엇갈린 것으로 추정된다.

하다노시의 현장은 단자와산지(丹澤山地)를 배경으로 표고 약 300m 의 하다노분지 산기슭에 있다. 밭도 분지 중앙을 향해 상당한 경사진 곳이다. 참모본부 육지측량부의 「1923년 관동진재지 수직변동 요도(大正十二年關東震災地垂直變動要圖)」에 의하면, 간토지진으로 사가미만(相模灣)의 오이소(大磯) 일대가 2m 정도 융기한 반면 단자와산지는 최대 0.8m 정도 침하하였다. 이후 검토를 통해 보다 상세한 상황을 알 수 있겠지만,

〈그림 2-13〉 후지산 호에이분화 화산 모래의 발굴 현장

사진 제공: 가나가와고고재단

지반 변동이 있었다는 것은 추정할 수 있다.

이러한 모습을 통해 모래를 처리하기 위해 막대한 노력이 필요했으리라 추정된다. 게다가 덴치가에서 또는 밭 일부에 모래를 쌓아두는 것은, 하다노뿐만 아니라 〈그림 2-12〉에 나타나는 Ⅰ·Ⅱ구역의 밭에서도 널리 나타난다. 그것은 모래가 내린 지역 전체에 걸치는 토목공사였을 것이다.

분화 피해의 개요

막부의 공식 기록인 『덕천실기(德川實紀)』에 따르면, 분화 직후 "(23일) 미명부터 에도에 진동이 많았다. 과연 스루가(駿河)의 후지산 동편에서 불이 일어나고, 모래와 재가 날렸다. 이웃 지역의 논밭이 모두 매몰되었다고 한다. …… 25일 오늘도 지진이 종종 있었다. 후지산의 모래와 재가 논밭을 매몰시켰다고 듣고, 가치메쓰케(徒目付)에게 순찰하도록 했다."

후지산 주변의 농촌뿐 아니라 에도에서도 지진이 느껴졌고, 모래와 재가 내렸다. 그 와중에 11월 28일 호에이지진에 의한 구노잔(久能山)의 피해를 조사하러 떠난 후신부교 일행이, 12월 초하루에는 도카이도 연변의 피해 조사를 위해 파견된 메쓰케(目付) 일행이 연이어 돌아왔다. 막부의 중추는 유례없는 재해의 피해 실태에 혼란스러웠을 것이다. 그런 상황에서 막부는 새로이 발발한 분화 재해를 조사하기 위해 가치메쓰케 3명, 고비토메쓰케(小人目付) 6명을 파견하였다. 그들은 25일 밤 오다와라(小田原)에 도착한 후 수일간 피해를 조사하고, 30일 결과를 막부에 보고하였다.

소바요닌 야나기사와 요시야스의 공용일기 『낙지당연록(樂只堂年錄)』(大和郡山柳澤文庫藏) 중 11월 그믐날 기록에는, 모래가 3m나 내렸다는 스바시리촌(須走村, 현 靜岡縣須走町)을 순시한 보고가 기술되어 있다. 내용을 요약하면 다음과 같다. ① 후지산의 동서남쪽으로 3분의 2 정도가 불타고 나무도 거의 없어졌다. ② 분화구에서 3~4리 떨어진 후지센겐사(富士淺間社)도, 스바시리촌의 불탄 집도 처마까지 모래에 묻혔다. ③ 사람들은 모두 떠났다(피난했다). ④ 불어내려 쌓인 모래는 8·9자에서 1장(2m40cm~3m)에 이르고 그 중에는 큰 돌도 있었다. ⑤ 숲의 나무와 잎이 완전히 불탔고, 시내가 매몰되었으며, 부근 마을의 우물도 말랐다. ⑥ 떨어진 돌은 경석(輕石) 같은 것도 있고, 작은 것도 있었다. 크기는 사방 1촌(3cm)에서 2촌(6cm) 정도이다. ⑦ 논밭에 모래가 많이 내려 쌓였고, 보리농사도 완전히 매몰되어 농민이 곤란해 하고 있다.

기록에 따르면 모래로 매몰된 스바시리촌의 인가, 센겐신사(淺間神社) 인근, 떨어진 돌의 형상 등이 자세히 관찰되었다. 9세기 조간분화(貞觀噴火)와 같이 용암류(鎔巖流)는 기록되어 있지 않다. 공중 10km 높이까지 분출한 테프라(tephra, 화산재·흑색 스코리어·경석)가 편서풍의 영향으로 후지산의 호에이화구(寶永火口)로부터 10km 정도 떨어진 스바시리에 3m, 시즈오카현(靜岡縣) 오야마정(小山町)에서 고텐바(御殿場)에 걸쳐 2m 이상(그림 2-12의 Ⅰ구역), 가나가와현(神奈川縣) 아시가라평야(足柄平野) 사카와강(酒匂川) 유역에 60~40cm(그림 2-12의 Ⅱ구역), 사가미강(相模川) 유역에 30~10cm(그림 2-12의 Ⅲ구역) 내렸다. 후지산과의 거리에 따라 테프라 양과 내용에 차이가 있고 그에 따라 피해 규모, 하천에 퇴적된 모래로 인한 2차재해, 구제책 등에 차이가 생겨났다.

오다와라번의 피해와 대응

오다와라번(小田原藩, 11만3129석)은 겐로쿠지진으로 성과 주변 시가에 화재가 일어나는 등 크게 타격을 입었다. 성 주변의 시가지가 복구되지 않은 상태에서 후지산이 분화하여, 영지 중 사가미국(相模國) 시로쓰케령(城

付領, 153개 촌의 4만8천144석)과 스루가국(駿河國) 슨토군(駿東郡, 70개 촌의 1만2천317석) 대부분이 모래로 뒤덮이는 피해를 입었다. 당시 번주 오쿠보 다다마스(大久保忠增)는 로주(老中), 지번(支藩)의 미쿠리야(御廚) 지방을 영유하는 다다마스의 동생 오쿠보 노리히로(大久保教寬)는 니시노마루 와카도시요리(西之丸若年寄)였다.

12월 8일 경 오다와라령 다이칸의 보고가 에도의 번주에게 도착했다. 번주는 영내 각지의 피해를 조사하기 위해 10일 야나기다 구자에몬(柳田九左衛門)을 파견하는 동시에, 야나기다에게 피해 보고를 제출하라는 회장(回章)을 내렸다. 이에 영내 마을들이 제출한 피해 보고가 남아있다. 피해를 입은 농민들은 모래 제거의 구제 조치를 위한 조사라고 생각하고, 모래층의 두께와 모래가 덮인 밭의 면적을 곱하여 모래 지면의 규모를 산출하고, 모래 제거에 필요한 인부의 수를 계산해 보고하였다.

〈그림 2-12〉의 Ⅱ구역에 속하는 세키모토촌(關本村)의 경우 모래층의 두께가 1척2촌(36㎝), 마을 규모 즉 촌고(村高)는 약 655석(논42町2反4畝4步, 밭8町1反12步)이었다. 따라서 모래 지면이 1만9천181평4합으로, 모래 제거에 필요한 인부가 23만177명(1평당 12인으로 계산)이라는 계산 결과를 신고하였다.[24] 세키모토촌에서 북쪽으로 1㎞ 떨어진 마마시타촌(儘下村)에서는 모래가 약 50㎝ 쌓였는데, 모래 제거에 필요한 인부가 24만3천226명이라고 계산하였다. 이외 마을들도 모래 지면 넓이와 그에 대응해 모래 제거에 필요한 인부를 계산해 제출하였다.

그런데 야나기다는 영주의 자비(慈悲)를 강조할 뿐 구체적인 대책을 제시하지 않고, 자력으로 모래를 제거해 부흥하라고 말했다. 이에 12월 28

---

24   小田原市 編, 1989,『小田原市史』史料編近世Ⅱ, 小田原市.

일 에도로 돌아가는 야나기다에게, 104개 촌의 농민은 구제를 구하며 탄원서를 제출하였다. 이듬해 정월 3일에는 한층 결속하여, 막부에 소송하는 것도 마다하지 않겠다는 행동을 보였다. 농민의 움직임에 결국 오다와라번도 2만표의 구휼미와 모래 제거 비용 2만7천량을 지급하려 했는데 그것이 실행되기 전, 오다와라령 중 모래 피해를 입은 땅을 막부령으로 편입시키는 정치적 해결책이 꾀해졌다.

막부가 취한 고육지책, 두 가지

막부에 소송하는 것도 마다하지 않는 농민의 동향을 보고, 간조부교 오기와라 시게히데는 마을 스스로 모래를 제거하도록 명하였다. 내용은 여자와 아이도 나서 한시라도 빨리 모래를 제거할 것, 보리를 수확할 수 있도록 준비하고, 모래는 자신의 밭이든 거주지에 묻어 정리하며, 이웃 마을 등에 버리지 말 것 등 10개조였다. 그렇게 자력 복구를 촉구하면서, 막부는 전례 없는 오다와라번의 구제책을 강구하였다. 오다와라번 영지의 절반에 해당하는 약 5만6천384석을 막부령으로 편입시키고, 대신 다른 토지로 바꿔주었다. 그리고 막부령과 사령(私領) 상관없이, 전국에 세금을 내도록 하였다. 그 중 주목해야 할 부분을 인용하면 다음과 같다.[25]

근래 돈을 들여야 할 곳이 많다. 지난 겨울 부슈(武州), 소슈(相州), 슨슈(駿州) 3개국에 모래가 쌓인 마을들을 구제하는 것과 관련해, 이번에 전국 막부령과 사령 모두 100석당 금2량씩 징수해 상납해야 한다. 영지의 원근이 달라 영지에서 징수하는 데 시간이 걸리

25 『御触書寛保集成』 No.1399.

므로, 1만석 이상은 영주가 입체하여 오는 3월까지 막부에 상납해야 한다. 1만석 이하는 6월까지 내야 한다. …… 사사 영지는 제외한다. 이상

(1708년) 윤정월

내용을 설명하면 ① 근래 여러 가지 재정상 필요가 많다. 지난해 무사시(武藏)·사가미(相模)·스루가의 마을들에 모래가 쌓였기 때문에, 구제를 위해 전국에 100석당 2량의 세금을 명한다. ② 각 영지에서 멀리 떨어진 마을로부터 징수하는 것은 시간이 걸리므로, 1만석 이상의 영주는 마을이 수납하기 전에 미리 돈을 준비해, 올해 3월까지 막부에 상납하라. ③ 1만석 이하 지토(地頭)의 경우, 6월까지 상납하라. ④ 단 사사(寺社) 영지의 경우 징수에서 제외한다.

막부의 간조카타쿠미가시라(勘定方組頭) 무코야마 세이사이(向山誠齋)가 19세기 수집한 고문서 「두여일득(蠹余一得)」에 따르면,[26] 세금은 기한대로 막부에 48만8천770량과 은1관870목 정도가 납부되었다. 그리고 어느 정도의 금액이 모래 제거를 위해 구제금으로 사용되었는지 기록이 남아 있다.

막부에 수납된 약 48만량은 100석당 2량으로 환산하면, 2443만여 석을 대상으로 한다. 막부령과 사령을 포함해 전국 석고(石高)가 약 2587만석이므로, 징수에서 제외된 50석 이하 마을과 사사 영지를 고려하면 거의 100% 납입이 이루어졌다(永原, 2001). 그리고 모래 제거를 위해 사용된 금액은 다음과 같다. ① 금6천225여 량. 이것은 이나 다다노부(伊奈忠順)에게 전해졌다. 무사시·사가미·스루가에서 모래가 쌓인 마을을 구제하기 위

---

26 『内閣文庫所蔵史籍叢刊』四巻, 汲古書院, 1981.

해 내려졌다. ② 금1천854여 량. 이것은 스루가 스바시리촌의 소실에 대응해 내려졌다. ③ 금5만4천480여 량. 이것은 무사시·사가미 마을에 대한 모래 제거 및 준설 등 제반 비용이다.

이상 3건의 합계는 6만2천559량으로, 세금 48만여 량의 13%에 미치지 못한다. 이에 대해 아라이 하쿠세키는 자신의 수필에서 세금 징수를 고안한 오기와라 시게히데를 비판하며, 처음부터 모래 제거에 사용한다는 명목으로 막부 재정의 핍박을 해소하려고 꾸민 것이라고 비평하였다. 오기와라와 하쿠세키는 성향이 다른 견원지간이라 할 수 있었다. 널리 알려진 대로 1709년 5대 쇼군 쓰나요시(綱吉)가 죽고 6대 쇼군 이에노부(家宣)가 취임하자, 하쿠세키는 시강(侍講)으로서 정치의 중심에 위치하고 오기와라는 1713년 실각하는 정치 드라마가 펼쳐진다.

다시 호에이분화로 이야기를 돌리면, 전국에 세금을 징수해 수납한 돈 중에서 이나 다다노부에게 준 구제금 6천225량은, 막부령으로 편입해 다이칸 이나가 지배하도록 한 지역 즉 옛 오다와라번의 마을에 내려진 것이었다. 스바시리촌에 내려진 1천854여 량은 스루가와 가이(甲斐)를 잇는 가마쿠라도(鎌倉道)의 숙장이라는 점을 고려해 내려진 특별 복구 자금이었다. 그리고 가장 금액이 크고 '모래 제거 및 준설 외 제반 비용'이라는 것은 오다와라평야의 중앙을 흐르는 사카와강의 제방 오구치언(大口堰)의 복구에 관한 비용을 가리킨다.

스루가국 미쿠리야 지방의 동향

호에이분화가 발발하고 최초로 구제를 요구한 것은 오다와라번에 속하는 아시가라평야 사카와강 유역의 피해 농민들이었다. 한편 스루가국 미쿠리야 지방 즉 현재 오야마정과 고텐바시 일대(그림 2-12의 Ⅰ구역)는,

오다와라번보다 한층 많은 모래가 내려서 1m 이상 뒤덮인 곳이었지만 농민들이 결속하기 어려웠다. 오다와라번의 지번(支藩)인 오쿠보 노리히로의 영지, 하타모토(旗本) 이나바 마사타쓰(稻葉正辰)의 영지 등 여러 영지가 혼재하면서 냉랭하고 경지가 적은 산간 지역으로 생존 조건이 애초 혹독한 곳이었기 때문이다.

미쿠리야 지방에서는 3년이 지나도 마을 대부분이 굶주림에 시달렸으며 분화 이후 마을을 떠나 돈을 벌거나 죽은 이가 전체 30% 이상이었다. 이러한 상황에서 마을이 결속해 행동하기 어렵다. 논이 적고 짐을 실어 나르는 일로 생활을 유지한 마을은 일대 모래가 내려와 말여물이 사라지고 말을 기를 수 없게 되어 큰 타격을 입었다. 두꺼운 모래층은 냉랭하고 황폐지가 많은 지역을 극한의 상태로 몰아넣었다.

모래가 가장 많이 내린 다나가시라촌(棚頭村, 현 오야마정)의 경우, 영주인 오다와라지번으로부터 구휼미를 받은 이가 분화 직후 1707년 12월 41명, 이듬해 1708년 2월 52명, 3월 이후 마을 전체 25호 150명으로 늘어갔다. 막부가 구휼미의 대상을 확대한 것일 수 있지만, 그만큼 매일 식량을 얻기 힘들 정도의 상황이었던 것이다. 1일 1인 1홉이라는 적은 식량이 지급되었는데, 그것마저 1709년 2월에 끊어졌다. 그러자 몹시 곤궁한 미쿠리야 지방의 39개 촌이 함께 모래 제거 비용의 지급을 요구하였다. 이에 막부령이 된 지역의 부흥을 맡은 다이칸 이나는, 농민이 요구하는 모래 제거 비용을 지급하였다. 농민이 아시가라평야의 제방 공사에 인부로 일해 일당을 벌면서 임금 인상을 요구하자, 그것도 수용하였다.

하지만 1709년 2월 스바시리촌을 제외하고, 모래가 많이 내린 북부 7개 촌의 경우 호수의 61.1%, 농민의 44.7%가 잔류하였다. 마을의 절반 이상이 다른 곳으로 일하러 갔거나, 다른 곳에서 죽어 마을에서 사라진 것이다. 더구나 말은 불과 11% 남고 거의 팔렸다. 이런 상태로 마을을 다시 일으키는 전망은 좀처럼 생길 수 없었다(永原, 앞의 책).

하타모토 영지의 동향과 개발 상황

3절의 첫 부분에서 서술했지만, 현재 발굴이 이루어지고 있는 하다노 일대는 〈그림 2-12〉의 Ⅱ구역에서 Ⅲ구역으로 이행하는 곳에 해당한다. 이곳은 하타모토 영지인 마을이 많고, 심지어 한 마을에 5명의 하타모토가 영지를 갖고 있는 예도 적지 않았다. 오다와라번 영지의 마을들이 결속해 막부에 소송을 하려 한 것에 자극을 받아, 이곳에서도 1708년 12월 18일 고무라(子村) 50개 촌 1만1천100석이 함께 간조부교에게 소송을 하였다. 고무라는 한 개 마을에 여러 명의 영주가 있고, 각 영주마다 책임자를 두는 경우를 가리킨다. 하지만 소송은 받아들여지지 않았다.

〈그림 2-14〉 하다노시
출전:『図説秦野の歴史』秦野市、1995、「古文書からみた村の姿」

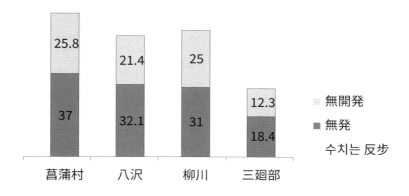

〈그림 2-15〉하다노 일대 피해지의 개발 상황
출전:『秦野市史』通史編、近世

하다노 일대는 오다와라지번 오쿠보 노리히로의 영지도 있었는데, 대부분 밭이었다. 분화 8개월 후의 상황을 살펴보면, 미쿠리야 지방과 다른 상황이 나타난다(그림 2-14·15). 논은 거의 개발되지 않았지만, 밭의 경우 분화 8개월 후라는 시기를 고려하면 상황이 그리 나쁘지 않았다. 마을에 내린 모래가 40~50㎝ 쌓인 것으로 추정되는 상황이므로, 마을의 복구 상황이 반드시 모래의 양과 연관되지 않는 것이다. 기후, 마을의 입지 조건, 출가(出稼) 유무 등을 종합적으로 생각하여 복구 상황을 살펴보아야 한다.

다이묘 조력 공사에 의한 사카와강 복구

전국에서 징수한 세금으로 구제·복구 자금이 가장 많이 투여된 것은 준설에 의한 하천 개수였다. 내용은 다음과 같다.

	오카야마번(岡山藩) 마쓰다이라 쓰나마사(松平綱政)	사카와강 연변 우치야마촌 지류에서 바다 근처 지류 및 기타 동쪽 시내
1708년 윤정월~6월	고쿠라번(小倉藩) 오가사와라 다다타카(小笠原忠雄)	사카와강 서쪽 隙間村에서 우치야마촌 지류까지
	오노번(大野藩) 도이 도시토모(土井利知)	가리강에서 사카와강과 합류 부분
	구마모토신덴번(熊本新田藩) 호소카와 도시마사(細川利昌)	가와네강에서 사카와강과 합류 부분
	시카노번(鹿奴藩) 마쓰다이라 나가테루(松平仲央)	미네촌 일대 지류
1709년7월 ~1710년3월	쓰번(津藩) 도도 다카토시(藤堂高敏)	사카와강 大口土手·山北堀割·花見川
	하마마쓰번(浜松藩) 마쓰다이라 스케토시(松平資俊)	장소 불명
1710년 2월~7월	안베 노부카타(安部信賢) 홋타 마사토라(堀田正虎) 스와 다다토라(諏訪忠虎)	소슈(相州) 하천 모래 준설

　　사카와강과 지류의 준설을 명받은 번들은 위와 같다. 현재 그들의 공사 실태가 충분히 밝혀지지 않았지만, 다행히 오카야마번(岡山藩)의 공사에 대해서는 사료가 있어 실태가 어느 정도 판명되었다. 1708년 윤정월 9일 공사 명령을 받은 다이묘는 5명으로, 오다와라번주 오쿠보 다다마스(大久保忠增)가 로주로서 자신 영지의 하천 공사를 명하였다. 하천 공사의 총책임자는 로주 이노우에 마사미네(井上正岑)였다. 각번의 에도루스이(江戶留守居)가 간조부교 오기와라 시게히데의 거처에서 공사에 대해 상세한 지시를 받았다. 일명 오기와라 방식으로 각 영지에서 많은 인원을 파견할 필요 없이, 도네강과 아라강에서 행한 공사 방식대로 한다고 들었다. 이에 따라 오카야마번은 소부교(總奉行)와 소부교소에(總奉行副) 각1명, 소에부교(添奉行) 2명, 요닌(用人) 1명, 모토지메(元締め) 2명, 루스이 2명, 오메쓰케(大目付) 1명을 파견하기로 했다. 그리고 윤정월 17일 오카야마번 영지에 공사 명령을 전했는데, 주로 공사비 조달에 대한 것이었다. 공사 사무소도 지을 필요가 없고, 인근 농가를 빌리도록 지시하였다. 이미 막부가 정

한 청부 조닌 이시야 한자에몬(石屋半左衛門)가 있어서, 그로부터 요구된 필요 경비를 오가야마번이 지불하는 형태였다. 그것은 호에이지진 당시 도카이도 연변 공사 및 도네강·아라강 공사와 같았다.

3개월 후 5월 22일 준설과 제방 건설이 거의 완료되고, 24일에는 번 관리와 인부 모두 돌아가라는 지시가 내려졌다. 공사 종료 단계에서 오카야마번의 공사 담당 관리는 모두 268명으로 아시가루 85명, 고비토(小人) 94명, 다이쿠(大工) 3명, 보즈(坊主) 2명, 마의(馬醫) 1명, 하리모치(針持) 1명 등이었다. 체재 기간은 105일, 안타깝게도 공사비 총액은 기록에 없다.

겐로쿠·호에이 거대지진과 구제책

겐로쿠지진에 22명(또는 23명) 다이묘, 호에이지진에 5명 다이묘, 호에이분화에는 10명 다이묘가 공사를 명받고 공사비를 부담하였다. 겐로쿠지진으로 에도성 내외의 석벽이 무너지자, 막부는 곧바로 다이묘에 의한 복구라는 다이묘 조력 공사를 22가에 명하였다. 석벽 복구 이외 니노마루(二之丸) 공사를 명받은 2가를 더하면, 공사를 명받은 다이묘는 24가 또는 25가가 된다. 공사에 참여한 다이묘 전체의 영지 규모는 226만석이었다. 하기번(萩藩)의 경우 1만석당 1천량의 공사비를 냈으므로, 적어도 에도에 공사비 약 22만량이 투하되었다. 게다가 4년 후 발생한 1707년 호에이지진에서는 요시와라(吉原) 서쪽의 도카이도 연변이 다이묘 조력 공사를 통해 복구되었다. 공사 대상인 도카이도 연변의 숙장에 투하된 복구 비용은 약 5만8천500량이었다.

호에이분화에 앞서 2건의 거대지진(巨大地震)에 대해 다이묘 조력 공사에 의한 재해지 복구가 있었다. 막부의 직접적인 구제는 확인되지 않고, 오히려 다이묘 조력 공사에 의해 공사비가 재해지에 투자되었다. 즉 청부업자가 현지에서 인부를 조달하거나 마을 청부 공사가 이루어졌고, 그것은 일종의 구제로 간주되었다.

호에이분화 이후 구제정책 전환

호에이분화 이후 재해지를 막부령으로 편입하고 전국에 세금을 부과하는 등, 직전의 2건 재해에서 보이지 않던 구제책이 전개되었다. 이 전환이 어떻게 이루어졌는지에 관해 다음과 같이 추정할 수 있다. 먼저, 선행한 지진과 해일은 일본열도 전체에 피해를 준 것으로 에도막부가 처음으로 맞은 대규모 재해였다는 점을 고려해야 한다. 다만 미증유의 재해를 경험하고도 호에이분화 이전에 취해진 구제 방법은, 다이묘 조력 공사라는 간접적으로 재해지에 복구 자금을 투하하거나, 재해를 입은 다이묘의 신청에 대응해 복구 자금을 빌려주는 정도에 불과하였다. 그런 상황에서 후지산이 분화하고 호에이산(寶永山)이 출현하는 전대미문의 일이 이어졌다.

선행한 두 건의 대규모 재해에서 막부의 구제를 원하는 농민의 집단소원(訴願)이 나타나지 않았다. 하지만 고 나가하라 게이지(永原慶二)가 『후지산 호에이대폭발(富士山寶永大爆發)』에서 다룬 미쿠리야지방에는 모래가 내려 전체적으로 논밭을 뒤덮고, 제거한 모래를 둘 곳조차 없었다. 또 아시가라평야에서는 사카와강의 강줄기가 바뀌어 홍수 때마다 유로를 변경하며 새로운 지역을 홍수에 휩쓸리게 하는 2차 재해를 일으켰다. 원래 간조부교 오기와라 시게히데의 주도로 이전처럼 에도의 청부 조닌을 이용한 다이묘 조력 공사라는 방식이 취해졌지만, 모래로 인한 심각한 재해에는 대응하지 못했고 결과적으로 재해지 농민의 분기를 촉발하였다.

오다와라번과 하타모토 영지를 막부령으로 편입하는 등 직접적인 구제 방식은 막부 정치의 원칙에 근거하지만, 실제 막부령으로 편입해 구제를 실행한 것은 매우 새로운 대책이라 할 수 있다. 아마 연속하는 대규모 재해에 대해 직접 구제하지 않고 농민의 소동을 불러일으킨 점을 반성하면서, 호에이분화에 대해서는 막부가 직접 구제를 전개한 것이다.

다음으로 전국에 걸쳐 100석당 2량의 세금을 거두었다. 이러한 세금의 선례로는 불충분하다는 전제가 있지만, 도다이사(東大寺) 불전의 복구를 위해 막부령과 사령에 100석당 금1분(分)을 징수한 예[27]가 있었다(笠谷, 1976). 다만 재해 구제라는 관점에서 보면, 본질적으로 달라 선례라고 보기에 적절치 않다. 분명 막부도 영주이므로 과세권을 가지고 그에 기초해 구제를 집행할 수 있지만, 구제 가능의 범위는 막부령에 한정된다. 그런 점에서 호에이분화의 대책은 보편적이지 않은 세금 징수의 요소를 가지고 있다.

막부는 공식적으로 세금 징수의 주목적이 모래 제거라는 경작지 복구이며, 토목공사의 자금을 조달하는 것이라고 하였다. 호에이지진에서 도카이도 연변의 공사는 숙장과 도로 복구였다. 에도성 석벽 수축을 위한 다이묘 조력 공사는 기본적으로 석벽 공사의 토목공사였다. 호에이분화로 인한 재해지 복구에 대해서도 막부가 토목공사라고 말하려면, 사령의 경작지 복구는 부적절하고 상응하지 않으므로, 재해지를 막부령으로 편입시켜 복구 자금을 도모한 것이라고 할 수 있다. 결국 세금 징수는 아게치(上知)라는 막부령으로의 편입과 연관된 것이다. 마지막으로 이러한 시책 이후 막부는 오다와라번에 땅을 되돌려준다. 그런데 오다와라번의 연공(年貢)을 검토해 보면, 막부령으로 편입된 토지가 오다와라번에 되돌려

---

27   『德川実紀』六巻、元禄一四年三月二九日条

진 시점에 오히려 연공이 줄어들었고, 분화 이전의 상황으로 돌아가는 것
이 아니라 가까워지는데 약 100년의 시간이 필요하였다(馬場, 2014).

제3장

근세 Ⅱ : 기근과 구제

1. 기근의 구제책

기근과 정치 개혁

에도시대 3대 기근이라 하면 교호(享保), 덴메이(天明), 덴포(天保) 기근을 가리킨다. 모두 천후(天候)의 이상으로 생겨난 것이지만, 기근이라는 위기를 계기로 이미 사회적으로 심각하게 진행되던 변화가 드러났다. 결과적으로 그러한 변화를 시정하기 위해 정책 변화와 정권 교대를 통한 '개혁'이 이루어지면서, 정치 변화를 동반한 사회변동이 전개되었다.

교호 기근의 경우, 1732년(교호 17) 서일본(西日本) 일대에 가뭄과 함께 메뚜기가 이상 발생하여 벼 이삭을 먹어 치우면서 수확이 어려워졌고, 많은 번에서 기아자가 생겨났다. 에도에서는 미곡상을 대상으로 우치코와시(打ちこわし) 즉 폭동이 처음으로 일어났다. 덴메이 기근은 일본열도에 한정된 한랭화 현상이 아니라, 소빙하기라는 지구 규모의 기후 변동으로 생겨난 것이었다. 1783년(덴메이 3) 아사마산(淺間山) 분화가 원인이라고 하지만, 그에 대해 화산학자와 기상학자는 적극적으로 지지하지 않는다. 오

히려 화산 분화로는 아이슬란드의 라키산 분화의 영향이 훨씬 크다고 한다. 그로 인한 감자 흉작이 프랑스 혁명을 일으킨 배경이 되었다는 설도 종종 지적되고 있다.

일본에서는 1782년(덴메이 2)부터 한랭 기후가 이어져 동일본(東日本) 일대를 덮쳤고, 흉작으로 인해 식량이 부족해지자 인육까지 먹을 정도였다는 기록이 남아 있다. 도시에서 폭동, 농촌에서는 백성일규(百姓一揆) 즉 농민 봉기가 동시다발적으로 일어났다.

덴포 기근의 경우 1833년(덴포 4) 이후 기후가 불순해 흉작이 생겨나고 쌀값이 이상 폭등하면서, 각지에서 발생한 봉기가 각 영지의 범위를 넘어서 연대하는 움직임을 보이기 시작하였다. 정치에 대한 불신이 농민들에게 퍼지면서, 막부에서는 개혁 정치를 주장하는 막각(幕閣)의 교대가 일어났다. 18세기 중반 이후 약 반세기마다 사회위기가 일어났다. 그만큼 시정되어야 할 사회문제가 뿌리 깊게 존재한 것이다.

『인풍일람』에 나타나는 시행과 부조

1735년(교호 20) 5월 오사카의 서점조합이 『인풍일람(仁風一覽)』이라는 책을 출판하였다. 책(內閣文庫藏)은 상하 2책으로, 표지에 〈그림 3-1〉과 같이 쓰여 있다. 1732년부터 시작된 황해(蝗害)로 인한 기근에 기아자를 구제한 자의 이름이 나열되어 있다. 상권에 교토·오사카·나라(奈良)·사카이(堺)·후시미(伏見) 등 각 부교 관할 지역의 시행(施行)이 열거되고 하권에는 나가사키(長崎) 이외 사이코쿠(西國)·주고쿠(中國)·시코쿠(四國)·기나이(畿內) 막부령의 시행이 국별로 기록되었다. 기재된 인원은 3만7천290명에 이른다(北原, 1995).

그 중 교토와 오사카에서 고리키(合力) 즉 부조를 행한 조닌이 1만8

천905명으로, 전체 50% 이상이다. 특히 고액을 부
조한 조닌은 오사카에 집중되었다. 20량 이상을 부
조한 오사카 조닌이 내놓은 금액은 총 4천529량으
로, 전체 금액의 62%를 차지한다(표 3-1). 교호 기근
당시 막부와 번의 구휼미 및 미가 인하로는 도저
히 해결할 수 없는 상태가 되자 막부는 상호부조
를 호소하였고, 그에 호응한 사람들의 이름과 부조
금액을 책으로 만들어 오사카 서점조합에서 출판
하도록 하였다. 그것이 『인풍일람』이었다.

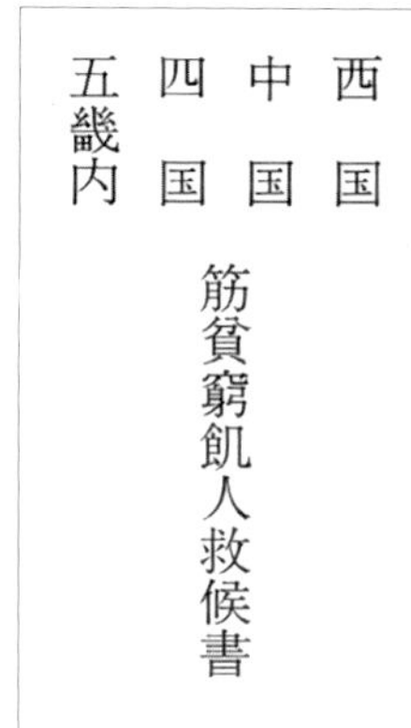

西国　中国　四国　五畿内　筋貧窮飢人救候書

〈그림 3-1〉
『인풍일람』의 표지

　　막부의 의도는 부조한 이들을 칭찬하려는 것
이지만, 그것만은 아니었다. 막부에게는 부조라는 유효한 경험을 이후에
도 쌀 부족과 사회위기를 벗어나는 방책으로서 활용하려는 의도도 있었
다. 실제 사이코쿠의 쌀 부족은 직접적으로 가뭄과 황해라는 자연 조건이
작용했지만, 오사카의 가이마이시장(廻米市場) 즉 미곡시장과 관련된 유통
정책이 불러온 결과이기도 하였다. 그 방증으로 야마토야 사부로자에몬
(大和屋三郎左衛門)이라는 미곡상은 혼자서 2천량 이상의 돈과 쌀을 부조하
였다(표 3-2).

〈표 3-1〉 고액(20량 이상) 부조의 조닌 수

	사이코쿠·주고쿠·시코쿠·기나이	(오사카)
100량이상	15	(6)
50량이상	6	(1)
30량이상	19	(4)
20량이상	18	(3)
計	58 《7283량》	(14) 《4529両》

* 『仁風一覧』에 고액 부조자 12명으로, 『虫附損毛留書』보다 2명 적다(표4 참고).
출전:『仁風一覧』『虫附損毛留書』

〈표 3-2〉 고액 부조의 조닌(오사카)

조닌	금	내역			
		쌀	금	은	전
	兩	石	両	貫	貫余
大和屋三郎佐고門	2153	30			10691
辰巳屋久左고門	1003				5018
平野屋五兵고	343	3			1700
鴻池屋新十郎	277	155		3,520	210
和泉屋吉左고門	250		250		
鴻池屋善右고門	187	(麦)5		1,670	642
森本屋庄兵고	81	71			
和泉屋治兵고	48	42			
○和泉屋六右고門	40	(米)17(麦)25			
鴻池屋新 七	40	(麦)22		0.230	90
川崎屋五郎助	35			2.130	87
平野屋又右고門	29	10			
河内屋新三郎	22	20			
○河内屋七郎兵고	21	18			
計	4529				

· ○印의 이즈미야(和泉屋六右고門)와 가와치야(河内屋七郎兵고)는 『仁風一覧』의 고액 부조 조닌 중에는 없다. 표에서 상위 5명의 부조자 중 고노이케(鴻池屋新十郎)를 제외한 4명이 부조에 대한 포상으로 가옥 관련 세금을 면제받았다. 출전: 『虫附損毛留書』

고액 부조를 행한 조닌은 야마토야 사부로자에몬, 다쓰미야 규자에몬(辰巳屋久左衛門), 히라노야 고헤(平野屋五兵衛), 이즈미야 기치자에몬(和泉屋吉左衛門), 고노이케야 젠에몬(鴻池屋善右衛門) 등이다. 그들은 기근 전년 1731년(교호 16) 막부로부터 미곡 매입을 명받은 조닌 130명 중 수위에 해당하는 호상(豪商)이었다. 막부로부터 미곡 매입의 자금을 받아 미가의 시장가격을 좌우하는 위치에 있었다. 그 점을 고려하면, 기근으로 인한 미가 급등에 그들이 무엇을 두려워하여 고액의 돈과 쌀을 부조했는지 알 수 있다. 그것은 단순한 부조가 아니라, 신분적으로 차이 나는 사람들 간에 행해지는 시혜와 수혜였고, 시행이라는 단어가 가장 잘 어울리는 것이었다.

교호의 기근

교호의 기근이 오사카라는 도시에 불러일으킨 위기의 양상을 조금 더 살펴보자. 교호기 쌀 부족의 상황은 황해가 심각했던 서일본에서 두드러졌다. 1732년 사이코쿠·주고쿠·시코쿠에서 46개 번은 경작 피해율이 50% 이상이었고, 그 중 사이코쿠의 27개 번은 경작 피해율이 83%에 이를 정도로 심각한 피해를 입었다. 기아자의 수는 막부령 67만1961명, 번에서 197만4059명이었고 아사자가 1만2172명에 이르렀다.[1] 막부는 구제를 위해 각번에 쌀 25만6천525석을 매각하였다. 막부령에 구휼미 11만8천578석, 오사카·교토·나라·후시미·야마다(山田)·오쓰(大津) 등 각 부교 관할지에 구휼미 약 1만석을 내렸고 오사카·스루가·가이에도 쌀 2만4천석을 매각하였다.[2] 막부는 막부령에 기아자가 나오지 않도록 명하고 미곡을 판매하는 등 구제를 시행하였다. 반면 영주들에게는 기아자가 발생하지 않도록 대응하라고 재촉했지만, 특단의 구제를 행하지 않았다. 이러한 막부령 우선의 구제 원칙은 이미 호에이지진 당시 도카이도 연변의 복구 공사에도 나타났다.

1732년 6월말부터 7월에 걸쳐 각 영주가 황해를 보고하였다. 지쿠고(筑後), 이요(伊予), 히젠(肥前), 분고(豊後) 등 각지에서 보고가 있었고 막부는

---

1   小鹿島果 編, 1894, 『日本災異志』, 日本鑛業會.
2   『虫附損毛留書』(內閣文庫影印叢刊), 國立公文書館內閣文庫, 1977 · 1978.

동년 9월말부터 쌀을 매각하기 시작하였다. 그것은 구휼미와 달리, 쌀을 싸게 파는 것으로 하라이마이(佛米)라고 불렀다. 그 대상은 가격이 싸면 쌀을 살만한 여유가 있는 사람들이었다. 미곡 매각을 위해 막부는 다이묘들에게 대부금도 주었다. 다만 미리 요리키(與力)에게 내탐하도록 하여, 이재 지역의 미가가 오사카보다 높은 경우에 한해 허가하였다.

사태는 점점 나빠졌고, 특히 막부에게 충격을 준 것은 1732년 11월 20일 오사카조다이(大坂城代)의 보고였다. 그에 따르면 이요국(伊予國) 이마바리번(今治藩)은 마쓰다이라 사다사토(松平定鄉)의 영지로 기아자 9천896명, 아사자 113명이었다. 이요국 마쓰야마번(松山藩)은 마쓰다이라 사다히데(松平定英)의 영지로 기아자 6만4천115명, 아사자 1천152명이었다. 이러한 참상에 막부는 이마바리번과 마쓰야마번에 대해 종래 엄격한 미곡 매각의 조건을 철폐하였다. 가격을 고려해 미곡을 매각하는 것을 중지하고, 막부의 쌀을 번 관리에게 직접 주는 것으로 방침을 바꾸었다.

그리고 쌀 부족이 심각해지는 상황에서 미곡 매각이라는 수단이 더 이상 유효하지 않고, 극빈자가 혜택을 받지 못해 아사에 이르기 쉽다는 점을 반성하면서, 막부는 상호부조를 적극적으로 장려하는 방침을 내렸다. 고리키(合力)를 장려한 것이다. 고리키는 문자 그대로 서로 힘을 모아 돕는 것이다. 실제 그러한 풍습이 농촌에는 공동체 관행으로 남아있었다. 하지만 도시에서 심각한 쌀 부족이 발생하자 곧바로 상호부조가 이루어지지 않았고, 오히려 폭동과 같은 직접 행동이 일어났다. 막부는 그러한 사태를 가장 두려워하였다.

오사카의 아사 방지책

막부는 애초 오사카와 교토의 기아 상황에 관심을 두지 않았다. 하지만 오사카에서 기아자가 다수 발생했다는 보고를 받고, 도시의 기아 구제책을 고심해야 하는 처지에 놓였다. 극빈자에 대한 구휼과 미곡 판매를 하는 한편 호상의 각출로써 궁민(窮民) 구제를 장려하였다. 에도에서도 같은 지시를 내렸다. 에도·오사카·교토 세 도시는 막부의 직할로, 농촌과 달리 도시의 상당수는 '보잘 것 없는 조닌' 즉 하층민이며, 그들이 쌀 부족에 빠진 사태는 사회 불안을 부추기는 요인이었다. 따라서 기근 등 위기에 관한 대책은 도시부터 시작한다고 할 수 있다. 교호의 기근 당시에도 그러했다.

오사카에서는 1733년 정월 22일부터 1조(町) 구역마다 3표씩 구휼미가 지급되었고, '소데고이(袖乞)에 나설 정도의 사람'이 적은 구역은 남은 쌀을 다른 구역의 빈민에게 돌리라는 지시가 내려졌다. 소데고이는 소매를 붙잡고 도움을 구하는, 생활이 곤궁한 자를 가리킨다. 빈민 수에 상관없이 각 구역에 일률적으로 3표씩 지급되었고, 그 외 구체적인 조치는 각 조가 책임져야 했다. 그래서 부조와 시행을 행하는 이는 우선적으로 자신이 거처하는 구역을 대상으로 하였다. 빈민의 파악부터 구제까지 각 구역이 최말단을 책임지는 체제가 강요되었다. 그것은 오사카 내 각 구역이 '소데고이에 나설 정도'의 사람을 '소데고이' 즉 걸식으로 전락시키지 않고 유지하는 방법이었다.

도시 내 곤궁은 걸식으로 떨어지기 직전의 최하층뿐만이 아니었다. 앞서 서술한대로 기근자와 걸식 방지책을 강구한 후 2월 17일, 오사카마치부교(大坂町奉行)는 '보잘 것 없는' 하층민에게 미곡을 판매하도록 허가를 구했다. 그것은 하층민에게 개별적으로 판매하는 것이 아니라, 오사카 각 구역의 이에모치(家持) 계층이 미곡 금액의 60%를 부담함으로써 각 구역이 판매 미곡을 책임지고 수용하는 것이다. '오스쿠이 오하라이(御救御

佛'라고 불리었다. 그리고 5월 5일에는 도톤보리강(道頓堀川)에서 난바촌 (難波村)의 막부 창고까지 수로 공사를 위해 흙을 운반하는 계획이 세워졌다. 일종의 실업 대책이었다. 이렇게 오사카 내에서 가능한 한 대책이 취해졌지만 기근자는 증가하였다. 그 이유 중 하나는 다른 지역에서 오사카로 들어온 기근자가 많기 때문으로, 다른 지역의 기근자는 자신의 거주지로 돌아가도록 하라는 지시가 내려졌다.

당시 기근자와 히닌(非人)은 거의 동일한 것으로 인식되기도 했다. 히닌가시라(非人頭)가 통솔하는 히닌 즉 데카히닌(手下非人)과는 별도로, 도시에 들어온 기근자는 오라이히닌(往來非人)이라고 불렸다. 그들이 몇 명인지를 조사하기 위해, 오사카마치부교쇼(大坂町奉行所)는 출생지별 히닌의 수를 파악하도록 명하였다. 그 결과 데카히닌은 4천312명, 오라이히닌은 1천779명으로 보고되었다. 보통 1100~1200명 정도가 있었지만, 당시 500~600명이 더 많았다. 도톤보리 센니치묘소(千日墓所)에서 아사자가 100명이나 발생하고 있다는 보고를 계기로, 오사카마치부교는 다른 지역에서 들어온 기근자를 원래 거주지로 돌려보내는 한편, 오사카 각 구역이 기근자가 발생하지 않도록 책임지는 방침을 강화하였다.

오사카의 구제 과정을 보면 당시 도시의 빈곤층 대책이 어디에 중점을 두었는지 알 수 있다. 1733년(교호 18) 정월 시작된 막부의 구제 대책으로 먼저 극빈층에 대한 구휼미, 이어서 '보잘 것 없는' 중위 이하의 다나가리(店借) 즉 임차인들에 대한 미곡 판매가 있었다. 주로 중위 이하의 임차인을 대상으로 수로 공사를 위한 흙 나르기 등과 같은 대책도 세워졌다.

그리고 막부는 직접적인 구제 이외 어용상인과 호상에게 거액을 시행하도록 함으로써 막부의 구제를 보충하였다. 부유한 조닌은 자신과 거래하는 직인(職人) 및 세입자에게 시행을 하였다. 그 외 '정중합력(町中合

力)'이라는 불린 조닌의 상호부조도 함께 이루어졌다. 호상의 시행처럼 위로부터의 구제와는 달리, 이에모치 계층이 자발적으로 수시로 구역 내 곤궁한 임차인들을 구제하였다. 막부의 구제를 받는 극빈층보다 상위에 있는 하층민을 대상으로 한 것이다. 모두 기근자가 나오지 않도록 오사카 내 각 구역이 말단에서 책임을 지고 있었다. 각 구역에서 이에모치는 시행을 하는 자, 다나가리는 시행을 받는 자라는 구도를 배경으로, 마치부교가 마치나누시(町名主) 또는 마치도시요리(町年寄) 등으로 불리는 각 구역의 운영 담당자를 철저히 장악해 위기에 대응하도록 한 것이다.

막부는 종래 미곡을 매각해 도시 빈곤층을 구제하는 것과 더불어, 마을 내 상호부조의 관습 즉 고리키를 적극적으로 이용하며, 사회 관행의 측면에서 도시 전체를 대상으로 호상의 시행을 자리매김하였다. 또 도시로 흘러들어온 기근자는 가능한 한 원래 거주지로 돌려보내고, 도시 각 구역이 자체적으로 빈곤자가 생기지 않도록 강제하였다.

이후 고리키에 대한 사회 통념이 바뀌어, 시행으로 여겨졌다. 호상의 거액 부조 즉 시행의 전개는 시행하는 자와 시행을 받는 자의 계층 격차를 두드러지게 했다. 도시의 인구 규모가 커질수록 점점 이러한 계층 격차는 필연적이다. 기근에 일단 성립된 시행으로 시행하는 자와 시행 받는 자가 서로 상반하는 시점에서 공유한 경험은, 재해 등 위기 상황에서 확연히 환기된다. 화재·홍수·지진·기근 등이 빈번히 발생하는 위기 상황에서, 항산(恒産) 없는 도시 하층민에게 시행이 이루어진 경험의 기억은 풍화하지 않았다.

2. 분화 재해: 구제에서 부흥으로

에도시대의 분화

도호쿠지방 지진 이후, 1945년 이래 처음으로 57명의 사망자가 발생한 온타케산(御嶽山) 분화를 비롯해 구치노에라부도(口永良部島), 니시노시마(西之島) 등에서 화산 활동이 활발해지고 있다. 화산 열도에 사는 일본인은 마음이 편안하지 않다. 역사를 되돌아보면 18세기 1707년(호에이 4) 후지산 분화, 1716년(교호 1) 기리시마(霧島) 분화, 1741년(간포 1) 오시마반도(渡島半島) 오시마(大島) 분화, 1777년(안에이 6) 이즈오시마(伊豆大島) 분화, 1779년(안에이 8) 사쿠라지마(櫻島) 분화, 1783년(덴메이 3) 아사마산(淺間山) 분화, 1792년(간세이 4) 운젠후겐다케(雲仙普賢岳) 분화가 이어졌다. 3세기 전 후지산 분화는 난카이 트러프(南海 Trough)가 움직였다고 하는 호에이지진에 이어서 일어났고, 플레이트가 크게 엇갈린 영향의 가능성을 생각해 볼 수 있다. 후지산의 호에이분화는 분출물의 양으로 보아 상당한 규모였다. 다만 분화가 직접적인 원인이 되어서 사망자가 생겼다는 기록은 없다. 그러면 앞에서 열거한 다른 분화의 경우 어떠하였을까.

사망자가 나온 분화 재해로는 1741년 홋카이도 오시마반도의 오시마 분화가 있다. 오시마반도의 북측이 크게 무너져 바다로 매몰되고 해일이 일어났으며 익사자 1천467명, 집과 창고 파괴 791호, 선박 유실 1521척이 발생했다. 홋카이도 오시마반도에서 해일 높이는 3~15m 라고 한다. 다만 위 수치에는 희생자 많았던 것으로 추정되는 아이누의 피해가 포함되어 있지 않는데, 사료가 제한되어 상세히 알 수 없다. 오시마 분화 당시 왜 해일로 인한 희생자가 많았는지, 오랫동안 발생 원인이 밝혀지지 않았다. 쓰가루반도(津輕半島)에도 해일이 미치고 그 높이가 4~7m 이였다고 하는

데, 구체적인 피해 내용은 알 수 없다(北原他編, 2012).

1783년 아사마산 분화에서는 사망자 수가 1천500명에 이르러, 분화 재해로서는 가장 많은 희생자가 나왔다. 그것은 이류(泥流)가 도네강으로 흘러 강바닥을 높였기 때문으로, 이후 도네강의 홍수가 상습적으로 일어나는 요인도 되었다. 희생자가 많이 나온 아가쓰마강(吾妻川) 유역은 대부분 막부령이었는데, 재가 많이 내려 막부는 하타모토 영지에도 구휼미를 보냈다. 운젠후겐다케 분화에서는 후겐다케 앞에 솟은 마유산(眉山)의 절반이 화산성 지진으로 무너져 아리아케해(有明海)로 흘러들어갔고 대규모 해일을 일으켰다. 시마바라반도(島原半島)에서 1만명, 맞은편 구마모토(熊本)에도 해일이 밀려와 야쓰시로(八代)에서 5천명이라는 희생자가 나왔다.

운젠후겐다케 분화로 너무나 많은 희생자가 나왔기 때문에, 시마바라번(島原藩)은 막부에 재해 구제의 대부금을 요청하였다. 막부는 번 규모에 따라 시마바라번에 1만량, 구마모토번(熊本藩)에 3만5천량이라는 재해 구제의 대부를 하였다. 사령에서 일어난 재해이므로 앞서 살펴본 것과 같이, 막부가 직접 구제하지 않고 반환 의무가 있는 대부를 한 것이다. 후겐다케 분화는 에도시대 최대의 희생자를 낸 재해였다. 분화가 일으킨 해일로 인해 많은 이가 죽어 '島原大變肥後迷惑'이라는 말도 생겨났다.

에도시대의 예에서 알 수 있듯이, 분화는 국지적인 현상이지만 2차 재해로 인한 피해가 광범위하게 미치며 희생자가 많이 생겨났다. 본고에서는 아사마산 분화 이후 도네강 범람이라는 2차 재해에 대해 다이묘 조력 공사가 행해진 것을 서술하며, 구제와 부흥이 어떻게 전개되었는지를 살펴보려 한다. 그리고 재해 이후의 복구공사는 아니지만, 지바현(千葉縣) 인바누마(印旛沼)에서 에도만(江戶灣)으로 수로를 만들어 인바누마의 수위를 낮추는 동시에 수로를 이용해 배를 오가게 하는 덴포기(天保期) 인바누마 수로공사에 대해 설명한다. 도네강의 수량 증가로 인바누마의 수위가 높아져 일대가 침수하는 것을 없애기 위해, 막부는 다이묘 5명에게 공사를 명하였다. 결과적으로 공사는 완전히 실패했고 이후 덴포개혁(天保改革)이 좌절되었다. 공사를 명받은 쇼나이번(庄內藩) 사카이가(酒井家)에는 영지에서 인부를 따라와 공사 상황을 그림과 문장으로 남긴 나누시(名主)의 상세한 기록이 전한다. 그를 통해 공사 명령을 받은 측의 시점에서 바라본 다이묘 조력 공사의 불합리한 실태를 알 수 있다.

덴메이 아사마산 분화: 분화·화산재·이류

아사마산은 나가노현(長野縣)과 군마현(群馬縣)의 경계에 위치하는 일본의 대표적인 활화산으로, 지금도 화산 연기가 일어나 종종 등산이 규제된다. 1783년(덴메이 3) 분화에서는 0.5㎦라는 대량의 마그마가 분출되었다. 해당 지역의 마을에는 충격적인 분화의 모습을 그린 기록과 그림이 많이 남겨져 있고, 그에 기초해 화산학 관점에서 분화의 양상이 재현될 수 있다.

당시 그림과 기록에 따르면, 분화의 시작은 1783년 4월 8일(양력 5월 9일)부터 확인되며 6월 하순 분화의 빈도가 늘었다. 7월 5일부터 화산 쇄설물(火山碎屑物)과 가스가 분출해 성층권까지 솟아오르고, 화쇄류(火碎流)가 격하게 산 사면을 흘러내리는 현상이 일어났다. 7월 7일 밤부터 다음날 아침에 걸쳐 분화가 가장 왕성해졌고, 성층권 1만m까지 상승한 연기는 편서풍을 타고 날아갔다. 그래서 경석(輕石)과 화산재가 심하게 내리고 광범위하게 퍼졌다. 산허리에는 화쇄류와 용암이 흘러내려, 현재 '오니오시다시 용암(鬼押出溶岩)'이라 불리는 기괴한 모양의 용암이 만들어졌다.

7월 8일 폭발음이 일어나는 동시에 '간바라 화쇄물(鎌原火碎流)'이라 불리는 암설(岩屑) 사태가 산록의 간바라촌(鎌原村)를 덮쳐 마을 전체를 매몰시켰다. 화쇄류는 아사마산 북측을 흘러 아가쓰마강으로 흘러들었다. 산록의 흙과 암석이 섞인 화쇄류가 한꺼번에 아가쓰마강을 따라 흘러 70㎞ 떨어진 도네강과 합류하는 곳에 이르렀다. 폭이 좁은 아가쓰마계곡(吾妻溪谷)에서 바위와 나무를 휩쓸며 흐르던 이류가 막히며, 30m 높이의 파도(bore)가 생겨나 강 양측의 논밭과 집을 집어삼키고 피해를 키웠다. 강폭이 넓은 도네강으로 들어가며 이류는 서서히 낮아졌다. 덴메이 이류는 도네강을 따라 흘러 조시(銚子)와 에도에 이르렀다.

사망자 수는 기록에 따라 다르지만 물에 떠내려가 죽은 이가 1천624명, 피해 마을 55촌, 유실 가옥 약 1천151호, 논밭 피해 5천055석 등으로 추정된다. 1970~1980년대 간바라촌의 발굴조사에서 간바라관음당(鎌原觀音堂) 아래 돌층계 중간에 여성 2명의 뼈가 발굴되었다. 조사 결과 혈연관계가 없는 것으로 밝혀졌고, 며느리가 시어머니를 업고 달아나던 중 죽은

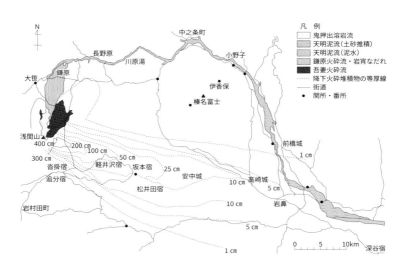

〈그림 3-2〉 아사마산 덴메이 분화 당시, 낙하 경석 퇴적물의 등후선(等厚線)과 이류 퇴적물 분포
출전: 中央防災會議, 2006

것으로 추정된다는 스토리가 만들어졌다. 간바라촌은 '일본의 폼페이'라고 불릴 정도로 화산 재해에 의한 흔적이 남겨진 곳이다.

분화의 경위를 보면 1783년 분화는 광범위하게 피해를 불러일으켰다. 그 양상은 간바라 화쇄물에 의한 촌락 파괴, 산지 산림의 파괴, 아가쓰마강·도네강을 흐른 이류로 인한 홍수 피해, 광범위한 경석과 화산재 낙하에 따른 경지 황폐 등 다양하다. 아사마산의 북측 산록에도 이류로 인해 가옥 파괴는 물론 사람과 말이 많이 죽었다. 남측 산록에서는 경석과 화산재가 두껍게 퇴적되었고, 가루이사와숙(輕井澤宿)와 사가모토숙(坂本宿) 등에 가옥 소실 및 붕괴, 용수(用水) 피해가 있었다. 나카센도(中山道)도 일시적으로 끊어졌는데, 피해의 심각성으로 보면 북측 산록에 미치지 못한다 (그림 3-2).

간바라촌의 재건

간바라촌은 아사마산의 북측 산록 중턱에 있는 마을이었다. 분화 이전 570명이 밭을 경작하는 한편 말 200필을 키워 운송 일을 하고 있었다. 하지만 화쇄류로 인해 마을 인구의 80% 이상에 해당하는 477명이 희생되었다. 거의 전멸에 가까운 타격을 받은 것이다. 집도 경지도 매몰되고 주민 대부분이 죽어버린 사태에 당면해, 마을의 재흥을 시도할만한 수단조차 보이지 않았다. 살아남은 주민 중 친척에게 의탁한 이를 제외하고, 93명이 마을에 남았다.

간바라촌의 부흥 과정을 와타나베 다카시(渡辺尚志)의 연구서 『아사마산 대분화(浅間山大噴火)』를 통해 살펴보면 다음과 같다(渡辺, 2003). 마을 전체가 매몰되고 주민의 80%가 죽은 상황에서 먼저 구원의 손길을 뻗은 것은 인근 오자사촌(大笹村)의 구로이와(黑岩長左衛門), 호시마타촌(干俣村)의 호시카와(干川小兵衛), 오토촌(大戸村) 가베(加部安左衛門) 등이었다. 그들은 가건물을 짓고, 식량과 생활 도구를 제공하는 등 긴급 지원을 하였다. 간바라촌은 다이칸 하라다(原田清右衛門)가 관할하는 막부령이어서, 8월 막부로부터 식량 지원으로 약 7량3분이 지급되었다. 다음달 9월에는 화쇄류에 매몰된 경지 개발, 도로 건설 등 토목공사가 이루어졌다. 구제 사업은 오자사촌의 구로이와가 29정보(町步)를 청부하였고, 간바라촌의 생존자 외 인근 마을 사람들이 인부로 일했다. 구제 공사에서는 원칙상 인부 보수로 1일 17문(文)이 지불되었다. 공식적으로 동전 1관문(貫文)이 금1량으로 정해져 있어, 당시 시세로 인부 보수가 지불된 셈이다. 이러한 재해 이후 토목사업은 현재 실업 대책 사업에 해당하는 공공 공사였다. 막부는 총액 708량2분에 20% 할증금을 더해 금 850여량을 지불했고, 1784년(덴메이 4) 1월 경지 29정보의 공사가 완료되었다. 그것은 황폐지가 되어버린 87정6 반보의 약 34%에 해당한다.

그러면 남은 황폐지는 어떻게 되었을까. 도저히 경지 전체가 회복될 가능성이 없어 원래 황폐지 개발의 청부를 고사한 구로이와·호시카와·가베 등이, 인근 마을의 참상을 감안해 막부로부터 자금을 제공받아 57정 8반의 부흥을 청부하였다. 여하튼 부흥에는 인력(man power)이 필요하다. 구로이와 등은 다른 마을에서 이주자를 모으는 방법으로 해결하려 했다. 그것은 145호의 이주자를 모집하는 구상으로, 1인 평균 약 2반을 재개발해 15년 동안 황폐지 전체를 재개발하는 것이었다.

기록에 따르면, 막부는 1천340량을 부담하였다. 구로이와 등의 부흥 계획안이 당시 막부에서 부흥 업무를 책임진 간조긴미야쿠(勘定吟味役) 네기시(根岸九郎左衛門)에게 제출되었고, 1784년 1월 허가되었다. 연구에 따르면, 분화 직후 4정5반까지 감소한 경지 면적이 이듬해 1784년 구제 공사를 통해 33정8반까지 회복되었다. 하지만 화산재와 토석으로 매몰된 땅을 회복하는 것은 매우 힘들어 사람들이 모이지 않았고, 토지 회복은 원래 예상한 것보다 크게 밑돌았다. 분화 이후 70년이 지난 1853년(가에이 6)에도 개발된 경지는 37정6반 정도로 분화 이전의 41%에 불과하였다.

한편 토지의 재분배가 다음과 같이 이루어졌다. ① 막부의 구제 공사를 통해 경지가 재개발되었다. ② 피해를 입지 않은 경지 4정5반의 경우, 재해 이전 소유 관계를 백지화하고 생존자 93명에게 균등히 분배되었다. ③ 간바라촌에 재개발 참여자가 없었기 때문에, 구로이와가 막부의 뜻을 받아들여 생존자 1인당 2반7무(畝)씩 재개발을 하도록 하였다. ④ 1784년 1월 11채의 가옥이 신축되었다. 마을을 대표하는 햐쿠쇼다이(百姓代)와 구미가시라(組頭)의 집이 조금 크지만, 나머지 8채는 거의 균등하게 정면 5간, 측면 2.5간(12.5평)이었다.

이상으로 마을은 재흥되었다. 하지만 황폐지 복구의 경우, 구로이와 등이 청부한 부흥 계획은 절반도 실현되지 않았다. 간바라촌은 직접적으로 격심한 재해를 입었고, 막부로부터 상당한 구제를 받아 부흥되었다. 그런데 경작지가 균등 분배되었지만, 세월이 지나면서 격차가 분명히 나타났다. 어쩌면 이제까지 소유 관계를 백지화하고 새로 토지를 균등히 분배하는 방법이 노동 의욕의 측면에서, 또 선조로부터 이어받은 토지를 무엇보다 소중히 하는 전통적인 감각에 맞지 않았을 것이다.

마을의 재흥: 아이를 낳아 기르다

간바라촌의 생존자들은 이후 어떻게 되었을까. 그와 관련해 현재 전해지는 유명한 일화가 있다. 당시 막부에서 부흥 업무를 책임진 간조긴미야쿠 네기시 시즈모리(根岸鎭衛)가 이후 수필 『미미부쿠로(耳囊)』[3]에 전하고 있다. 그는 막부의 총책임자로서, 말을 타고 재해지를 돌며 피해 상황을 자세히 조사하여 구제책을 세워야 했다. 그때 보고들은 바를 『미미부쿠로』에 기록하였다. 그 중 「간바라촌의 이변에 기특하게 대처한 자가 있다(蒲原村異変之節奇特之取計致候者の事)」라는 기사가 있다. 그에 따르면 구로이와 등 2명이 이재민을 받아들여 피난처를 만들고 식량을 지원하였다. 그리고 마을을 부흥하기 위해 이제까지의 격식 등에 상관없이 '살아남은 93명은 진정 골육의 일족과 같다'고 하면서, 남편을 잃은 여자와 부인이 물에 떠내려간 남자를 맺어주고, 아이를 잃은 노인에게는 부모를 잃은 자를 돌보도록 하였다. 네기시는 그것을 '진정 이변에 대응한 흥미로운 대처'라고 칭찬하였다.[4]

막부가 구로이와 등에게 경지 복구와 부흥 사업을 한층 확대하도록 요구한 점을 고려하면, 구로이와 등은 고육지책으로 남녀를 혼인시켜 인구를 늘이려 했다. 그것이 마을의 결속을 촉진하는 유일한 방법이었을 것이다. 막부 관리로서 책임을 맡은 네기시가 그들을 칭찬한 것도 당연하였다. 그런데 필자가 15년 전 간바라관음당에서 마을 사람들의 이야기를 직접 들었던 때에도, 간바라촌의 '생존자 93명은 진정 골육의 일족'이라는 메시지가 전해지고 있는 듯했다. 당시 70세 이상인 분들은 입을 모아, 젊은 시절 자유롭게 마을을 떠나 외부로 나가기가 상당히 어려웠다고 했다. 덴메이 분화 이후 마을을 재건하고 그곳에서 살아야 했던 것이, 어떤 의미에서 마을의 사회적 문화적 전통이 되어 이어진 것이다.

---

3   長谷川強 校注, 1991, 『耳囊』上·中·下, 岩波文庫.

4   『耳囊』下巻, pp.201~202

막부가 도네강 연안의 피해를 조사하다

이상으로 아사마산의 덴메이 분화에 따른 피해와 복구, 간바라촌의 부흥과 관련해 관민의 지원 등을 살펴보았다. 그런데 화산재가 떨어져 이류가 되어 퇴적한 도네강 연안에서 용수로와 용수관이 사석(砂石)으로 막혀, 주변 마을은 계속 홍수 피해에 시달렸다. 도네강 전체[5]에서 홍수 발생 건수는 쇼와기(昭和期) 하천개수 이후의 홍수도 포함된 수치이지만, 아사마산 분화 이전 160년간 26회인데 반해 이후 167년간 70회에 이른다(표 3-3).

〈표 3-3〉 도네강 수해 발행 건수

시기 구분	수해 발생 건수	도네강 전체	가미도네강	시모도네강
1783년 이전	26회 (160년간)	5회	8회	13회
1783년 이후	70회 (167년간)	19회	37회	14회

출전: 大熊, 1977

겐로쿠지진과 호에이지진 당시 다이묘 조력 공사를 살펴보면, 다이묘에게 공사를 명하기 전에 어느 정도의 공사가 필요한지를 재해 현장의 공사 담당 관리가 조사하고 사업 분량을 추정해 상부에 보고한다. 이후 막부가 다양한 정치 사정을 감안해 다이묘를 지명하였다. 도네강 제방 공사에 대해서도 같은 절차가 취해졌다. 그 예로 1742년(간포 2) 홍수에 다이묘 10명(총 190만석), 1786년(덴메이 6) 대홍수에 다이묘 18명(총 288만석)이 공사를 명받았다. 사실 도네강의 홍수를 진정시키는 것은 간토(關東)에 기반을 둔 막부의 사명이기도 하였다. 아사마산 분화 이후 막부는 서둘러 1784년 구마모토번(熊本藩) 호소카와가(細川家, 54만석)에게 하천 복구공사를 명하였다.

---

5   도네강은 시부카와(澁川)에서 아가쓰마강과 합류하며, 도리데시(取手市)-아비코시(我孫子市)를 경계로 구분된다.

막부 관리의 공사 체제

막부의 사전 피해 조사는 어떻게 이루어졌을까(이하 『1783 天明浅間山噴火報告書』에 따름). 덴메이 분화의 피해는 이류 또는 암설 사태로 피해를 입은 아가쓰마강 유역, 1장(丈) 두께의 화산재 피해를 입은 아사마산 남측의 나가센도 연변의 숙정 및 논밭, 도네강 유역의 유실과 홍수 피해 등으로 각각 성격이 다른 피해를 구분해 생각할 필요가 있다. 여기서는 도네강 유역에서 이루어진 막부의 복구사업을 살펴보려 한다. 먼저 막부 후신부교(普請奉行)의 움직임을 통해 어떤 형태로 화산 재해에 대한 복구 사업이 시작되었는지를 보기로 하자.

아사마산 분화의 피해지에는 가와고에번(川越藩), 이세자키번(伊勢崎藩), 하마모토 영지 등이 혼재하지만 피해가 격심한 지역은 대부분 다이칸 관할의 막부령이었다. 다이칸 관할은 간조부교가 통괄하므로, 막부의 간조카타(勘定方)가 먼저 재해 대응에 나섰다. 간조부교가 지휘하는 간조카다는 막부의 중심 기관으로, 그 서열은 간조구미카시라(勘定組頭)-간조(勘定)-시하이칸조(支配勘定)-후신야쿠모토지메(普請役元締)-후신야쿠(普請役)-후신야쿠시타야쿠(普請役下役)이다. 교호(享保) 개혁 당시 간조카타의 개혁이 이루어지면서, 기술계(技術系)의 후신야쿠가 간조카타로 흡수되고 그 조직이 확대되었다.

재해에 대한 막부 조사대의 구성은 현지 출장 관리 59명과 에도 체류 관리 5명으로, 공사 완료시 검수를 담당하는 메쓰케 18명을 포함하면 총 82명이었다. 현지 다이칸쇼(代官所) 관리도 안내인으로서 에도로부터 출장한 후신야쿠에 동행하였다. 한편 덴메이기(天明期) 천후 불순으로 쌀이 부족한 상황에서 화산재 낙하가 격심한 안나카(安中), 다카사키(高崎), 마에바시(前橋) 등에서는 사람들이 한층 불안해하며 불온한 움직임도 있었다. 에도마치부교(江戸町奉行) 휘하인 도신(同心)이 정보 수집과 백성 포박을 위해 현지로 출장한 사실을 고려하면, 막부 관계자만으로도 200명 이상이 움직였다.

막부의 구제 대응은 원칙적으로 사령의 경우 각각 영주와 지토(地頭)가 구제와 복구·부흥을 해야 한다는 것이다. 막부는 다이칸이 관할하는 막부령에 대해서만 복구·부흥을 강구하였다. 하지만 같은 용수를 이용하는 조합의 마을에는 막부령도 사령도 있어, 막부는 격심한 재해에 당면해 원칙을 차치하고 사령 백성도 구제하는 복구공사를 해야만 했다.

피해지 조사

피해 조사의 제1단계로 7월 10일 막부 후신야쿠 오니시(大西榮八郎)가 에도를 출발했다. 센주(千住)에서 에도강(江戸川)을 따라 북상해 도네강 중류의 다카사키로 향했다. 오니시가 동료에게 보낸 서간에 따르면 18일 시부카와에서 새까만 진흙이 2-3m 퇴적되고, 붉은 아가쓰마강과 합류해 도네강이 붉어졌다. 아가쓰마강을 따라 서쪽으로 가는데 소나무·삼나무·느티나무 등의 거목이 뿌리째 뒹굴고, 30m나 되는 바위가 물길을 막아 오니시의 진로를 막았다. 이어서 7월 21일에는 후신야쿠모토지메 하야카와(早川富二郎)가 미나라이야쿠(見習役)를 데리고 에도를 출발해, 8월 5일 구라가노(倉賀野)에서 마쓰이다(松井田)로 들어가 8월 중순까지 현지에 체재하며 피해 각지의 정보를 수집하였다.

8월 28일 공사의 총괄 책임자인 간조긴미야쿠 기시네가 앞서 피해 지역을 조사한 오니시, 간조 노다(野田文藏), 간조 나카무라(中村丈右衛門) 등과 함께 말을 타고 에도를 출발하였다. 그들의 조사 코스는 〈그림 3-3〉과 같다.

네기시 일행은 1장(3m) 두께의 진흙에 묻혔다는 고료(五料)관소, 후쿠시마(福嶋) 나루, 가미후쿠시마촌(上福嶋村)의 후쿠시마관소 등에서 공사를 견적하였다. 이어서 마에바시의 야니기하라제(柳原堤) 및 곳곳의 보 등을 조사하고 전체 방침을 정하였다. 네기시 일행은 8월 5일 후쿠시마촌, 6일 고료 하안, 9일

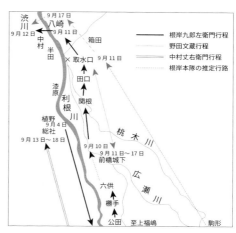

〈그림 3-3〉 막부 관리의 현지 조사 경로
출전: 中央防災會議, 2006

맞은편 히가시카미노미야촌(東上之宮村)으로 나와 도네강 동편을 거슬러 올라 오후 3시경 마에바시본정(前橋本町)의 혼진(本陣)에 도착했다. 그곳에서 가와고에번에 대한 공사 방침을 전하였다. 일반적으로 막부 관리가 피해지를 돌아보며 조사하는 것 자체가 막부 주도로 공사를 한다는 의향을 보인 것이다. 그래서 피해지 중 사령의 마을 특히 화산재 낙하가 심각했지만 막부에 의한 공사가 허가되지 않았던 안나카와 고모로(小諸) 일대의 마을들은, 막부 관리가 출장한 숙소의 정보를 필사적으로 수집해 원서(願書)를 건네려 수차례 시도하였다.

가와고에번의 경우 사령이지만, 막부로부터 도네강의 관소를 위임받았으므로 막부 주도의 공사가 이루어졌다. 도네강에서 취수하는 데 중요한 우에노언(植野堰)과 히로세모모노키언(廣瀬桃木堰) 또한, 가와고에번은 물론 다가사키번 및 이세자키번 등에 걸쳐 광범위하게 인근 마을 용수조합이 관련되어 막부가 복구 공사를 주도하였다. 물론 다가사키번 또는 이

세자키번 등의 인근 마을 용수조합이 광범위하게 관련되어 있어 막부가 주도하였다. 공사비는 공사를 명받은 구마모토번이 부담하였다. 처음부터 구마모토번은 공사비만 부담하고, 실제 공사 계획에는 전혀 관여하지 않기로 하였다. 우에노·히로세·모모노키 등에 대한 공사 계획에 기초한 실제 견적에, 가와고에번의 세키부교(堰奉行) 와다(和田) 한 명이 조사에 동행하였다.

농민 봉기를 피해 에도로 물러난 막부 관리들

1783년 9월 11일 이후 네기시의 움직임이 분명하지 않고, 9월 27일에는 막부 관리 모두가 혼조숙(本庄宿)에 모였다.[6] 4~5일간 긴 시간에 걸쳐 평의가 이루어졌다. 이후 조사대는 에도로 돌아갔고, 10월말이 되어서 다시 피해지로 온다. 공사 계획이 세워지면 공사에 착수해야 할 시점에, 관리들이 왜 현장을 떠났을까. 그것은 현지에서 백성들의 불온한 움직임이 알려졌기 때문이다.

10월 17일 마에바시번에 에도마치부교 휘하의 도신이 나타났다. 그들은 농민 봉기에 가담한 이들을 붙잡기 위해 에도로부터 파견되었다. 이미 8월초부터 안나카 일대에 농민의 불온한 움직임이 나타났는데, 산발적인 것에 그쳤고 마을 대표자들의 설득으로 확산되지 않았다. 하지만 10월 들어서 안나카와 다카사키뿐 아니라 마에바시번에서도 폭동이 일어났다. "11일 마에바시 후타고산(二子山)으로 올 것. 만약 참가하지 않는 마을은 불태운다."[7]라는 히후다(火札)가 마을과 숙장에 나붙는 등 백성의 움직임

---

6   川越藩「前橋陣屋日記」, 萩原進 編『浅間山天明噴火史料集成 1: 日記編』, 群馬縣文化事業振興会, 1985.

7   「前橋陣屋日記」

이 격해졌다. 히후다는 문자 그대로 '붙을 붙이겠다'는 협박의 벽보로, 바람이 강한 간토 북부에서 불은 흉기가 되었다. 그런 의미에서 히후다는 에도시대 농민의 저항 형태로, 이 지역에 공통된 농민의 비상시 '도구'였다.

이러한 움직임을 고려할 때, 네기시를 비롯해 관리들은 혼조숙에서 공사 계획만 검토하지 않았을 것이다. 농민 봉기의 현장인 마을을 빠져 나오며 강한 위기감을 가졌을 것이다. 피해지 곳곳에서 발생한 농민 봉기를 어떻게 피하여 복구·부흥의 공사를 끝낼 것인가에 대해 심각하게 이야기했을 것이다. 그 결과 그들은 에도로 돌아가기로 한 것이다. 그와 교대로 농민 봉기를 진압하기 위해 에도마치부교 휘하의 경찰조직인 도신이 파견되었다. 에도마치부교는 남·북(南北) 두 명이 있어 각각 요리키(與力) 50기(騎)와 도신 100명을 데리고, 에도 시정(市政) 전반에 관여하였다. 네기시의 행동 이력이 분명하지 않은 9월 하순 어쩌면, 신슈(信州)와 조슈(上州) 일대 사령의 마을로 에도마치부교의 도신을 보내기 위해 현지 조정이 이루어지고 있었을지도 모른다. 이웃 지역으로 확산하는 봉기 세력을 번 영주 혼자서 대응할 수 없다.

왜 에도의 민정(民政)에 관여하는 하급 관리가 다른 영지의 봉기 세력을 잡으러 출동했는지, 처음에 필자는 이해할 수 없었다. 이상했다. 하지만 당시 네기시 등 막부 관리가 농민 봉기를 피해 에도로 피난했다고 해석하니 납득되었다. 에도마치부교 휘하 도신의 움직임은 출장한 막부 관리의 신변 경호를 위한 것이지, 백성을 잡으러 간 것이 아니었다. 에도 마치부교의 도신은 공의(公儀)의 도신이라고 불렸다. 그들의 임무는 에도 마치부교의 휘하에서 에도의 치안과 민정 말단을 맡는 데 그치지 않았다.

마에바시번은 10월 10일 영주 거처인 진야(陣屋)를 봉쇄하였다. 11일 여기저기서 폭동이 시작되었다. 번은 총을 준비했지만 공포였다. 봉기 세력에 실탄 발포를 금한 것이다. 17일 이후 첩보 활동에 능한 에도마치부교의 도신들이 가세하면서 봉기 세력은 붙잡혀 마을에 구금되거나 에도로 보내졌다. 그리고 11월 13일 네기시가 다시 공사 현장으로 출장하였다. 농민 봉기도 산발적으로 일어나고, 마침내 막부에 의한 공사가 시작되었다.

다이묘 조력 공사의 개시와 종료

다이묘 조력 공사라고 하지만, 공사가 '90% 진척'된 단계에도 구마모토번은 현장에 등장하지 않았다. 사실 1784년 정월 26일에야 구마모토번주 호소카와 시게타카(細川重賢)에게 로주의 지시가 내려졌다. "일이 있으니 다음날 27일 오전 10시경 에도성으로 오라"[8]는 명령이었다. 27일 에도성 나미노마(波之間)에서 호소카와는 로주 마쓰다이라 야스요시(松平康福), 구제 히로아키라(久世廣明), 다누마 오키쓰구(田沼意次)와 만나서 부슈(武州)·조슈·신슈의 하천 공사를 지시받았다. 여기서 처음 공식적으로 구마모토번에게 공사 명령이 내려진 것이다.

이어서 로주가쿠(老中格) 미즈노 다다토모(水野忠友) 측으로부터 공사가 거의 진척되었으므로 현장에 부임할 호소카와가 관리의 이름과 인수 등을 서둘러 제출하고, 막부 관리에 대한 향응과 선물 등 불필요한 지출은 생략하라는 문서가 도착했다. 이번 공사에 간조부교 마스다이라 히데모치(松本秀持), 메쓰케 야규 히사미치(柳生久通), 간조긴미야쿠 네기시 시즈모리 등이 관여한다고 했다.

구마마토번의 공사 담당 관리는 무사(士分) 13명과 바쇼미마와리(場

---

8 「機密間日記」, 児玉幸多 他編,『天明三年浅間山噴火史料集』上, 東京大学出版会, 1989. 이하 구마모토번의 동향은 위 사료에 따른다.

所見廻り), 유히쓰(右筆), 의사, 가치(徒), 아시가루 100명, 주겐(中間) 130명 등 모두 300명 정도였다. 다음날 28일 공사 현장에서 '무례하지 말 것, 다투고 말다툼하지 않을 것, 불조심' 등의 금지 사항과 함께 공사에 임하는 마음가짐으로 이하의 내용이 통고되었다. ① 부슈·조슈·신슈 조력 공사의 숙소는 시부카와촌(澁川村)에 둘 예정이므로, 공사 담당 관리들은 그곳으로 오도록 할 것. 계획서, 지도, 경계목의 장소 등은 현지에서 건넨다. ② 공사의 정산서는 완전히 종료한 후 에도로 돌아가 제출하도록 할 것. ③ 공사가 거의 완료된 단계이므로, 번의 관리가 현지로 많이 올 필요는 없다. ④ 막부가 재해 마을에 미리 준 돈에 대해서 구마모토번이 막부에게 납입한다. 금액은 현지에서 통지한다. ⑤ 공사 완료 후, 견적 금액에 20%를 더해 공사비를 현지 마을에 줄 것. ⑥ 공사가 길어지는 경우, 그에 대한 비용을 다이칸 엔도(遠藤兵右衛門)에게 주고 이후 처리를 부탁하며, 완료 상황에 대한 조사가 끝난 다음 현지를 떠날 것. ⑦ 공사는 무라우케(村請) 즉 마을이 실행하므로 조닌 및 다른 마을 사람의 공사 청부 요구를 받아들이지 말 것. ⑧ 공사 관련 임시 거처를 새로 지을 필요는 없다. 절 또는 농가를 빌리면 된다. ⑨ 마을이 멋대로 청부를 구하여도 다이칸 엔도를 통하도록 하고, 청원을 받아들지 말라. ⑩ 이상을 이해하고 다음달 윤정월 4일에는 에도를 출발할 것 등이었다.

　공사 관련해 막부 관리의 지시는 호에이지진(1707년) 당시 도가이도 연변 공사 때와 거의 같다. 덴메이기 도네강 공사는 실상 마을이 실행하였고, 그것은 처음부터 막부 간조쇼(勘定所)에서 결정되었다. 호소카와가의 공사 담당 관리들은 1784년 윤정월 2일부터 4일에 걸쳐 에도를 출발해, 7일 현지 시부카와에 도착하였다. 구마모토번의 일기에 따르면 동월 10일 공사를 시작해 그날 종료하고, 17일 분주하게 현지를 떠났다. 구마모토번의 공사 담당 관리가 현지에 머문 것은 불과 1주일이었다. 그동안 막부 관리를 따라 공사 현장의 완료를 확인하였다. 막부 관리도 각 공사장의 최종 검사를 하고 고료관소, 후쿠시마관소, 히로세·모모노키언 등을 가와고에번에 인도하였다. 실제 공사를 명받은 구마모토번의 일은 최종 공사 종료를 확인하는 데 입회하는 것뿐이었다. 그것은 공사 완료의 의식에 불과하였다.

한편 현지에서 구마모토번의 모토지베야쿠(元締役)가 책임자였지만, 소부교(總奉行)라는 명의상 최고 책임자는 관례상 가로급(家老及)이 맡았다. 그래서 가로 오가사와라(小笠原)가 소부교로서 정월 6일 구마모토를 출발해 윤정월 10일 에도에 도착했다. 소부교는 현지에는 가지 않고, 에도에서 막부에 대응하는 역할을 맡았다. 윤정월 22일 에도성에서 쇼군으로부터 공사 종료의 칭찬을 받았다.

공사비의 지출 총액은 9만6천943량1분으로, 혼례 비용으로 유용한 금액을 제하면 약 9만6천356량이 공사비 총액이었다. 그 내용을 구체적으로 살펴보면 공사비 약 8만3천282량(86.4%), 막부 관리에 대한 선물 비용 약 7천860량(8.2%), 숙박비와 인마 사용료 및 물자 운반비 등 약 2천165량(2.2%), 상인에게로 반제(返濟) 3천090량(3.2%) 등이다. 그 중에는 다이칸에게 건넨 공사 미완성의 예상액 1천019량1분도 포함되어 있다. 이상은 호소카와가의 공사 부담액으로, 막부 관리의 출장 비용 등 막부가 부담한 금액은 불분명하다.

구마모토번이 막부에 상납한 금액의 내용이 분명하지 않으므로, 비용 측면에서 공사의 실체를 파악할 수 없다. 무엇을 어떻게 복구했는지에 대한 기록이 발견되지 않는 것은, 기술을 사회적으로 공유하려는 발상이 존재하지 않았기 때문이다. 공사 기술의 전파와 공유 또는 보급이라는 점에서 생각하면, 사회 전체가 기술 향상을 공유하는 것은 고려되지 않은 것이다. 원래 구제 공사는 효율을 고려한 사업이 아니라 구제에 중점을 둔 사업이므로, 여자와 아이까지 흙 나르기 등 인부로 일해 품삯을 받는 구조였다. 몸이 약한 노인 및 아이가 같지 않겠지만, 구제 공사에서 원칙적으로 1인 1일 17文이 기준이었다.

어느 시기의 다이묘 조력 공사에서도 막부 관리와 현지 물자 조달의 조닌 등에게 선물 즉 증답 금품은 있었다. 이 공사에서는 공사 총액의 약 10%에 가까운 약 8천량이었다. 네기시를 비롯해 공사 책임자 등을 별도로 하면, 종자(從者)를 포함해 하급 관리가 선물을 받은 예가 많다. 현지에서 선물 목록만을 제시하고, 선물 자체는 에도 거주지로 보내기도 하였다. 이런 행위는 표면적인 의례행위가 아니라 정치 중추에 깊이 뿌리내린 전통적 정치 수단이었으므로, 선물비가 공사 총액의 10%에 이르는 것도 놀랄 일은 아니다.

그런데 일단 기일에 맞춰 공사가 완료되었지만 문제가 있었다. 용수 복구 공사가 이루어졌지만 물이 흐르지 않는 사태가 일어난 것이다. 막부가 주력한 히로세·모모노키언의 경우, 후신부교가 완료 상황을 조사한 윤정월 13일로부터 불과 이틀 뒤인 15일에 고리부교(郡奉行)가 공사가 종료된 곳에서 용수가 부족하다는 사실을 보고하였다. 그리고 2월에는 히로세·모모노키언 용수를 이용하는 이세자키번에서도 용수 부족의 연락이 있었다. 눈이 녹으면서, 준설을 실시한 모모노키강(桃木川)이 다시 진흙으로 매몰된 때문이었다.[9] 가와고에번은 자금난이 있었지만, 가을 수확이 불안하다고 판단해 공사를 실시하였다. 그 비용은 매년 봄의 공사를 위한 적금으로 충당하기로 하였다.

---

9   「前橋陣屋日記」天明四年三月三日.

막부 후신야쿠 오카노(岡野龍四郎)와 오니시(大西榮八郎)가 다시 에도로부터 출장하였다. 우에노언 공사에는 인부 1천 명이 필요하다고 보았는데, 얕은 진흙이어서 3월 27일에는 히로세·모모노키언과 우에노언 모두 복구되었다. 하지만 1개월도 지나지 않아 다시 큰물이 나서 우에노언이 파손되었다. 우에노언 용수가 지나는 다카사키번이 공사 인부 품삯으로 흑미(黑米) 즉 현미 5홉을 지급한 탓에, 가와고에번의 공사에는 사람이 모이지 않는 사태도 일어났다. 결국 가와고에번도 재정난을 고심하면서, 인부 품삯을 다카사키번 수준으로 하였다. 6월 초순 용수 공사가 일단락 하였다. 7월에는 덴메이분화 1주기를 맞아 세가키(施餓鬼) 즉 음식을 바쳐 무연고 사자의 명복을 비는 불교 행사를 거행하였다.

3. 덴포개혁과 인바누마 개발

최후의 다이묘 조력 공사: 인바누마 개착

지금까지 재해 복구와 관련해 다이묘 조력 공사의 자금 투하로써 인프라를 정비하고, 가까스로 농민의 생활을 재건해 가는 예를 살펴보았다. 제3절에서 다루는 인바누마의 수로 개착은 직접적인 재해 이후의 복구공사는 아니다. 사실 17세기 초부터 중기에 걸쳐 도네강(利根川)의 수로 변경과 신도네강(新利根川) 개착으로 인바누마 일대에 대규모 신전(新田) 개발이 이루어졌고, 신덴촌(新田村)이 형성되기도 했다. 인바누마 주변은 원래 늪지대로 배수가 나쁜 토양으로, 땅을 파 악수(惡水)를 배출하면 광대한 신전 개발이 가능한 지역이었다. 그래서 막부와 상인이 주목하고 수차례 개착 공사가 시도되었다.

1724년(교호 9) 인바군(印旛郡) 히라도촌(平戸村) 측이 개발을 계획했지만 자금난으로 중지되었다. 50여 년 후 덴메이기(天明期) 다누마(田沼)가 권력을 장악하자, 인바군 소후케신덴(總深新田)의 대표가 개발 청부인이 되어 에도와 오사카 상인 재력가에 의한 개발이 계획되었다. 하지만 제2절에서 다룬 아사마산 덴메이분화로 인해 화산재가 도네강 바닥에 퇴적되어, 3년 후인 1786년(덴메이 6) 도네강 유역 전체가 홍수로 피해를 입으면서 개발 공사가 중지되었다. 성공하면 광대한 신전 개발이 가능한 지역이므로, 이후에도 계속 개발 청부의 청원은 이어졌다.

아사마산 분화로부터 60년이 지난 1843년(덴포 14) 덴포개혁의 일환으로, 인바누마(印旛郡)의 물을 에도만(江戸灣)으로 보내 수로를 만드는 일대 프로젝트가 전개되었다. 그것은 '인바누마 재개발 공사(印旛沼古堀筋御普請)'라고 불리는데, 덴메이기 도네강 홍수로 중지되었던 수로를 다시 공사한다는 명목으로 막부에 의한 공사 계획이 제기되었다. 한편 덴포기 공사가 신전 개발이라는 종래 개발 의도를 넘어서, 외압에 대한 국가적 대응책이라는 견해도 있다(藤田, 1989). 외국이 에도만을 봉쇄하는 사태가 일어나면 에도는 식량 및 제반 물품이 부족해져 3일도 견디지 못한다는 의견[10]이 현실적으로 일어날 것 같은 상황에, 막부가 대응했다는 것이다.

1843년 6월 10일 막부는 덴메이분화 재해의 복구 공사와 같이 다이묘에게 비용만 부담시키는 '자금 조력(御金手伝)'이 아니라, 실제 다이묘가 인부를 지휘해 공사를 하는 '장소 할당' 방식으로 명령을 내렸다. 이미 관례가 된 '자금 조력'이 아니라, '장소 할당'이라는 다이묘가 직접 현장에 가서 공사를 하는 방식을 왜 부활시킨 것일까. 그에 대해 어느 연구자도

---

10   佐藤信淵「内洋経緯記」, 織田寛之『印旛沼経緯記 外編』, 崙書房, 1972.

명확히 답하고 있지 않다(阿部, 1936; 藤田, 1989; 鏑木, 2001).

인바누마 개착의 구상

덴포기 인바누마 공사에 이르기까지 복잡한 사정이 있었다. 공사 명령이 내려지기 3년 전 1840년(덴포 1) 11월 막부는 데와(出羽) 쇼나이번(庄内藩), 에치고(越後) 나가오카번(長岡藩), 무사시(武藏) 가와고에번(川越藩)에게 서로 영지를 바꾸라는 이른바 '삼자 간 영지 교체(三方領地替え)'의 전봉(轉封)을 명하였다. 세 번의 영지는 모두 막번체제(幕藩體制)를 유지하는 데 중요한 위치이므로, 도쿠가와 일족 또는 후다이(譜代) 다이묘가 배치되었다.

그 중 쇼나이번 사카이가(酒井家)는 1618년(元化 8) 이래 222년에 걸쳐 쇼나이지방 14만석, 실제 수입 20만석이라는 넓은 영지를 지배하였다. 영지 교체 명령에 백성은 강하게 반발하며 에도로 와서 소송하는 등 전봉 반대 운동을 전개하였고, 다이묘들도 영지 교체 명령을 받은 번을 동정하였다. 이에 1841년 7월 영지 교체는 중지되었다.[11]

그것은 덴포개혁 추진에 정치 생명을 걸었던 로주(老中) 미즈노 다다쿠니(水野忠邦)에게 상당한 타격을 주었다. 일련의 프로그램을 추진하던 막부 수뇌부에게는 정치적 좌절을 극복해야 하는 과제가 생겨났고, 산적한 정치 과제를 해결하는 방법으로 인바누마 개착 공사가 구상되었다. 이미 1840년 막부 다이칸(代官)이 공사 지역을 조사하였고, 1842년에는 막부 후신부교(普請奉行)가 공사 견적을 내는 등 막후에서 착착 준비가 이루어지고 있었다.

막부는 영지 교체 사건으로 드러난 막번 관계의 모순을 무마하기 위

---

11   「浮世の有様」,『日本庶民生活史料集成』第11巻, 三一書房, 1970.

해, 막부와 번의 관계를 재확인시키는 즉 막부가 여전히 강력한 권력을 가진 것을 알리려, 군역(軍役) 동원에 기초해 '장소 지시(場所仕立)'를 부활시켰을 것이다(福本, 1995). 그것은 '장소 할당'으로서 공사를 청부 상인에게 모두 맡기는 것이 아니라, 다이묘가 직접 영지의 인부로써 공사를 수행하는 것이다.

결과적으로 이번 수로 개착 공사도 실패로 끝나지만, 공사 수행에 고심하고 참담했던 번의 기록이 전해져 그를 통해 조력 공사의 실태를 알 수 있다. 이하에서 조력 공사가 어떠했는지, 도대체 어떤 부담을 강요했으며, 공사 현장에서 이로웠던 것이 무엇인지 등을 살펴보려 한다.

특히 쇼나이번은 공사 최대의 난소를 지정받았다. 영지 교체가 좌절된 직후 조력 공사의 명령을 받았으므로, 극도로 신중히 '공사구역 지시'를 지키며 공사를 수행하였다. 현지 공사의 책임을 맡은 다케노우치(竹内八郎右衛門)는 공무(公務) 일기에 번의 인부가 많이 희생된 무리한 공사라고 적었다. 공사가 중지되고, 그는 에도로 돌아가서 가로(家老)의 직무에 복귀한 다음해 1844년 정월 6일 병사하였다. 향년 46세였다(阿部, 1936). 그도 무리한 공사의 희생자 중 한사람이었다.

쇼나이번은 막부의 지령에 따라 영지의 인부로써 공사를 수행하는 방침을 세웠고, 쇼나이번 오조야(大庄屋) 히사마쓰(久松宗作)는 7월 21일 인부들과 함께 공사 현장에 도착했다. 그리고 공사 현장에서 보고들은 바를 기록하고 그린 『속보정기(續保定記)』를 남겼다. 다행히 지바시사 편찬위원회(千葉市史編纂委員會)가 공사에 관한 막부와 번의 자료를 수집 정리해 『덴포기 인바누마 개착공사(天保期の印旛沼堀割普請)』를 간행하였다. 이하에서 인용한 사료는 대부분 여기에 수록된 것이다. 자료집에 근거해 토목사(土木史)의 관점에서도 분석이 이루어졌다(松本, 2007). 이러한 성과에 기초해 다이묘 조력 공사가 중단되는 실태를 서술하려 한다.

5명의 다이묘, 조력 공사 명령을 받다

막부는 1840년 인바누마의 히라도촌부터 게미강(檢見川)을 따라 게미가와촌(檢見川村)까지 총 9천593間(약 17㎞)의 공사 계획을 다이칸에게 명하였다. 조사 결사로는 공사비 총 13만8천216량, 준비금 약 7만량이 필요한 약 20만량의 공사였다. 2년 후 1842년 8월 간조부교가 공사장을 조사하고, 이어서 10월에는 난소로 예상되는 고지대의 가시와이촌(柏井村)과 하나시마촌(花島村)에서 시범 개착이 이루어졌다. 이에 근거해 약 10개월후 1843년 6월 10일 다섯 명의 다이묘에게 공사 명령이 내려졌다. 그동안 막부에서 자금 조달과 관련해 논의가 이루어졌겠지만, 결국 다이묘를 자금원으로 하는 조력 공사의 방식이 취해졌다. 공사 장소는 인바누마의 히라도촌부터 에도만에 이르는 게미강 연변이었다. 공사장 할당의 약도(略圖)는 〈그림 3-4〉, 공사장 호칭 등은 〈표 3-4〉와 같다.

〈표 3-4〉 덴포기 인바누마 공사에서 조력 다이묘 5명의 부담

공사장	번	영지(石)	공사 구역	구역 길이(間)	견적(량)	경계목 번호	인력(人)
一の手	沼津藩水野家	5.0	神野村·平戸村~横戸村	4400	63,144	1~57	
二の手	庄内藩酒井家	14.0	横戸村~柏井村	1100	117,050	57~76	354,443
三の手	鳥取藩池田家	32.5	柏井村~花島村	600	61,500	76~85	224,549
四の手	貝淵藩林家	1.0	花島村~畑村	2200	40,000	85~106	20,254
五の手	秋月藩黒田家	5.0	畑村~海中	1200	10,000	106~123	106,908
계		57.5		9180	291,694		708,910

出典: 千葉市史編纂委員会, 1998

그림과 표를 살펴보면 다이묘 5명의 공사장은 다음과 같다. ① 인바누마에서 취수구까지, 히라도촌부터 요코도촌(横戸村)에 이르는 경계목 1-57번 구간의 누마즈번(沼津藩) 미즈노가(水野家), ② 요코도촌부터 가시와이촌에 이르는 경계목 57-76번 구간의 쇼나이번 사카이가, ③ 가시와이촌부터 하나시마촌에 이르는 경계목 76-85번 구간의 돗토리번(鳥取藩) 이케다가(池田家), ④ 하나시마촌부터 하타케촌에 이르는 경계목 85-106번 구간의 가이부치번(貝淵藩) 하야시가(林家), ⑤ 경계목 106-123번 구간의 아키즈키번(秋月藩) 등이다.

〈그림 3-4〉 신강(新川)·하나미강(花見川) 연변의 공사구역

〈표 3-4〉의 견적은 막부가 원래 제시한 수로 바닥의 폭 10간, 경사도 20%에 근거해 견적한 인부 수와 공사비이다.[12] 쇼나이번과 돗토리번의 경우 공사구역의 길이가 짧고 경계목의 수도 적지만, 인부의

12　『続保定記』

수(미즈노가 제외)는 전체의 80%를 차지한다. 파내야 할 흙의 양이 다른 번의 구역에 비해 매우 많았던 것이다.

6월 20일 명령을 받은 번의 공사 담당 관리가 막부에게 공사 수행의 지침 등에 대해 문의하였다. '장소 할당'의 공사 명령이지만, 공사 인부의 조달에 대해 번마다 대응이 달랐다. 이하에서는 영지에서 인부를 조달해 최대 난소라는 구역을 담당한 쇼나이번의 후신부교(普請奉行) 일기에 근거해 공사의 경위를 살펴보자.

공사 명령이 내리고 약 1달 반이 지난 7월 23일 공사가 개시되었다 (구와이레, 鍬入れ). 자재는 막부로부터 지급되지만, 자재 운반은 다이묘가 부담하였다. 그 점은 이제까지 살펴본 재해 복구의 다이묘 조력 공사와 같다. 가장 큰 과제는 인부의 조달로, 공사 개시를 앞두고 미리 지시가 있었다. 주요 내용은 공사가 신전 개발이 아닌, 수해 구제와 통선(通船)의 편리를 위해 강폭을 넓히는 것이라는 점을 밝힌 것이다. 분명 하천에서 끌어오는 용수용 보를 복구하는 것과는 달리, 수로를 새로이 건설하는 것과 같으므로 '오즈쿠리(大造り)' 즉 대규모 공사였다. 이전의 신전 개발이 아닌 수로 확장 공사이므로, 효율적이면서도 빨리 마치도록 노력하라고 막부는 서너 차례 촉구하였다. 막부의 기세는 이하 공사 조목(條目)에서도 알 수 있다.

막부가 조력 다이묘의 공사 담당자에게 거듭 지시한 내용은 다음과 같다. ① 오랫동안 조력 공사를 하지 않았다. 이번에 '장소 할당'을 하는 이유는 이전 방법으로 실패한데다 공사가 대규모이기 때문이므로, 전례와 상관없이 효율적으로 진행하는 방안이 있으면 말하라. ② 수로 공사는 '깊이를 맞춰야' 하므로 인수가 많이 필요하다. 파낸 흙은 그 곳에서 처리할 수 없으므로 멀리 가져가 버릴 수밖에 없다. 좁은 수로에서 잔토를 처리하므로, 공사구역 간 서로 융통할 수 없으며 각자 강구하라. ③ 전례에 따라 하면 시간이 걸리므로, 다음달 7월 초 막부의 관계자 4~5명이 현장에 출장한다. 그때 공사 및 인부 숙소를 위해 공지(空地)나 경작지 등을 사용하는 것에 대해 다이칸에게 말할 것. ④ 이번 장소 할당의 공사에서 각각 영지로부터 기술자를 데려오고, 간조카타(勘定方) 및 관계자에게 보고한 후 공사를 맡기도록 하라. ⑤ 간토 일대 마을에서 인부로 일하러 오는 사람이 많겠지만, 품삯을 과하게 요구하는 이가 있으면 막부 관리에게 상담하라. 막부는 종래의 방법에 상관없이 공의(公儀) 즉 막부 관리의 지시를 기다리지만 말고, 효율적으로 공사를 수행하라고 강하게 지시하였다.

공사 관련해 막부의 총책임자는 로주 미즈노 다다쿠니이지만, 현장에 출장한 막부 관리의 진용은 에도마치부교이자 간조부교 도리이 다다테루(鳥居忠耀), 간조부교 가지노 요시키(梶野良材), 메쓰케(目付) 도다 우지요시(戶田氏榮), 간조긴미야쿠 시노다 도시로(篠田藤四郎), 메쓰케 사카기바라 다다요시(榊原忠義) 등이었다. 막부는 각번의 공사구역에도 간조(勘定) 1명, 후신야쿠(普請役) 3-4명, 가치메쓰케(徒目付)와 고비토메쓰케(小人目付) 4~5명을 보내 공사 진척을 지시하였다.

수로 공사의 설계와 공사 규모

수로 공사는 어떤 토목공사였을까. 토목사의 관점에서 공사를 분석한 연구를 통해 살펴보자(松本, 2007). 먼저 수로의 단면도이다.

〈그림 3-5〉에서 '나카우와쿠치(中上口)'는 수로 기울기에 따라 정해지는 절개면과 수로 바닥 지반의 접점이다. 공사 개시 단계에 그곳은 흙으로 덮여 있다. 공사는 수로 바닥의 너비만큼 파는 것으로 끝나지 않는다. '此山堀探' 부분 즉 수로 바닥에서 10.5% 경사로 우와쿠치(上口杭)까지(점 부

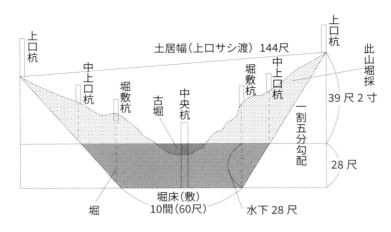

<そ림 3-5> 쇼나이번 담당의 58번 구간 단면도

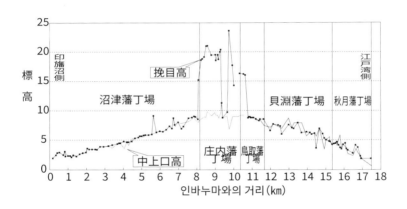

<그림 3-6> 인바누마 수로 공사의 종단면
자료 印旛沼堀割普請水盛番杭帳. 자료 중 수치는 1間 = 1.8m, 1尺 = 0.3m로 환산.
출전: 松本精一, 2007

분)의 흙을 전부 파내는 것이다. 덴메이기 다누마가 주도한 공사에서 파낸 수로(古堀)의 흙은 적었다. 하지만 이번 공사에서 경계목 57-58번 사이 파내는 흙은 덴메이기 공사 부분을 제외하고도 4천954坪46으로 계산된다.

수로 공사에서 당연히 토지의 고저가 있어서 파내는 흙의 양은 지반 높이에 따라 크게 달라진다. 그 점을 알기 쉽게 그림으로 보여준 것이 〈그림 3-6〉이다. 인바누마에서 게미강의 표고를 0으로 하면, 쇼나이번과 돗토리번의 구역에서 지반(히키메) 높이가 수로 지반 높이와 크게 차이가 난다. 그래서 구역의 거리는 짧지만, 쇼나이번과 돗토리번이 파내야 할 흙의 양은 평탄한 곳을 담당한 다른 번보다 막대하였다. 쇼나이번은 다른 번과 달리, 영지에서 30~40대 건장한 백성을 모집하는 한편 청부업자 모모카와야(百川屋茂左衛門)와 신베(新兵衛)·시치쿠로(七九郎)가 고용한 인부를 사용하였다. 영지 교체의 사건을 고려해, 더 이상 로주 등 막부 수뇌로부터 트집을 잡히지 않도록 배려한 것이리라. 공사 중 모집 인부와 고용 인부의 구성을 그림으로 보면 다음과 같다(그림 3-7).

〈그림 3-7〉을 보면, 공사 초기 거의 모모카와야가 인부 동원을 청부하였다. 그는 에도에서 음식점을 운영하며, 쇼나이번의 공사 관계자가 묵는 숙소에 식량을 조달하는 한편 현지 고용의 인부를 조달하는 청부인이었다. 신베·시치쿠로는 8월 6일부터 아카즈키번 구역에서 이적한 인부

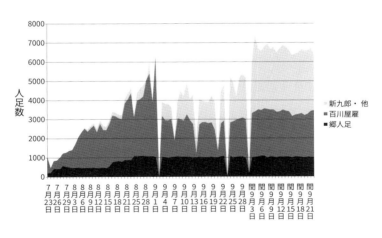

〈그림 3-7〉 쇼나이번의 인력 동원

出典: 千葉市史編纂委員会, 1998

〈그림 3-8〉 흙을 대량으로 운반하는 숙련 인부
出典:『續保定記』

고용의 청부인으로, 토목 공사의 숙련자를 지휘하였다(그림 3-8). 쇼나이번 영지에서 온 인부는 8월 상순까지 400~500명 정도였고, 이후 공사 현장에 거의 1천명 수준을 유지하였다. 지속적으로 영지의 인부가 공사 현장에 도착한 것이다. 이를 보충하는 형태로 모모카와야 휘하의 인부가 2천~3천명 동원되고, 많을 때는 5천명 이상의 인부가 도입되었다. 그와 비교해 윤9월 신베·시치쿠로 고용의 인부가 급증하고 매일 3천명 규모의 인부가 도입되었다. 도중에 인부가 거의 공사구역에 들어가지 않는 부분은, 비가 와서 작업이 중단된 시기를 나타낸다. 특히 윤9월 1일에는 태풍이 몰아쳐 수로에서 파낸 흙이 다시 수로 바닥으로 떨어지는 등 사고가 발생했고 작업이 중단되었다.

공사 현장에 투입된 인부

공사 담당의 막부 관리들은 공사구역 별 작업 진척의 상황을 계속 점검하였다. 특히 공사가 힘든 것으로 예상된 쇼나이번과 돗토리번의 현장은 고지대로, 파낸 흙을 처리하는 데 시간이 걸려 개착 작업이 늦어졌다. 그리고 게토(化灯)라고 불리는 이탄(泥炭) 지층이 있어서 개착 작업을 곤란하게 했다. 게토는 저습지에 무성한 오리나무 등의 부식토가 화석화한 것으로, 물에 잠기면 부드럽지만 마르면 딱딱해진다. 쇼나이번과 돗토리번 구역에 이탄 지층이 여러 곳 노출되었다. 개착으로 나온 흙의 양이 많은데다 그것을 버릴 곳을 확보해야 해서 공사가 정체되었다.

현장으로 출장한 막부 관리들도 공사 진척을 위태롭게 보고, 8월 중순에 수로 폭을 10간에서 7간으로 좁히고, 경사를 원래 20%에서 10% 또는 10.5%로 하는 개착 설계의 재검토를 시도하였다. 9월 들어서는 재검토가 다시 검토되는 상황에 이르렀다. 사실 쇼나이번의 작업량이 많았던 것은, 수로를 깊게 파는데 흙을 버릴 곳이 없어서 강 양쪽의 경사지를 무너뜨리며 흙을 옮겨야 했다. 〈그림 3-9〉에 그때 모습이 그려져 있다. 사진은 현재 남아있는 쇼나이번 담당의 수로이다(그림 3-10). 공사가 어려운 것에 더해 현장 인부의 조달이 난항을 겪었다. 허술한 숙소에 거친 음식과 과혹한 노동 등으로 쇼나이번 영지의 인부 중 병자가 속출하고 사망자도 생겨났다. 사망자는 공사장이 있는 요코도촌의 절에 매장되어 지금도 묘석이 남아있다(그림 3-11).

쇼나이번은 인부를 영지 8곳에서 조달했지만, 수로 공사의 과중 노동과 허술한 숙소 등으로 도중 영지로 돌아가는 자, 끝내 병으로 쓰러져 죽은 이들이 속출하였다(표 3-5). 영지 중 유사(遊佐)에서는 총 1만7천454명에게 품삯으로 3천490관800문이 지불되었다. 단순히 나누면 인부 1일당 200문이다.

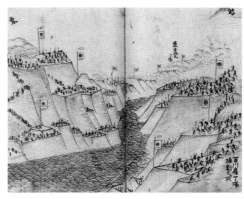

〈그림 3-9〉『續保定記』에 그려진 제방의 모습

〈그림 3-10〉 지금 남아있는 쇼나이번 구역의　　　　〈그림 3-11〉 쇼나이번
　　　　　하나미강(花見川) 연변　　　　　　　　　　　　인부의 묘

〈표 3-5〉 쇼나이번의 인부

향	출향	인부	귀향	사망
遊佐	300	283	8	7
荒瀬	252	237	7	2
平田	168	158	2	1
狩川	151	144	1	3
中川	191	179	4	1
櫛引	162	152	3	3
京田	124	115	3	1
山浜通	115	108	4	1
계	1463	1376	29	19

출전: 千葉市史編纂委員会, 1998

공사장의 숙소

공사구역에 설치된 숙소의 내부가 그려진 도면은 별로 알려지지 않았는데, 〈그림 3-12〉는 『속보정기』에 실린 쇼나이번 숙소 도면(사진판)을

그린 것이다.

　북측에 정문, 동쪽 뒷문, 서쪽에 무상문(無常門)이 설치되었다. 정문을 들어서면 먼저 '고시카케'를 통과한다. 창, 장막, 깃발 등이 걸려있다. 그곳을 지나면 응접실이 있고, 그 옆에 번의 공사 책임자인 가로의 방이 있다. 그 양쪽과 뒤에 간조카타 등 공사 사무 관리와 의사 등의 방이 배치되었다. 여기까지가 번 관리 등이 직접 머무는 공간일 것이다. 그 뒤에는 식

〈그림 3-12〉 쇼나이번의 공사장 숙소 도면
①鍛冶屋、②野菜、③面番、④御足軽役所、⑤御足軽目付、⑥火防具、⑦中間、⑧御右筆長人、
⑨御家老方取次、⑩御中間、⑪下座見、⑫御家老、⑬応対間、⑭御留守居方、⑮御留守居、
⑯御郡代、⑰御医師、⑱御取次衆、⑲櫛引病人、⑳御郡代官所、㉑御代官、㉒御郡奉行
출전: 千葉市史編纂委員会, 1998

사를 공급하는 '모모카와 다키다시(百川焚出)'라는 조리장으로, 2간반(4.5m)×15간(270m) 건물 2동 있다. 우물도 조리장 근처에 있다. 벽을 따라 창고, 욕탕 등이 있다. 그리고 조리장 뒤에 3간5척(6.9.m)×27간(48.6m) 건물이 있다. 영지 8곳에서 올라온 인부와 '유사 추등(遊佐追登)' 인부의 숙소 9동이다. 추등은 추가로 불러서 온 인부로 추정되는데, 번 관리의 숙소 주변에도 나카가와(中川)·히라타(平田)·아라세(荒せ) 등에서 온 추등 인부의 숙소가 있다. 여기가 영지에서 온 인부의 근거지이다.

에도, 후나바시, 쓰치우라에서 인부를 조달

쇼나이번 영지의 인부 숙소 뒤에 울타리가 있고, 번소(番所) 옆의 문부터 모모카와야 고용의 인부 숙소로 이어진다. 그들이 출입하는 문은 별도로 설치되었다. 숙소는 3간(5.4m)×27간(48.6m) 건물 10동으로, 인부를 조달한 곳에 따라 숙소가 나뉜다. 그림에는 에도조(江戸組), 간다조(神田組)·교바시조(京橋組), 긴지로(銀次郎)·데쓰에몬조(鐵右衛門組), 고마쓰가와조(小松川組, 定吉·勇吉), 모모카와야 다키다시(百川屋焚出し), 호다 하치고로(法田八五郎), 후나바시이토야(舟橋井戸屋次郎兵衛), 쓰치우라조(土浦組, 豊吉·八五郎·善助), 중개인(大世話人, 政次郎·長次郎·鐵右衛門·岩次郎) 등으로 구분되어 있다. 숙소 관련 다른 그림에는 고용 인부의 숙소 중 에도조가 '江戸六間堀'라는 이름으로 3동을 차지하고, 각 동에 2개조씩 배분되었다.[13] 고마쓰가와, 후나바시, 쓰치우라 등이 기재되어 있으므로 에도뿐 아니라 후나바시, 쓰치우라 등에서 모모카와야를 통해 인부가 조달되었음을 알 수 있다.

모모카와야가 쇼나이번에게 받은 금액은 선금을 포함해 총 1만5천

---

13   阿部太郎左衛門家文書.

600량이었다. 그 중 고용 인부에게 품삯으로 총 1만2천718량과 은 1匁1分9厘를 지불하고, 우물 및 욕탕 86량과 은 5匁, 식비 약 55량3분 등을 지출하였다. 결국 모모카와야는 약 1천711량 적자였다.[14] 청부 상인은 애초 자기 자금 없이 전차해 청부하는데, 그것은 앞서 살펴본 다이묘 조력 공사에서도 드물지 않다. 그런데 공사 숙소에는 신베·시치쿠로 고용의 인부 숙소가 없다. 아마 그들의 숙소는 별도 설치되었을 것이다.

에도에서 공사장에 대한 소문

인바누마 공사에 관한 인쇄물 가와라반(かわら版)이 전한다. 3매 구성으로 1매에 에도마치부교 도리이를 비롯해 후신부교 가지야 등 막부의 공사 담당 관리 이름과 간략한 관계도가 실려 있다. 나머지 2매에는 수로와 부근에 설치된 다이묘의 숙소 그림 및 인부 수 등이 기재되어 있다. 공사에 관한 소문이 에도에 상당히 확산되었던 모양으로, 『우키요노 아리사마(浮世の有様)』에는 "에도로부터 온 문서 사본"이라는 제목으로 공사에 참여한 다이묘의 숙소에서 인부가 어떤 대우를 받는지 쓰여 있었다. 이하에서 그 내용을 요약한다.

돗토리번은 영지가 멀고 공사장 인근의 백성에게 도움도 되리라 생각해 1인당 500문을 지불하니 평판이 좋다. 흙을 나르는 노인과 아이에게도 500문을 지불한다고 한다.

쇼나이번의 구역은 평지보다 꽤 높은 곳으로 인부도 상당히 힘든 곳이다. 영지 교체가 중지된 대신에 명받은 공사이므로, 영지의 백성은 모두 신명(身命)을 바쳐 영주에게 비용이 들지 않도록 공사에 힘쓰고 있다. 1

---

14   百川屋証文.

조마다 각각 이로하(いろは) 표식을 하여, 30일 교대로 에도와 쇼나이를 개미처럼 왕복하고 있다. 규모가 큰 숙소를 만들어, 식사도 삼시세끼 생선이 나오는 등 대우가 좋아 에도에서는 쇼나이의 평판이 좋다. 다만 인근 마을에 전혀 도움이 되지 않는다고 한다.

1만석 가이부치번의 경우 원래 인부의 고용도 충분하지 않았지만, 점점 인부가 모이고 있다. 조림 반찬이 들어간 도시락 등을 주어서 인부들 사이에 평판이 좋다. 공사구역이 평지여서 일은 순조롭다. 하지만 1일 150 량 지출로 길게 버티지 못하므로, 할 수 있는 만큼 한다는 심산이라고 한다. 항간에 '떨고 있다'는 소문이 파다하다.

에도의 소문은 인부의 대우에 관한 것에 집중되었다. 그것은 대우가 좋으면 인부로 일하려는 사람이 에도에 많았기 때문이며, 이러한 세평을 무시해서는 공사 현장의 인부 조달이 이루어지지 않는 사정도 있었을 것이다.

공사장 주변의 마을에 미친 영향

『우키요노 아리사마(浮世の有樣)』에 실린 에도의 소문으로는 인부가 공사구역에 대거 고용되어 현지 농민에게 이득이 있다고 하였다. 하지만 현지 농촌에서는 그런 일시적인 이득보다 오히려 기존 경작지가 수로 용지, 흙 하치장, 숙소용 토지 등으로 몰수되거나 이용되어 황폐해지는 것이 문제였다. 일례로 인바누마 인근 요나모토촌(米本村)의 경우 1844년 총면적 597反314 중 제방으로 인한 황폐지가 85반806으로 실로 14.34%에 이르고, 흙 하치장도 총면적의 6%였다. 황폐지에 대해 구매 대금이 지불되었지만, 흙 하치장은 공사가 끝나고 경지로 전환할 수 있다고 판단된 경우 구매는 이루어지지 않았다(「千葉の歴史を知る会」会報 32号, 1982).

〈그림 3-4〉의 공사구역 약도에 기재된 가야다정(萱田町)과 가야다(萱

田), 무라카미(村上), 가쓰다(勝田), 요코도(横戸), 미나미카시와이(南柏井), 기타카시와이(北柏井). 하나시마(花島), 고테하시(犢橋), 나가사쿠(長作), 하타(畑), 아마도(天戸) 각촌에서 수로와 제방에 포함된 경지 합계가 233反6畝, 흙 하치장 용지가 약 508反에 이르렀다(「千葉の歴史を知る会」会報 31号, 1982). 하치장 용지 중 요고도·가시와이·하나시마 등에는 지금도 흙이 높이 쌓여 낮은 산처럼 남아 있다.

원래 수로 개착은 상류와 하류 지역에서 의미가 달랐다. 현재 오와다 배수기장(大和田排水機場) 일대를 경계로 상류 지역은, 확실히 큰비 등으로 도네강에서 물이 넘쳐 인바누마의 수량이 많아지면서 일대가 홍수 피해를 입었다. 반면 하류 지역은 덴포 개착 이전부터 통선으로 물자 운반이 이루어졌고, 수로 개착으로 새로이 편리한 점은 없었다. 하류 지역의 마을들은 특산인 고구마를 하나미강을 이용해 에도 시장으로 수송하고, 돌아올 때 에도의 쓰레기를 실어왔다(川名, 2008). 수로 공사 이후 하나시마촌 일대는 지하수 수위가 낮아져 용수 부족이 생겨났다. 모두 일시적인 공사 버블과 달리, 마을에 경지 삭감과 용수 문제 등 쉽게 해결하기 어려운 문제를 남긴 것이다.

제4장

막말: 내우외환의 위기

1. 1847년 젠코지지진

재해는 기억을 만든다

책의 서두에 서술했듯이 진재아카이브, 재해아카이브 등의 단어가 여기저기서 이야기되고 있다. 아카이브는 사전에 따르면, 일차적으로 문서를 모아 두는 것을 가리킨다. 지진 사료를 모으는 일은 100여 년 전부터 국가가 진행해 왔다. 위로부터의 명령은 사업의 진전을 촉진하지만, 실제적으로 각 지방에서 지진에 관련된 사료와 자료가 수집되었다. 메이지기(明治期) 학교교육이 시작되면서 그러한 저변의 일을 독자적인 교육관에 기초해 시작한 인물이 있다.

와타나베 하야시(渡辺敏)는 1847년(고카 4) 현재 후쿠시마현(福島縣)에 위치하는 니혼마쓰번(二本松藩) 번사(藩士)의 집에서 태어났다. 아버지와 형은 보신전쟁(戊辰戰爭)에서 죽고, 1873년(메이지 6) 상경해 됴쿄사범학교에 입학하였다. 1875년 졸업 후 나가노현(長野縣)에서 교원으로 일하며, 학생들을 인솔해 젠코지지진(善光寺地震) 중 산체 붕괴(collapse of the volcanic edifice)와

폐색호(dammed lake) 등의 장소를 실지 견학하였다. 1916년(다이쇼 5) 나가노 고등여학교의 교장이 되었고, 이후에도 젠코지지진의 사료와 자료를 수집하였다. 그는 기록에만 의지하지 않고, 교육가로서 현지에서 지변(地變) 등을 조사하고 체험한 사람들의 이야기를 들으며 새로운 시점에서 이과 교육을 실천하였다. 또 지금 젠코지지지의 사료로서 유명한 마쓰시로번(松代藩) 가로(家老) 가와하라 쓰나노리(河原綱紀)의 『무시쿠라일기(むしくら日記)』와 나가이 젠자에몬(永井善左衛門)의 『지진후세속화지종(地震後世俗話之種)』 등이 세상에 알려지는 계기를 만들었다. 그 집대성이 진재예방평의회 편찬의 『증정 대일본지진사료(增訂大日本地震史料)』제3권에 실려 있다.

와타나베는 8살 때(1855년) 니혼마쓰에서 안세이지진(安政地震)을 체험하였다. 당시 지진은 에도 일대를 중심으로 일어났고, 니혼마쓰까지 집이 무너지는 등의 피해가 미치지 않았다. 하지만 그는 아버지로부터 젠코지지진에 대해 이야기를 들었다. 나가노에 부임해 교육 현장에서 지진 체험자의 이야기를 들으며 그의 뇌리에 어릴 적 느꼈던 지진의 공포가 되살아났고, 그를 계기로 젠코지지진의 사료를 수집하였을 것이다(『渡辺敏全集』).

지진·불·물의 재해

젠코지지진은 1847년 3월 24일(양력 5월 8일) 밤 20시경 현재 나가노현 이야마시(飯山市)에서 나가노시(長野市) 고쇼쿠(更埴)에 걸치는 나가노분지(長野盆地) 서쪽 단층에서 일어났다. 매그니튜드(magnitude, M) 7.3, 역단층형(reverse fault earthquake)의 얕은 지진이었다. 2016년 구마모토지진(熊本地震)의 피해에서 알 수 있듯이, 내륙의 활단층(active fault)으로 인한 얕은 지진은 여진 활동이 길어져 가까운 단층을 연쇄적으로 움직인다. 젠코지다이라(善光寺平) 즉 나가노분지 일대는 일본열도가 활처럼 휘어지는 지대로, 남북으로 종단하는 이토이가와·시즈오카구조선(糸魚川靜岡構造線)에는 활단층이 많이 존재한다. 젠코지지진의 발생에 이어서 5일 후 3월 29일(양력 5월 13일)에는 니가타(新潟) 다카다평야(高田平野)의 단층이 움직여 에치고(越後) 다카다(高田, 현 高田市)에서 M6.5, 진도6으로 추정되는 지진이 일어났다.

지진으로 경내에 불이 나고 젠코사(善光寺)는 큰 피해를 입었다. 지금 남아있는 흔적으로 본당(本堂) 정면에 있는 회랑의 기둥에 조종(釣鐘)이 부딪혀 크게 찍힌 상처가 있다. 그것은 지진의 강한 충격을 말해주는 것으로, 당시 지진 체험담 『지진후세속화지종』에도 전해지고 있다. 이외 지진으로 인한 지변의 흔적이 지금도 뚜렷이 남아있는 곳이 많다. 지쿠마강(千曲川) 유역에서 북서쪽이 융기해 지표에 단층의 균열이 나타나며, 현재 나가노현청 옆과 고마쓰바라(小松原)의 주택지에 2m 이상의 단차가 있다. 뿐만 아니라, 나가노시의 북서부 산지는 무너지기 쉬운 지질이면서 역단층 중 움직임이 강해지는 윗부분에 해당하므로, 토사 붕괴가 많이 일어나 하천을 막거나 끊기도 하였다. 그 중 표고 760m 고쿠조산(虛空藏山, 현 岩倉山)에서는 산체의 약 절반이 마을을 휘감으며 붕괴하여 사이강(犀川)로 흘러들었고, 19일간 토석이 강을 막은 후 갑자기 무너졌다.

담수(湛水)는 사이강에서 지쿠마강으로 흘러 지쿠마강 연안의 논밭과 집을 떠내려 보냈다. 지쿠마강은 굽이쳐 흐르며 다테가하나(立ヶ花)에서 다시 수량이 늘어 일대에 피해를 주었고, 하류의 이야마시 일대에 홍수를 일으켰다. 담수의 깊이는 사이강에서 지쿠마강으로 흘러드는 고이치(小市) 일대에서 6.5丈(20m), 지쿠마강에서 3丈(6m), 마쓰시로(松代)에서 3丈, 가와다(川田)에서 5尺(1.5m), 이야마에서 1.3丈(4m), 하류의 니가타현 나가오카(長岡)에서도 5尺이었다. 그리고 24시간 후 니가타에 이르러 바다로 흘러갔다. 당시 사쿠마 쇼잔(佐久間象山)이 폭약을 이용해 무너뜨리는 안을 생각했지만, 자금 부족 등으로 중단되었다. 붕괴가 예상되자 나각으로 알리는 등의 조치가 있어 하류 지역의 사람들이 피난했지만, 익사자가 100명이나 되었다(中央防災会議他編, 2006). 젠코지지진의 최대 수난(水難)이었다.

젠코지지진의 화난(火難)으로는 특히 시가지에서 연소가 일어나 사망자가 많았다. 밤 10시경 잠들 즈음 지진이 일어나 곧바로 불이 났기 때문에, 도망가지 못한 사람들이 어둠 속에서 불길에 휩싸이는 비극이 일어났다. 슈인치(朱印地) 즉 1천석 규모의 젠코사 영지에 사망자가 2천034명에 이르렀다. 그 중 약 절반에 해당하는 1천029명은 7년에 한번 있는 개장(開帳)을 참예하러 온 이들이었다. 우에다번(上田藩)의 이나리야마숙(稲荷山宿, 현 千曲市)도 434호 중 379호(87.3%)가 소실되고 128명이 타죽었으며, 그 외 젠코사 참예의 여행자 121명이 죽었다. 이야마번은 지쿠마강을 따라 20㎞ 정도 북동쪽으로 떨어진 2만석의 작은 번으로, 이야마성(飯山城) 주변의 시가에서 787호가 소실되고 121호는 무너졌으며 307명이 죽었다. 무사의 거주지에서는 64호가 무너지고 86명이 죽었다. 그 중에는 니가타 방면에서 젠코사의 개장을 참예하러 온 여행자도 포함되었을 것이다. 젠코지지진으로 가장 많은 사망자가 나온 곳은 마쓰시로번으로, 그 수가 7천명 또는 8천명이라고 하는데 분명하지 않다. 젠코사 개장을 찾은 여행자 수가 파악되지 않기 때문이다.

화난의 시가지, 그 후

지진으로 인한 피해 범위는 젠코사령, 막부령, 마쓰시로번, 이야마번, 우에다번, 스자카번(須坂藩), 시이야번(椎谷藩) 비지(飛地) 등으로 나가노분지 일대에 걸쳤다. 먼저 마쓰시로번은 전파와 반파 가옥 1만2천419호, 사상자 4천993명이라는 최대 피해를 입었다. 지쿠마강 연안에 구제소를 3

곳 설치하고 밥을 나누어주었다. 이재민에게 금 3분과 쌀 2두5승, 가옥이 소실되거나 전파된 이에게 금 2분, 반파된 이에게 금 1분을 지급하였다. 그 총액이 1만3천420량, 쌀 7천155俵에 이르렀다. 젠코사는 에도 우에노(上野)의 간에이사(寬永寺)와 마쓰시로번으로부터 5천량의 구제 자금을 융통하여 경내에 가건물을 세우고 재해민과 여행자를 수용하였다. 영지 내 가옥이 전파된 이에게 금 2분, 반파된 경우 1분을 주었다. 이야마번도 이재민에게 죽을 나누어주고, 집을 잃을 자에게 금 1분을 지급하였다. 우에다번 이나리야마숙은 지쿠마강 좌측의 비지로, 재흥을 고려해 화산재 처리 비용 금 10량, 농기구 대금 20량, 사망자 128명에 대해 30량을 지급하는 한편 공사 인부의 품삯을 지급하였다.

당시 마쓰시로번의 영주는 다야스가(田安家)에서 양자로 들어온 사나다 유키쓰라(眞田幸貫, 1791-1852)였다. 그는 원래 마쓰다이라 사다노부(松平定信)의 차남으로 덴포개혁 당시 로주(老中)의 지위에 있었기에, 막부로부터 재해 지원의 명목으로 1만량을 빌리는 한편 지진으로 인한 홍수로 무너진 지쿠마강의 제방을 국역(國役) 공사로써 복구하기로 처리하였다. 이 공사에 대해서는 뒤에서 언급한다. 그런데 산지의 마을들이 토사재해로 매몰되고 하천 홍수로 인해 논밭이 유실되는 등 연공(年貢)이 반감되어, 번은 막부의 조력을 받았지만 영지를 완전히 부흥하기 매우 어려웠다. 마쓰시로번은 가신의 지교(知行) 즉 봉록을 일시적으로 반만 지급하는 한치(半知)를 실시하였다. 부흥 자금을 마련하기 위해 백성에게는 과업전(課業錢)이라는 세금을 부과하였다. 즉 18세부터 64세까지의 남녀에게 1848년부터 5년간 아침에 일찍 일어나고 밤에는 새끼를 꼬는 등 일하여 돈을 모아서 1달에 남자는 100문, 여자는 32문을 내도록 하였다.

젠코사는 사람들이 가장 많이 찾는 사원 중 하나로, 절 앞 시가지인

몬젠마치(門前町)의 여관 등은 100량, 50량 등 상당한 자금을 인근 호상들에게 빌려 서둘러 재건하려 했다. 여관은 젠코사를 참예하는 이들이 묵는 만큼 영업을 통해 확실히 반제할 수 있다고 판단해, 호상들은 많은 금액을 융통하였다. 한편 젠코사 영지에서 니시(西町), 니시노몬(西之門町), 덴진미야(天神宮町), 아미다인(阿弥陀院町) 구역 등도 소실되었다. 당시 호수는 알 수 없지만 4개 구역에서 가게와 창고 및 기타 건물이 모두 438호 불탔고, 붕괴되는 등 손해를 입은 곳도 395호에 이르러 90% 이상이 피해를 입었다. 사망자도 총 215명이었다(赤羽 · 北原, 2003).

진재 이전으로 추정되는 직업 구성을 보면 4개 구역 전체 276호, 981명(일부 추정) 중 소매상 102호(34%), 직인 65호(23%), 일용 · 막일꾼 · 행자 등 112호(40%) 등이었다. 그런데 진재 후 3년이 지난 1850년 기록인 종문장(宗門帳)에 따르면, 극적인 변화가 나타난다. 차지인 지가리(地借)가 181호에서 43호로 급감하고, 대신 차가인 다나가리(店借)는 49호에서 136호로 급증하였다. 지가리에서 다나가리로 바뀐 경우, 진재 이후 변화가 심각하였다. 그 예로 솜틀집의 부부 중 부인(55세) 1명만 남았고, 헌옷 가게의 9명(종업원 포함 여부는 불분명) 중 2명만 남기도 하였다. 몬젠마치를 구성하는 중견(中堅)의 지가리가 급감하고, 다나가리가 되지 않을 수 없을 정도로 생활을 회복하기가 어려웠을 것이다.

이야마번에서는 다이묘의 성도 시가지도 농촌도 큰 피해를 입었다. 이재민 868호 중 가족 전원이 죽은 집, 다른 곳으로 이사한 집 등이 100호 이상이었다. 10년 후 1857년(안세이 4) 집을 재건한 이가 615호로, 재건 비율이 70%가 되었다. 하지만 가건물 등 여전히 불편한 생활을 하는 이가 156호나 있었고, 성 부근의 시가지를 떠난 100호는 돌아오지 못했다. 부흥은 곤란한 과제였던 것이다.

수난의 마을들: 국역 공사로 수로 복구

젠코지지진의 최대 지변은 마쓰모토(松本) 방면부터 산간을 흘러온 사이강이 지쿠마강과 합치는 일대에서, 고쿠조산의 절반 정도가 무너져 2개 마을을 휩쓸며 사이강으로 흘러들어가 19일간 담수한 후 무너진 것이다. 그 후 물은 사이강에서 지쿠마강으로 흐르고 강 양쪽에 있던 마을의 집과 밭을 침수시켜 많은 피해를 주었다.

마쓰시로번은 지진으로 인한 가옥 붕괴도 있지만, 홍수 피해를 입은 강 주변 마을의 논밭을 회복해야 했다. 에도시대 다이묘의 영지는 기본적으로 자력 부흥을 목표로 하였다. 하지만 복구를 위해 외부에서 자금을 도입하는 수단으로 국역 공사에 의지할 수밖에 없었다. 이에 마쓰시로번은 우선 어떻게 공사를 신청할 것인지 논의하였다. 제1단계로 필요한 것은, 막부의 후신카타(普請方)와 간조카타(勘定方) 관리가 지진으로 인해 어느 정도 피해가 생겼고, 수복하는 데 공사비가 얼마나 필요한지 등 피해지를 조사를 하는 것이었다.

막부도 마쓰시로번을 비롯해 주변 막부령과 번 영지에 지진 피해가 있다는 사실을 알고 있었다. 이미 다이칸쇼(代官所)가 3월 25일자 피해 보고를 제출하였다. 나카노(中野) 다이칸쇼(代官高木清左衛門)에서 가옥 붕괴 2천169호와 사망자 578명, 나카노조(中之條) 다이칸쇼(代官川上金吾助)에서 가옥 붕괴 549호와 사망자 189명 등의 피해가 있었다. 막부 직할지이므로 다이칸의 보고에 따라 직접 구제가 이루어졌다.

사령의 경우 각 다이묘가 피해를 신청한 후 구제 명목으로 막부로부터 돈을 빌릴 수 있었다. 지진이 발생하고 1개월이 지난 4월 23일 막부는 구제금으로 이야마번(가옥 붕괴 2천398호, 사망자 1천515명) 혼다 스케토시(本多助賢)에게 3천량, 동월 28일 마쓰시로번(가옥 붕괴 9천630호, 사망자 2천685명) 사나다 유키쓰라(眞田幸貫)에게 1만량, 스자카번(수난 피해를 포함해 가옥 붕괴 148호, 사망자 11명) 호리 나오타케(堀直武)에게 1500량, 6월 18일 우에다번(가옥 붕괴 663호, 사망자 196명) 마쓰다이라 다다마스(松平忠優)에게 3천량을 대여하였다.[1] 금액은 영지 규모와 피해 정도를 어느 정도 감안한 것으로 추정된다.

　　마쓰시로번의 피해는 지쿠마강의 북안에 있는 산간의 마을에서 산사태가 일어나 가옥이 매몰되는 등 심각하였다. 홍수로 인해 사이강과 지쿠마강 연안의 마을들이 입은 피해가 국역 공사를 통해 복구된다면, 번의 부담은 경감되었다. 번의 수뇌는 복구 비용을 마련하기 위해 국역 공사에 기대를 걸었다. 지쿠마강에 대한 국역 공사의 선례로 1804년(분카 1) 마쓰시로번은 자신이 부담하는 국역 부담을 제하고, 하천 연안의 마을 19개가 인부 등을 파견하는 품삯으로 약 2천838량을 받았다.[2] 이에 따라 번주 유키쓰라도 진심으로 복구 자금의 획득을 지시하였다. 번의 가로 온다 다노모(恩田賴母)에게 어떻게든 국역 공사의 허가를 얻기 위해, 선례와 상관없이 막부 후신카타 관리에게 대접을 하라는 뜻을 내비쳤다.[3]

　　가로 온다에게 내린 번주 유키쓰라의 내심은, 국역 제도에 근거해 청원을 하지만 피해도 막대한데다 이번 국역은 이름뿐이니, 여하튼 선례와 상관없이 출장한 간조카타 관리를 후대하라는 취지였다. 덴포개혁 당시 로주의 지위에 있었던 유키쓰라는, 개혁의 통제가 풀린 현실을 알고서 '시세가 다르다'고 말했다. 그리고 첨서(添書)에 한층 명확히 말하기를, 이러한 재해는 다시 있는 것이 아니며 대접 비용이 얼마가 들어도 국역 공사를 획득하여 번의 기초를 단단히 하자고 지시하였다.

1　　『續德川実紀』第2巻.
2　　更科埴科地方誌刊行会 編, 1980, 『更科埴科地方誌』第3巻, 更級埴科地方誌刊行会.
3　　「川除御普請日記」, 国文学研究資料館蔵「真田家文書」.

그 덕분인지 5월 23일 막부의 관리가 피해 지역을 조사하러 왔다. 그때 현장에서 번의 대응을 총괄하는 다케무라(竹村金吾, 郡奉行, 110石)는 막부 관리에게 선물할 금품에 대해 번의 중역(重役)에게 물었다. 5월 24일에는 막부 관리의 숙소에 미소즈케(味噌漬) 등을 보냈고, 현장을 조사하는 관리에게는 조림 음식을 보냈다. 막부 관리의 요청에 따라 시라타마코(白玉粉) 등을 에도 거주지에 보내기도 했다. 그리고 막부 간조카타에게 은 20매씩(금 약 41량3분), 긴미시타야쿠(吟味下役)와 후신카타에게는 금 20량씩 준 것으로 추정된다.

실지 조사를 마친 후 6월 9일 마쓰시로번의 에도루스이야쿠(江戸留守居役) 쓰다 우타타(津田轉)가 로주 아베 마사히로(阿部正弘) 측과 만나 번의 방침을 분명히 했다. 즉 지난달 하순 막부의 관리가 현지를 조사한 대로 이제 홍수철을 맞아 경지와 용수로 등이 떠내려갈 우려가 있고, 백성의 집을 재건하는 것도 위태로운 상태이다. 위급한 곳을 내버려 둘 수 없는 상황이므로, 막부가 공사를 명하도록 원서를 제출하였다. 그것은 하천 연안 16개촌의 원서가 아니라, 번이 국역 공사를 청한 것이다. 당시 사이강과 지쿠마강 합류 지점의 마을들에 대한 공사 청원과 관련해, 마쓰시로번은 이미 4월 28일 재해 구제의 명목으로 막부로부터 1만량을 대여하였으므로 그 금액이 하천 공사비에 포함될까 걱정하였다.

이상의 절차를 거쳐 국역 공사의 청원이 이루어진 후 7월 28일 마쓰시로번의 에도루스이가 국역 공사를 허가받았다.[4] 이번 공사에 관해 막부의 생각은 기존 형태를 유지하는 것으로, 새로운 하천 공사를 하는 것은 아니었다. 하지만 다시 홍수 피해를 입지 않기 위해서는 제방과 수류(水流)

---

4   「御願川除御普請仕立中品々日記　二番」, 国文学研究資料館蔵「真田家文書」.

억제 시설 등이 강구되어야 했다. 여기에는 용수를 이용하는 마을들의 지혜와 기술이 필요했다.

　공사 진척은, 수류를 유지하고 하천 연변 마을들의 용수를 확실히 확보하기 위해 파괴된 수문과 보를 복구하는 데 투입할 노동력 결국 인부를 조달하는 데 달렸다. 국역 공사의 허가를 받은 마쓰시로번의 총괄자 다케무라(竹村金吾)는, 8월 13일 경 막부 관리가 공사 현장에 도착하는 것을 하천 연변의 18개 마을에 알렸다. 18일 다케무라는 마을 전체 대표로, 이전 국역 공사에서도 대표로 일한 적이 있는 요쓰야촌(四ツ屋村)의 기하치

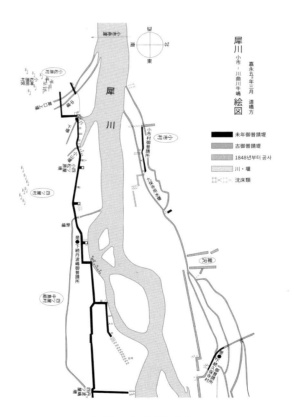

〈그림 4-1〉 사이강 지도
출전: 長野市立博物館藏『千曲川從鼠宿村·西寺尾村迄絵図』의 일부

(義八) 등을 데리고 막부 관리들을 맞았다. 20일에는 오전 8시경부터 막부 관리 일행이 각각 장소를 나눠 단바지마(丹波島), 요쓰야, 고마쓰바라, 고이치, 구보데라(久保寺) 등을 거치며 제방과 붕괴 장소 등을 조사하고 측정과 공사 실시 구역을 선정하였다(그림 4-1).

다음날 21일에는 2건의 공사 조목이 제시되었다.[5] 하나는 공사장에서 인부의 근무에 관한 금지 규칙이다. 내용 중 주목할 것은 '모두 막부의 비용'으로 하천 공사를 한다는 부분이다. 국역 공사의 규정에서 벗어나, 막부가 전면적으로 공사비를 내기로 한 것이다. 1841년부터 1844년 5월까지 로주의 지위에 있었던 번주 유키쓰라의 공로가 고려된 것일까. 어쨌든 유키쓰라의 예측대로 되었다. 위 조목에서 언급한 싸움과 말다툼 금지, 금주, 시간 엄수 등은 원칙적으로 반드시 지켜야 할 사항이었다. 이어서 구체적으로 공사 수행에 관한 조목(8개조)이 제시되었다. 그 내용을 정리하면, ① 나와바리(繩張) 즉 미리 설정한 공사구역의 선을 멋대로 줄이지 말 것, 그런 일을 저지르면 품삯은 없다. ② 강변에서 자갈 채취는 제방에서 10간(18m) 정도 떨어진 곳에서 한다. ③ 자갈 중에 섞인 돌은 골라내 제방 측면을 보강하는 데 사용한다. ④ 자갈을 운반해 제방 중간에 둘 것, 제방에 섶을 설치하는 경우에 자갈이 섞이지 않도록 한다. ⑤ 제방 보강물은 2척(60cm) 정도 강변의 자갈을 파서 평평하게 한 후에 설치한다. ⑥ 검사한 목재 이외 사용하지 않는다. ⑦ 제방 바닥에 사용하는 나뭇가지의 길이와 두께는 규정에 따른다. ⑧ 제방 보강물의 돌은 모양이 긴 것을 사용하고, 평평한 부분만 보이지 않도록 한다. 이상을 각 마을이 명심하고 지킬 것, 만약 규정을 위반하면 몇 번이라도 다시 할 것 등이다.

---

5   「御願川除等御普請仕立中日記」, 国文学研究資料館蔵「真田家文書」.

인력 부족의 타개책

공사 조목에 따라 8월 하순부터 9월 상순까지 막부 관리와 마쓰시로번 관리가 빈번히 순시하며 공사는 순조롭게 진행되었다. 그런데 9월 11일 막부 관리 사토 무쓰사부로(佐藤睦三郞)가 호출해, 마을의 인부가 적어서 공사가 진척되지 않는다는 불만을 제기하였다. 날이 추워지는 시기로 11월 10일경 공사가 끝나야 하는데, 아직 제방에 돌을 채워 넣지 못한 상황에서 농민은 보리를 파종할 때라 일하러 나오지 않았다. 그래서 타개책을 강구할 필요가 있었다.

두 가지 타개책이 취했다. 하나는 제방을 보강하고 강변에 수류 억제용 돌을 설치하는 등에 필요한 인부 수를 견적한 후, 수류 억제 공사와 같이 전문적인 기술이 필요한 부분에는 외부로부터 인력을 조달하는 것이다. 수류 억제의 구조물을 설치하는 데 필요한 인력은 1일 240명, 60일 간으로 계산되었다. 전체적으로 어림잡아 2만160명이다(표 4-1). 이미 사카키숙(坂木宿, 현 나가노현)에서 고용한 기술자(畦鍬)만으로는 부족한 상황이었다. 이때 기술자는 제3장에서 언급한 구로쿠와(黑鍬)와 같은 유형으로, 대규모 토목공사에 숙련된 사람으로 추정된다. 막부 관리는 공사를 예정대로 마치기 위해 고슈(甲州)에서 하천 공사에 종사한 기술자 50명을 고용하도록 요청하였다.

또 다른 타개책은 어쨌든 현지 마을의 인력이 기본이므로, 농민이 농사일 전에 공사장으로 나오게 하는 방책으로 새벽부터 공사장에서 아침밥을 준비하기로 하였다. 요츠야촌, 가와이촌(河合村), 신덴카와이촌(新田川合村) 등 세 곳에 솥이 설치되고, 마쓰시로번의 공사 담당자가 출장해 1식 3홉씩 밥을 지었다. 9월 18일부터 25일까지 1일 300명 이상, 총 6천40명 인력이 확보되었다. 이러한 방책을 통해 12월 1일 마쓰시로번의 하천

〈표 4-1〉 9월 11일 구조물 설치 인력 계산

	설치 인부	석재 인부	개수(組)	비고	총 인력
菱牛枠	15	21	118	60일, 1일3組씩	1260
鳥居枠	4	14	50	50일, 1일1組씩	700
含掌枠	10	32	500(間)	60일、1일8間씩	1920
大石瘤	頭3人	150	3곳	60일	9000
小石瘤	頭3人	90	3곳	60일	5400

出典：「御願川除御普請仕立中日記 三番」国文学研究資料館(真田家文書)

공사가 완성되었다.

　　공사와 관련해 마을 전체 대표인 가와이촌 다미노스케(民之助)와 요쓰야촌 기하치는 공사에 필요한 제반 물품 대금과 인부 품삯으로 9월에 5천량, 10월 3천량, 11월 3천량을 받았다. 9월 당시 견적은 1만1천019량1분과 은 14匁3分8厘이었는데, 결과적으로 3천량이 남아서 이전부터 청원했던 스소바나강(裾花川) 즉 사이강으로 유입되는 지류 중 파손 부분도 수복할 수 있게 되었다. 모든 공사비를 합쳐 1만1천973량과 586문을 받아 마을의 인부에게 지급하고 공사를 마쳤다.

　　젠코지지진으로 인한 사이강의 담수와 결괴로 지쿠마강 일대가 유실되었고, 그것을 수복하는 공사의 주요 노동력은 주변 마을의 인력이었다. 마을의 인력으로 공사한다는 것은, 지진 피해를 입은 마을 사람들이 공사 인부로 일해 품삯을 얻을 수 있으므로, 마을의 복구에 어느 정도 경제적 효과를 주는 것이었다. 한편 그것은 구제를 받는 것과 같이 수동적인 상황이 아니라, 마을 주민의 사정에 따라 공사 진척이 좌우되는 것이기도 하였다. 하천 공사에서 노동에 숙련된 기술자의 존재도 확인되었다.

2. 재해 빈발과 넘쳐나는 정보

빈발하는 재해와 정보의 교착

젠코지지진 당시 재해지 젠코사 주변에서 가와라반이라는 인쇄물이 발간되었고, 그것을 기초로 다시 인쇄된 것이 에도에서 팔렸다. 가와라반은 우선 제작자, 다음으로 구매자가 많이 있어야 장사가 된다. 젠코지지진으로부터 약 50년 전인 아사마산 덴메이분화 때에는 현지에 아직 그런 시장이 성립되지 않았고, 구매자가 많은 에도에서 가와라반이 만들어졌다. 이 경우 제작자는 현지를 본 적이 없고, 운송업 관련의 히캬쿠돈야(飛脚問屋) 등이 전하는 정보에 근거했을 것이다. 어떻게 그것을 알 수 있는가 물으면, 답은 간단하다. 여하튼 묘사되고 이야기된 정보는 정확하지 않고, 과장되고 무책임한 것이 많았다. 에도시대 원칙적으로 출판물은 신고가 필요했지만, 가와라반은 그런 절차를 거치지 않았고 당연히 출판자를 밝히지 않은 채 거리에서 자유롭게 팔렸다.

한편 다른 곳에서 발신되는 정보도 당연히 존재하였다. 무엇이 일어났는지, 지변으로 마을과 시가지에 어떤 피해가 있었는지, 사망자와 부상자는 어느 정도인지 등 재해지의 마을이 다이칸과 영주에게 알리거나, 영주가 막부에게 구제 자금을 얻기 위해 재해를 보고하는 정보의 통로도 있었다. 19세기 중엽 그와 같이 쌍방의 정보 공간이 혼연한다. 행정상의 통로에서 누설된 정보가 민간 레벨의 정보로서 활발히 유포되는 현상이 일어난 것이다.

재해 보고: 번에서 막부로, 에도 시가지로

젠코지지진은 마쓰시로번뿐 아니라 인접한 우에다번, 이야마번 등에도 심각한 피해를 주었다. 여기서는 마쓰시로번의 피해가 어떻게 정리되고 기록으로 남겨졌는지를 추적한 최근 연구를 통해 살펴보려 한다.

M7.3의 젠코지지진으로 마쓰시로번이 입은 피해는 우선 지진 피해, 다음으로 산사태, 그리고 사이강의 담수와 결괴 등으로 지역에 따라 피해가 달라서, 구제를 위해 상황을 파악하는 데도 어려움이 따랐다. 구제 작업을 주로 맡은 것은 다이칸과 휘하의 데다이였다. 마쓰시로번에서는 가로-고리부교-다이칸·간조쇼모토지메라는 행정 조직으로 지진 피해에 대응하였다. 다이칸은 데다이를 통해 각 마을의 피해 상황을 정리하고, 간조쇼모토지메는 마을에 지급하는 구제금 등을 관할하였다. 지진으로 산사태가 일어난 산중에는 여기저기 집과 사람이 토사에 매몰된 경우도 일어났고, 그러한 피해 상황은 한 번에 밝혀지지 않았다. 하물며 폐색호가 생겨나 19일이 지나서야 무너지면서, 지쿠마강 일대가 홍수 피해를 입는 등 진재의 양상이 바뀌었다.

마쓰시로번에서는 고리부교 휘하에서 수집된 피해 상황을, 가로가 다시 정리해 에도의 루스이에게 보고하였고, 루스이는 에도성에 신고하였다. 보고는 지진 발생 이후 3일 지난 3월 26일부터 8월 2일까지 8번에 걸쳐 이루어졌다(原田, 2014;동, 2015). 보고의 사본이「젠코지지진 건(善光寺地震一件)」(地震研究所蔵) 등의 제목으로 에도 시중에 나돌았다.

한편 『신신로쿠(信震録)』(国立公文書館内閣文庫蔵)라는 제목의 책자에는, 속표지에 "이 책은 잘 모르는 세책 가게에서 빌린 것이다. 날짜가 지나도 연락이 없고, 숙소도 이름도 알 수 없어 어쩔 수 없이 놔둔다."라고 쓰여 있다. 세책 가게에서 빌렸지만, 오랜 시간이 지나 돌려줄 곳도 알지 못해 그대로 가지고 있다는 것이다. 책의 내용은 4월 1일 이후 연이어 발생한 지변과 피해 신고를 베낀 것이다. 마지막에는 마쓰시로번 번주 사나다 유키쓰라가 다야스가(田安家) 측에 보낸 편지로, 정원으로 피난하는데 신발이 없어 화장실의 신발을 신고 도망쳤다 등 당시 상황을 생생하게 전하고 있다. 이어서 "소자(유키쓰라)도 이번 일로 노구를 잊고 젊어진 듯이, 또 일생 한번 있는 일이라 여기며 처리하고 있습니다. 조금도 힘든 것은 없습니다."라고 하였다. 상당히 고양된 정신 상태로 재해 구제에 임하고 있다는 내용의 편지 사본이 돌아다닌 것이다. 번주가 개인적으로 보낸 서신까지도 세책 가게 등을 통해 사본이 대여된 사실에 놀랄 수밖에 없고, 짐작할 수 없는 양과 질의 정보가 시중에 넘쳐난 것을 추측할 수 있다. 그것은 재해에 관한 관심이 매우 높았던 것을 보여주는 것이기도 하다.

재해 정보의 시각화: 지변의 그림지도

젠코지지진에 관한 재해 정보의 특징은 다양한 미디어가 사용된 점이다. 마쓰시로번의 사나다 유키쓰라는 번정(藩政) 개혁을 도모한 영주로서 젠코지지진에 대한 정보화를 시도하였다. 먼저 재해 피해 실태를 번 전역 범위의 대규모 지도에 그리도록 하였다. 바로 「신주지진대회도(信州地震大繪圖)」(1.9m×4.2m, 真田宝物館蔵)이다. 그것은 지금의 재해 상황도와 같이, 번 영지에서 발생한 지변을 채색 구분하여 표시하는 등 새로운 발상이었다(善光寺地震災害グループ, 2003;中央防災会議, 2007). 번주가 직접 화가에게 발주했다는 기록은 없지만, 이후 참근교대(參勤交代)를 위해 에도로 갈 때 지도를 가지고 가서 다이묘들과 정보를 교환하는 수단으로 활용했다고 한다. 지도는 번주의 의향에 따른 것으로 추측된다.

지진 이후 3년 지난 1850년(가에이 3)부터 1855년(안세이 2)에 걸쳐 마쓰시로번은 번 전역을 10간의 1분(6천분의 1) 축척으로, 9폭에 나눠「마쓰시로번 측량도(松代封內測量圖)」를 제작하였다.[6] 지도는 당시 측량기술을 가진 아시가루 도호쿠지 다이사쿠(東福寺泰作)와 화가 다나카 겟코(田中月耕)가 작성하였다. 산·숲·하천·제방 등의 지물(地物)은 물론 신사·고적·분묘 등을 표시하고, 번 영지를 정확히 묘사한 지도를 만들려 하였다. 그리고 번주는 1850년부터 영지를 순회할 때 화가를 데리고 다니며, 재해의 지변을 정확히 기록하였다.[7] 현대 사진에 상당하는 기록화인 것이다. 재해를 지도화하여 기록하는 구상과 그것을 뒷받침하는 기술이 결합해, 재해의 기록화라는 새로운 움직임이 있었다.

젠코지지진에 따른 복잡한 지변을 지도로 나타내고 관광 정보도 입력한「신주대지진도」와 사이강 결괴를 그린 「신주서천도」가 함께 작성되었다(그림 4-2·3).[8] 이것을 기획한 우에다번 시오지리촌(鹽尻村)의 하라 마사코토(原昌言)는 막부 가쿠몬조(學問所)에 출판 허가를 얻어, 에도 니혼바시(日本橋)의 서사(書肆) 야마시로야(山城屋佐兵衛)에서 출판하였다. 하라는 직접 에도에 체류하면서 여러 번과 다이칸의 집으로 가서 그림지도를 팔았다.

재해의 수치와 관련해 마쓰시로번은 최종적으로 7월 9일 막부에 8번째 보고를 하였고(原田, 2014;동, 2015), 그 정보가 가와라반 정보로서 그대로 시중에 유포되었다. 그것은 매우 드문 일로, 젠코지지진의 경우에 나타나는 특징이기도 하다. 마쓰시로번이 적극적으로 재해를 지도화하고 여러 번 막부에 재해 정보를 보고한 만큼, 번 영지에서 재해 정보는 비밀이

---

6   京都大学博物館蔵 八幅, 信濃教育会蔵 七幅.

7   青木雪卿,「感応公丁未震災後封内御巡視之図」(真田宝物館蔵)

8   「弘化丁未春二月廿四日信州大地震山頹川塞湛水之圖」
     「弘化丁未夏四月十三日信州犀川崩激六郡漂蕩之圖」

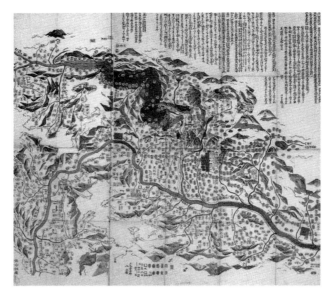

〈그림 4-2〉 弘化丁未春二月廿四日信州大地震山頹川塞湛水之圖

출전: 眞田寶物館藏

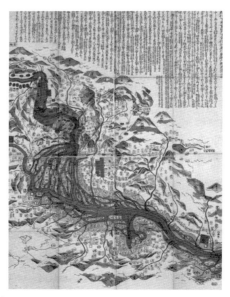

〈그림 4-3〉 弘化丁未夏四月十三日信州犀川崩激六郡漂蕩之圖

출전: 眞田寶物館藏

아니라 널리 사회에 제공되는 등 이전과 다르게 다뤄졌을 것이다. 현지는 물론 에도와 나고야(名古屋) 일대에서 발간된 젠코지지진 관련 가와라반이 적지 않았다(中央防災会議, 2007;名古屋大学附属図書館·附属図書館研究開発室, 2016). 이후 19세기 중엽 이른바 '대지 동란(大地動亂)'의 시기에 사람들은 가와라반을 통해 재해 정보를 파악할 수 있게 되었다. 젠코지지진 관련 가와라반을 통한 재해 정보의 유포가 그 선구라고 할 수 있으며, 19세기 미디어 역사에 큰 의의를 가진다.

3. 안세이 해일과 지진

안세이 도카이·난카이 지진 피해

젠코지지진에 이어 가에이(嘉永)·안세이(安政) 기간 지진이 이어졌다. 1853년(가에이 6) 오다와라지진(小田原地震), 1854년 이가우에노지진(伊賀上野地震)과 해일을 동반한 도카이지진(東海地震) 및 난카이지진(南海地震), 1855년(안세이 2) 막부의 근거지를 덮친 에도지진(江戶地震) 등이다. 그리고 10년 뒤 에도막부가 무너지는 시대의 대전환이 있었다. 참고로 1854년 11월 27일 연호가 가에이에서 안세이로 바뀌어, 당시 사료에는 가에이 7년의 지진으로 쓰여 있지만 현재 안세이지진이라고 불리고 있다.

젠코지지진으로 7천명 이상이 사망하였고, 이후 연속한 자연재해의 경우 해일을 동반한 도카이지진과 난카이지진으로 적어도 3천명 이상, 내륙직하형(內陸直下型)의 에도지진에서는 1만명 이상이 죽은 것으로 추정된다. 멀리 떨어진 젠코지지진의 피해 정보가 이틀도 지나지 않아 에도로 전해진 것처럼, 정보가 집중된 에도와 나고야 및 오사카에서는 가와라

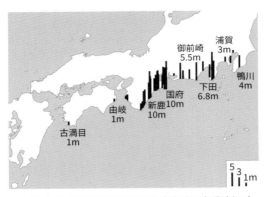

〈그림 4-4〉 안세이 도카이지진의 각지 진도와 해일 높이

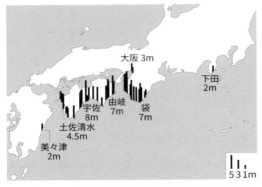

〈그림 4-5〉 안세이 난카이지진의 각지 진도와 해일 높이

출전: 東京大学附属図書館「かわら版・鯰絵にみる
江戸·明治の災害情報」(2008년) 전시물

반도 대량으로 발간되었고, 물자와 인간의 흐름을 따라 재해 정보는 전국으로 퍼졌다.

1854년(안세이 1) 스루가(駿河)·난카이 트러프 일대를 진원으로 하는 도카이지진이 발생하고, 약 30시간 이후 서쪽 난카이 트러프 일대를 진원으로 난카이지진이 연동해 일어났다. 지진과 해일이 중첩한 기이반도(紀伊半島) 태평양연안 지역의 피해는 심각하였고, 두 개 지진의 피해를 명확히 구분할 수 없다고 한다. 두 지진은 M8.4로 도카이지진 진도7, 난카이지진은 진도6~7로 추정되며 해일의 높이는 〈그림 4-4·5〉와 같다.

호에이지진의 경우 스루가탄(駿河灘)에서 피해는 두드러지지 않았지만 구마노탄(熊野灘), 오사카만(大阪灣), 도사만(土佐灣) 및 분고수도(豊後水道) 일대의 규슈(九州) 연안에서는 해일의 피해가 매우 컸다. 19세기 중엽 도카이지진에서는 오히려 스루가만과 기이반도의 태평양연안 및 이즈반도(伊

豆半島)에서 해일 피해가 심각하였다. 도카이도 연변의 미시마(三島)와 누마즈(沼津) 숙장에서 호에이지진의 피해는 거의 기록되지 않았지만, 안세이지진의 피해는 매우 컸다. 다이칸 에가와(江川太郎左衛門)가 관할하는 미시마숙(三島宿)에서는 지진으로 1천074호(1854년 수치) 중 986호가 무너지고, 45호가 소실되었으며 그 외 창고 274곳과 마구간 29곳 등이 완전히 부서졌다. 혼진(本陣)으로 돈야(問屋)를 겸한 세코(世古六太夫)가 막부 도추부교(道中奉行)에게 올린 피해 보고에 따르면, 인마 피해는 없었다고 한다. 미시마 대사(三島大社)도 대대분의 건물이 부서지고 나무가 거의 쓰러졌다(『三島市誌』下卷, 1959). 다이칸 관할 지역이므로 막부는 약 1천083량을 융통하고 무이자, 7년 연부(年賦)로 반제하도록 하였다. 그로써 전파와 반파 가옥에 대해 총 건축비 933량3분과 구휼미 130석을 내리고 숙장을 복구하였다(三島市鄕土資料館, 2008).

　기세강(黃瀨川) 일대의 시모고바야시촌(下小林村, 현 三島市)에서도 큰 지변이 일어났다. 갑자기 땅이 갈라지고 가옥 11채가 몰락해 11명이 산 채로 묻혔다. 2명의 시체는 파냈지만, 나머지 9명은 3장(약 9m) 아래 매몰된 채 행방불명이 되었다(東京大學地震硏究所『新收日本地震史料』別卷五ノ一, 1987). 이 비극의 장소에는 지금도 비석이 세워져, 당시 상황이 전해지고 있다. 미즈노(水野)의 거성인 누마즈성(沼津城)에서도 다이묘의 거처는 물론 건물 대부분이 전파와 반파의 피해를 입었다. 무사의 집도 전파 26채, 반파 39채에 이르렀다. 당시 영지에 있던 미즈노는 임시 거처에 머물다가, 12월 에도로 피난하였다.

시모다정의 해일 피해

　도카이지진으로 시모다(下田)로 해일이 몰려와, 마침 개항을 요구하며 시모다에 입항한 러시아선을 조난시키고 19세기 정치사에 큰 문제를 일으켰다. 그에 대해서는 뒤에서 서술하고, 시모다의 해일 피해를 살펴보자. 시모다항은 사가미만(相模灣)에서 에도만(江戶灣)으로 들어가는 배를 감시하는 중요한 지점으로, 시모다부교(下田奉行)가 관할하는 막부의 직할지였다. 안세이지진으로 시모다에서 81호가 피해를 입었다. 실로 99.5%, 거의 전체가 피해를 입었다고 할 수 있다. 시모다정의 전체 인구 3천851명 중 사망자는 99명이며, 인접하는 가키사키촌(柿崎村)과 오카촌(岡村)를 포함해 시모다부교 관할에서 해일 피해 호수는 〈표 4-2〉와 같다. 당시 러시아와의 교섭을 주도하던 간조부교 가와지 도시아키라(川路聖謨)를 비롯해 다수의 출장 관리도 해일을 피해 뒷산으로 도망쳤는데, 아시가루와 기타 행방불명자가 122명에 이르렀다.

〈표 4-2〉 에도시대 시모다부교 관할의 해일 피해

연	월일	총호수	피해 호수 (헌)	内(유실)(헌)	内(반궤)(헌)	사망자 (인)	파손 배 (소)	총인수 (인)
1703년	10월22일		491	332	160	21	91	
1707년	10월4일		912	857	55	11	97	
1854년	11월4일	下田町	871	841	30	99	30	3851
1854년		柿崎村	75	40	35			386
1854년		岡村	96	96		2		376

출전:「大震津波二付 裁頂お見舞其外控」(下田市史編纂室蔵)

시모다정에서 유실 841호, 반파 30호 모두 817호가 피해를 입고 무사한 집은 불과 4호에 불과하였다. 희생자는 99명으로 가옥 피해에 비해, 상대적으로 적었다. 그것은 진원에서 가까운 건물의 피해는 컸지만, 해일의 도착 시간에 약간의 여유가 있고 해일을 대비한 방파제 등이 있었기

때문일 것이다. 시모다는 항구로서 일찍이 재해를 대비하였다(中央防災会議, 2005)

당시 시모다는 잘 알려진 대로, 일본 외교의 중심 무대였다. 1853년(가에이 6) 6월 일본에 개항을 요구하기 위해 페리 제독이 군함 4척을 끌고 우라가(浦賀)에 왔다. 일본이 국서(國書)의 회답을 다음해로 연기하면서, 그는 일단 돌아갔고 1854년 다시 일본으로 왔다. 우라가에서 3월 3일 미·일 양국 간 화친조약이 체결되었다. 5월 25일에는 시모다의 료센사(了仙寺)에서 화친조약부록이 조인되었고, 6월 2일 페리 제독은 시모다를 출항하였다. 그리고 반년도 지나지 않아 이번에는 러시아 군함이 10월 14일 시모다에 입항했고, 11월 3일 후쿠센사(福泉寺)에서 제1차 교섭이 열렸다. 다음 날 4일 아침 사료마다 발생 시각이 다르지만, 8시에서 10시 사이 해일이 밀려왔다. 그래서 막부 요직에 있던 관리의 기록, 러시아 측의 기록 등 해일에 관한 기술이 많이 남아있다. 그 중 막부의 책임자로서 직접 교섭에 나선 가와지의 일기는, 이후 이어지는 숨 막힐 듯한 러시아와의 교섭을 서술해 일기의 백미라고 평가되고 있다. 공용일기의 측면도 있어서 해일의 상황이 자세히 기록되어 있다.[9]

가와지의 기록에 따르면 해일의 상황은 다음과 같다. ① 오전 8시 지나서 큰 지진이 있어 벽이 무너져 건물 앞으로 나갔다. ② 숙소로 사용하던 다이헤이사(泰平寺)의 석탑과 등이 모두 쓰러졌다. ③ 650~670m 정도 달려 다이안사(大安寺) 뒷산으로 올라가 아래를 보니, 해일이 밀려와 시가지에 흙먼지가 날리고 난리가 났다. ④ 큰 파도가 밀려와 인가가 무너지고, 큰 배는 날아가듯 빠르게 파도에 밀려 바다에 푹 빠졌다.

---

9   川路聖謨, 藤井貞文·川田貞夫 校注, 1968, 『長崎日記·下田日記』, 平凡社, p.151.

〈그림 4-6〉 모자이스크 「시모다에 몰려온 해일」
출전: 러시아 해군중앙박물관 소장

러시아 군함에 동승한 사제가 배에서 체험한 바에 따르면, 9시경 지진이 있었고 10시 지나 해일의 제1파가 시모다만을 습격한 뒤 더 거대한 제2파가 10분 후 덮쳤다. 그로 인해 시모다의 시가지가 완전히 파도에 휩쓸려 흔적도 없어졌다고 한다. 해일의 도착 시각을 9시라고 한 기록이 정확할지도 모른다. 러시아 군함에 동승한 모자이스크(Mozhaiskij)는 해일에 휩싸인 시모다만의 상황을 그렸는데, 아마 일본에서 처음으로 안세이 해일의 모습을 그린 것으로 보인다(그림 4-6).

해일 이후 구제는 빠르게 이루어졌다. 그 이유로 먼저 러시아와의 통상 교섭이 시모다에서 이루어지고 있었다. 시모다를 복구하지 않으면 교섭을 제대로 할 수 없는 것이다. 막부의 응접을 담당하는 로주와 간조부교, 지금으로 말하면 외무대신과 대장대신(大藏大臣)을 비롯해 많은 하급 관리가 러시아를 응접하기 위해 시모다에 집결하였다. 해일로 인해 그들의 숙소와 부교쇼(奉行所)가 무너졌고, 러시아 군함도 닻이 부서져 시모다만에서 40회나 돌며 파손되었다. 따라서 외교 교섭을 위해 조금이라도 지장을 줄이려면, 출장 관리의 숙소와 러시아 측에 대한 대응뿐 아니라 시모다의 재홍에 대해서 대책을 세워야 했다. 그것은 지토(地頭)나 다이칸이 책일질 수 있는 범위를 훨씬 넘어서는 국가 차원의 직접적인 지원이라 할 수 있었다.

지상 명령: 시모다를 재건하라

시모다부교는 니라야마(韮山)의 다이칸쇼에 위급한 상황을 알렸고, 그날 구제소가 설치되고 죽이 배급되었다. 다음날 11월 5일 시모다정의 대표들이 함께 모여 마을의 이재민을 조사해 근처 친척이 있는 자는 그곳으로 피난을 부탁하고, 그렇지 않은 자는 구제의 임시 거처에 있도록 조치를 하였다.[10]

막부에도 급한 사정이 보고되었고, 막부는 11월 10일 쌀 1천500석과 3천량을 시모다에 보냈다. 그중 구제금 200량을 11월 17일 시모다정에 배분하였다. 이재자 구제금의 배분 기준은 유실 가옥 1호당 금 3분(15만엔), 침수 가옥 1호당 금 2분(10만엔), 사망자 1명에 1관문(2만7천엔) 등이었다.[11] 당시 화폐 가치를 이해할 수 없지만, 현대인의 시선으로 볼 때 응급에 상응하는 일시 구제금이 지급되었다. 그리고 시모다부교가 시모다정에 200량, 가와지와 나카무라 다메야(中村爲弥) 및 요리키쿠미가시라(與力組頭) 등 막부 관리들이 금전과 쌀 및 된장, 그리고 당시 해안 경비를 위해 포대 석축 공사를 하고 있던 고슈(甲州) 상인 아마노 한조(天野伴蔵) 등이 쌀 500표

---

10   下田市史編纂委員会 編, 1990, 『下田市史』資料編3, 下田市教育委員会.

11   괄호 안 금액은 1량=20만엔으로 환산한 추정치.

등을 보내 지원하였다.

당시 외국은 에도와 가까운 항구를 주장했지만, 막부는 결코 에도의 내해(內海)로 외국선을 받아들일 수 없었고, 시모다항이 에도와 가까운 점을 들어 개항장으로 제시하였다. 만일 '통상'이 이루어져도 시모다는 이즈반도의 끝부분에 고립되어서 영향이 크지 않으리라 예측하였다. '화친' 조약을 맺은 이상 조약문에 유보 지구(遊步地區) 즉 외국인 자유로이 활동할 수 있는 구역이 명기되고, 필연적으로 개항장에 상륙 범위가 규정되었다. 시모다항에서는 이누바시리도(犬走島)에서 사방 7리(26.25㎞)였다. 시모다는 이즈반도의 끝부분이면서 산으로 둘러싸여 평탄한 길이 확보되지 않고 육로가 막혀 통상 확대를 최대한 억지할 수 있었다. 그런 시모다가 해일로 파괴되었다.

해일로 시모다가 파괴되었다는 소식이 도착하자, 막부는 러시아와의 교섭 장소를 옮길 것인지 논의하였다. 곧바로 11월 7일 로주는 러시아 응접 책임자와 시모다부교에게 명령을 내렸다. 10일 시모다에 도착한 명령에 따르면 "지금 우라가로 교섭 장소를 옮겨도 다른 외국선이 도착한다. 사원을 사용하거나 가건물을 지어서 어떤 경우에도 시모다에서 교섭하라"고 하였다. 비용이 얼마 들든지 시모다에서 교섭을 속행하고 그를 위한 조치로 2천량을 지급한다고 했다.[12]

일본과 러시아 간 교섭은, 러시아 선박의 수선장을 헤다촌(戶田村)으로 결정하기까지 흔들렸다. 개국을 거부하는 미토번(水戶藩)의 도쿠가와 나리아키(德川齊昭)는, 시모다의 와카노우라(和歌浦)를 수선장으로 하여 러시아선이 상륙하면 공격해 쫓아버리라고 했다. 외교 교섭이 수습된 1855

12 　東京大学史料編纂所 編, 1985, 『大日本古文書 幕末外国関係文書之8』, 東京大学出版会.

년(안세이 2) 이후 본격적으로 시모다의 부흥 정책이 전개되었다. 막부는 가와지·미즈노 다다노리(水野忠徳)·이와세 다다나리(岩瀬忠震)를 책임자로 파견하고, 시모다부교 이사와 마사요시(伊澤政義)와 이노우에 신에몬(井上新右衛門) 두 사람과 함께 개항장으로서 시모다 재흥의 계획을 입안하도록 하였다.

시모다 재건의 중심으로 인근으로 흩어진 이재민의 집을 재건하고, 해일을 방지하는 방파제를 복구하며, 어선 제작의 자금을 지원하는 등 인심을 고려한 부흥 정책이 제시되었다. 1855년 지급된 부흥 자금 총액은 9천855량으로, 대상은 시모다 외 3개촌(柿崎村·岡村·中村) 1천218호였고 반제 조건은 1856-1865년 10년간 무이자로 매년 985량 반제하는 것이었다.[13] 이렇게 막부는 1855년 1년간 복구와 부흥 공사에 주력하고, 구제를 겸한 사회기반 투자를 집중적으로 실시하였다. 시모다 지배의 거점인 부교쇼(奉行所)를 나카촌(中村)에 완성하였다. 1856년 7월 25일 주일 미국대사 해리스(T. Harris)가 시모다에 상륙해 신설의 응접소에서 일본 관리와 만나고, 교쿠센사(玉泉寺)에 머물렀다. 10월에는 일본과 러시아 간 조약이 비준 교환되었고, 개항장으로서 시모다의 기능이 부활하였다.

1859년(안세이 6) 2월 29일 가나가와(神奈川) 개항이 이루어지면서 시모다항은 폐쇄된다. 동년 2월 4일 해리스 일행이 시모다항을 떠났다. 이어서 막부 관리도 새로 열린 가나가와항으로 부임하기 위해 시모다를 떠나기 시작했고, 새로 지은 시모다 부교쇼도 막대한 철거비를 들여 부셨다. 막말 재해와 외교 교섭에 농락된 일본의 모습이 시모다항에서 전개된 것은 아닐까.

---

13   東京大学史料編纂所 編, 1985, 『大日本古文書 幕末外国関係文書之9-10』, 東京大学出版会.

'볏가리의 불' 전설

도호쿠지방 지진의 발생을 계기로 해일 방재에 관한 법률이 제정되고, 11월 5일이 '해일 방재의 날'이 되었다.[14] 2015년 11월에는 '세계 해일 방재의 날'이 되었다. 11월 5일은 어떤 날일까. 안세이 난카이지진이 발생한 날(양력 1854년 12월 14일)이다. 물론 제정 당시 신문 등에서 11월 5일이 아닌, 도호쿠지방 지진이 발생한 3월 11일로 하자는 의견도 있었다.

11월 5일로 결정된 이유 중 하나는, 「볏가리의 불(稲むらの火)」이라는 20세기 일본의 국어 교과서에 실린 해일 구제 이야기이다. 그것은 원래 헌(P. L. Hearn)이 "A Living God"이라는 제목으로 발표한 수필로, 해일에 휩싸여 표류한 마을 사람을 구하기 위해 볏가리에 불을 붙인 와카야마현(和歌山縣) 아리타군(有田郡) 히로촌(廣村) 호상인 하마구치 고료(濱口梧陵)에 관한 내용이다. 헌은 이 글을 포함해 "Gleanings in Buddha Fields"『仏の国の落穗拾い』라는 책을 1897년 미국에 출판하였다. 어쩌면 1896년 산리쿠해일(三陸津波)에 충격을 받아, 안세이 난카이지진으로 기이수도(紀伊水道) 일대의 히로촌을 덮친 해일에서 마을 사람을 구한 하마구치를 연상하면서 글을 썼을 것이다.

수필을 읽은 현지의 학교 교원 나카이 쓰네조(中井常藏)가 1934년(쇼와 9) 문부성(文部省)의 교재 모집에 「볏가리의 불」라는 제목으로 작품을 응모해 입선되었다. 그것이 1937년 심상소학교(尋常小學校) 5학년의 국어 국정교과서에 게재되고, 이후 전국적으로 해일 구제와 방재교육 독본(讀本)으로 알려졌다. 일련의 방재교육 독본을 제언한 것은 이마무라 아키쓰네(今村明恒)였다. 그는 1933년의 산리쿠해일의 방재에 깊이 관여했으며, 비

---

14   平成23年(2011) 法律七十七号「津波対策の推進に関する法律」.

석에 해일 경고의 표어를 새기도록 제언하기도 했다.

히로촌을 구한 하마구치 고료

난카이지진으로 히로촌은 사망자 36명, 가옥 유실 125동, 전파 10동, 반파 46동의 피해를 입었다. 히로촌은 기이수도에 면해 시코쿠(四國)의 도쿠시마(德島)와 마주하였다. 마을 북쪽과 남쪽에 흐르는 히로강(廣川)과 에가미강(江上川)으로 해일이 밀려와, 마을이 침수되며 심각한 피해를 입었다. 사람들은 고지대의 하치만신사(八幡神社)로 피난하였다. 그때 하마구치는 뒤쳐진 사람들을 위해 어둠 속 표지가 되도록 횃불을 붙이도록 젊은이들에게 지시해 표류하는 사람들을 구했다. 나카이의 소설에는 마을 사람들을 구한 쇼야(庄屋, 하마구치가 모델)의 집이 고지대에 있는 것으로 설정되었지만, 사실은 히로촌의 방파제 석축에서 300m나 떨어져 있는 저지대에 있었다. 소설에는 횃불이 아닌, 볏가리에 불을 붙이는 등 가공된 부분이 적지 않다.

헌의 수필 "A Living God"에는 볏가리에 불을 붙여 사람들을 구했다는 임기응변의 쇼야를 '살아있는 신'이라고 하였다. 하지만 그것만으로 사람들이 '살아있는 신'으로 우러러 보지 않았다. 하마구치가(濱口家)는 야마사쇼유(ヤマサ醬油)의 창업가로서 에도로 진출한 호상이었으며, 당시 하마구치 기헤이(濱口儀兵衛, 梧陵는 호)는 35세, 7대 가주(家主)였다. 해일 이후 이재민이 일용할 식량을 얻을 수 있도록 제방 축조를 도모하였다. 재해로 인해 의기소침한 사람들에게 살아갈 의욕과 용기를 주어 마을을 부흥시키려 했다.

현재 향토의 위인으로 중학교 교정에 동상이 서 있는 하마구치는 그저 '마을의 쇼야'가 아니다. 메이지유신 이후 와카야마번(和歌山藩) 곤다이산지(權大參事), 와카야마현 의회 의장을 등을 역임하고 1884년(메이지 17)에는 미국으로 건너가 이듬해 뉴욕에서 객사하였다. 당시로서는 드물게 세계를 시야에 둔 인물이었다. 그리고 패전 이후 사라진 국어교과서의 교재 「볏가리의 불」은 2011년 새로운 모습으로 다시 국어 교과서에 등장하였다.

후일담이지만 안세이 난카이지진 이후 만들어진 제방은, 92년 뒤 다시 히로촌을 덮친 쇼와 난카이해일로부터 마을을 구했다. 한편 에가미강 연안의 개발지에 세워진 방적공장은 해일에 휩쓸려 여공 22명이 죽었다. 그 사실도 현대사에서 매우 교훈적이다. 제방은 매년 11월 5일 학생들이 한줌의 흙을 더하며 방재교육의 현장으로서 활용되고 있다.

4. 1855년 안세이 에도지진

안세이 에도지진의 개요

1855년(안세이 2) 10월 2일(양력 11월 11일) 오후 10시경 에도에 지진이 덮쳤다. 지진은 이전 두 번의 지진과 달리, 내륙직하형 지진으로 해일은 없었다. 지진학적으로 진원과 진앙(震央)에 대한 견해는 일치하지 않는다. 진원이 북미 플레이트에 태평양 플레이트와 필리핀해 플레이트가 파고드는 지점으로 플레이트 내 30-50㎞에 위치하며 진앙은 도쿄만(東京灣) 북부라는 견해가 있는 한편, 보다 깊은 플레이트 내 70㎞에 진원이 위치하고 진앙은 지바현(千葉縣) 북서부라는 견해도 있다. 진원이 깊으면 지진파(地震波)가 지표에 도달하는 시간이 늦어지고, 광범위하게 확산된다. 이후 사료가 계속 발굴되고 피해 기록이 나오면 진앙의 추정지가 바뀔 수도 있다.

진원 범위의 활동면(slip surface) 면적에 근거해 지진은 M6.9로 추정되

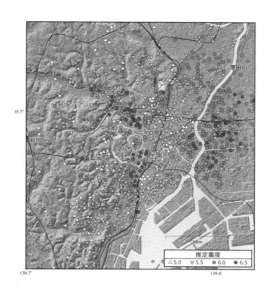

〈그림 4-7〉 안세이 에도지진의 진도 분포도

며 진도6 또는 6이상으로 생각된다(그림 4-7). 32개소 또는 50개소에서 화재
가 일어났지만, 다행히 광범위하게 연소(延燒)가 확산되지 않았다. 사료에
따라 다르지만, 소실 범위는 1.5㎢로 추정된다.

먼저 행정조직을 재건하다

에도지진으로 가옥 피해를 입은 번은 266개 번 중 116개 번으로, 그
중 소실과 연소 등의 피해는 23건이었다. 번은 에도에 가미야시키(上屋敷),
나카야시키(中屋敷), 시모야시키(下屋敷), 가카에야시키(抱屋敷) 등 여러 채
의 가옥을 보유하는데, 번저(藩邸)에서 사망자는 모두 2천 명 정도로 추정
된다. 먼저 에도성 인근에 거주하는 로주와 와카도시요리 등의 저택이 파
손된 경우, 막부가 재건 자금을 대여하였다. 즉 로주 4명, 지샤부교(寺社奉
行) 3명, 와카도시요리(若年寄) 5명에 대해 총 5만8천량을 무이자, 10년 연

부 반제 조건으로 대여하였다. 번저는 원칙적으로 막부로부터 하사되는데, 로주와 와카도리요리 등의 경우 번저가 사무소이기도 하였다. 따라서 재해 복구의 대부금은 지금의 중앙정부에 해당하는 주요 기관을 복구하는 것이기도 하였다.

그리고 에도성 도키와바시문(常盤橋門) 안의 오반쇼(大番所), 구제금을 입출을 담당하는 간조부교쇼(勘定奉行所), 소방 기능을 파악하는 히케시야시키(火消屋敷), 소송 관련 사항을 취급하는 효조쇼(評定所), 범죄자를 수용하는 감옥, 에도의 행정 실무를 담당하는 마치카이쇼(町會所) 등이 복구되었다. 복구 순서를 통해 막부가 재해 대응과 관련하여 무엇을 중심 업무로 하였는지 알 수 있다(표 4-3). 2011년 동일본대진재와 2016년 구마모토지진에서도 관청의 붕괴 및 손상으로 복구와 지원 활동이 얼마나 늦어졌는지 경험하였다. 에도지진에서도 정치의 중추인 로주의 관사 등이 먼저 복구되었다. 이런 점에서 막부의 대응은 전반적으로 신속했다고 할 수 있다(中央防災会. 2004).

〈표 4-3〉 안세이 에도지진에서 관청 복구(1855-1859)

연	월	관청
2	10	①大番所
	11	勘定奉行所(②小川町·③虎門外·本丸普請持場)
	12	⑤牢屋敷, ⑥両国橋, ⑦火消屋敷(飯田町), ⑧畳役所
3	1	勘定奉行所(虎門外), 火消屋敷(⑨八重洲河岸·⑩御茶ノ水), 厩(曲木)
	2	⑫評定所, 牢屋敷
	3	⑬町会所, 火消屋敷(⑭麹町·⑮駿河台·⑯市ケ谷)
	4	勘定奉行所(小川町)
	5	猿江材木蔵, 火消屋敷(⑰赤坂), 厩(⑱鶴見), ⑲舟蔵·舟見番所, 評定所
	6	⑳浅草書替役所, 浅草暦調所

	8	九段坂測量役所, 火消屋敷(市ケ谷), ㉑北町奉行所, ㉒勘定奉行所(小石川)
	9	台場
	10	牢屋敷(風損 수선)
	11	勘定奉行所(神田橋, 風損 수선)
	12	勘定奉行所(虎門外, 風損 수선)
4	4	浅草高札場
	5	竹橋蔵地
	6	㉓溜池山王宮, 浅草高札場
	7	厩(㉔諏訪部)
	9	㉕大政殿学問所
5		기록 없음
6	1	㉖金座吹所, 大奥
	2	看役所, ㉗青物役所
	5	③勘定奉行所(虎門外)
	6	講武所(小川町)
	7	上野常憲院, 有徳院御霊屋
	8	台場
	10	本丸 수복(7월 화재 수복), ㉘南町奉行所
	12	③勘定奉行所(虎門外)

출전: 「柳営日次記」(内閣文庫蔵)

하타모토와 고케닌의 주택

하타모토와 고케닌의 사망자 수는 분명하지 않다. 사실 안세이지진 당시 하타모토와 고케닌의 규모를 알 수 없는데 약 50년 전 하타모토는 약 5천200가, 고케닌은 약 1만7천가였다. 다만 하타모토 5천가라고 해도, 휘하의 가신(陪臣) 수는 파악되지 않았다. 고케닌도 그러했다. 군역의 규정에 근거해 영지 규모에 상응하는 가신의 수가 정해졌지만, 그것은 이미 에도

중기에 지켜지지 않았다. 친척 간에 가신을 빌려 주고받는 등, 일반적으로 에도성으로 올 때만 임시로 가신을 고용해 체재를 갖추었다(根岸, 2009).

지진으로 인한 가옥의 파손 상황에 근거해 복구를 위해 어느 정도의 자금이 대여되거나 내려져야 했는지 예측한 사례가 있다.[15] 500석 이상부터 9천석 하타모토 1천658가를 상정하고, 각각 연소·전파·반파의 수를 3분의 1씩으로 견적한다. 그리고 각 영지 규모에 상응해 대부금을 집계하면 8만9천077량이라는 수치가 산출된다(표 4-4). 그 외 500석 이하와 고케닌에게 주는 금액(반제 의무가 없음)이 더해진다. 위의 상정에 의하면 하타모토와 고케닌을 합쳐 가옥의 파손률은 80%에 이른다. 〈표 4-4〉에 연소 수도 적지 않다고 상정된 점을 고려하면, 희생자의 수도 상당하였을 것이다. 다만 그 실태는 분명하지 않다. 다이묘와 막신(幕臣)뿐만 아니라 무사는 일반적으로 상속자 승인이 없으면 집안을 존속할 수 없으므로 죽어도 공표를 자제하거나, 또는 지진 등의 재해로 생명을 잃는 것을 불명예라고 생각하였다. 이번 지진으로 죽은 다이묘는 없었다.

〈표 4-4〉 500석 이상 하타모토의 피해와 대부금 (상정)

석고	피해 예상(가)	연소 대부(량)	전궤(량)	반궤(량)
9000~5000	113	200	140	70
4000~3000	143	150	100	50
2000~1000	576	100	70	35
900~700	250	50	35	17, 2分
600~500	576	30	20	10
計	1658	43960	30065	15152, 2分

출전: 蓬左文庫蔵『青窓紀聞』

---

15   蓬左文庫蔵『青窓紀聞』

조닌 주거지의 피해와 구제 및 시행

조닌 거주지의 사상자 수와 관련해, 구역별 수치가 남아있다. 즉 21 번조(番組)는 시나가와(品川)와 요시와라(吉原)를 포함해 사망자 4천293명, 부상자 2천759명이었다. 그것은 마치부교쇼가 각 구역의 대표자를 통해 10월 중순에 조사한 수치였다. 사망자와 부상자가 많은 3번조 아사쿠사(淺草)는 인구도 많고, 스미다강(隅田川) 서편의 지반이 연약한 곳이다. 스미다 강 동편의 16번조 혼조(本所), 17번조 후카가와(深川), 18번조 야나기시마(柳島) 등은 지진에 의해 압도적으로 많은 사상자가 나왔다. 원래 후루도쿄강(古東京川)이라는 불리는 하천에 의해 형성된 충적지로, 에도의 인구 증가로 개발되었으며 목재와 석재를 두는 곳 등으로 기능하였다. 19세기에는 재목상 등 부유한 조닌과 그곳에서 일하는 직인들이 집주하는 곳이었다.

에도마치부교를 중심으로 구제가 전개되었다. 먼저 간세이개혁(寬政改革)에 마쓰다이라 사다노부(松平定信)가 설치한 마치카이쇼의 비축미를 죽과 주먹밥으로 만들어 이재민에 나눠주었다. 막부는 집을 잃고 식사를 거르는 궁민을 위해 임시 구제소를 5곳 설치하고, 1855년 12월까지 약 3개월 간 유지하였다. 후카가와 에이다이사(永代寺)의 가건물은 이듬해 1856년 정월까지 유지되었다. 밥을 지을 수 없는 상황에서 주먹밥 등으로 식량을 긴급 원조해, 에도 서민의 약 55만 명 중 3분의 1 이상에 해당하는 약 20만 명이 혜택을 받았다. 지진 1개월 후 시작된 쌀의 염가 판매('御払米')로 약 38만 명이 쌀을 구매했다.

그러나 당연히 막부의 구제만으로 재해 이후 물자 결핍의 상태가 충족되지 않았다. 에도의 호상을 비롯해, 진재로 인해 경기가 좋아진 재목과 못 등 철물을 다루는 상인들이 임시 구제소에 돈과 쌀 및 된장 등을 시행하였다. 구제소에 들어가지 않지만 재해 궁민이 된 이재민에게는, 각 구역의 호상과 지주 등이 쌀과 돈을 나누거나 집세를 면제하는 등 구제 조치를 강구하였다. 막부는 에도 구역 간 상호 구제를 촉진하기 위해, 시행한 조닌들의 이름을 구역별 사무소 등에서 붙이고 포상하였다. 다만 구역별 구제이므로 반드시 에도 전체 궁민에게 미치는 것은 아니었다.

〈표 4-5〉는 에도의 각 번조별 사상자 수와 시행 조닌 수 및 금액을 나타낸 것이다. 시행 금액을 보면, 1번조의 19명 2천144량이 두드러지고, 7번조의 29명 2천394량, 17번조의 44인 3천733량 등이 이어진다. 1번조는 '흙 1升이 금 1升'이라는 에도에서도 지가(地價)가 가장 높은 곳으로, 이곳에 가게를 차린 상인 19명이 이재민에게 2천144량을 시행하였다. 평균적으로 시행자 1명이 113량을 냈다. 호상이 가게를 내는 니혼바시(日本橋) 등 에도의 중심부는 호상의 시행을 몇 번이나 받을 수 있었다. 한편 사상자도 많고 시행 금액도 낮은 13번조 유시마(湯島)·시타야헨(下谷邊)의 변두리에서 시행은 그리 많지 않았다.

〈표 4-5〉에도 시중의 사상자와 시행자 및 금액

번조	장소	사망자	부상자	시행 조닌	시행 금액 (량)
1	日本橋北	96	24	19	2,144
2	小伝馬町·猿若町	86	75	37	822
3	浅草	578	271	26	1,570
4	日本橋南	17	5	22	1,437
5	京橋	29	29	4	173
6	京橋~芝口	5	19	9	279
7	八丁堀、築地	69	87	29	2,394
8	芝口~増上寺	81	41	9	382
9	麻布, 芝	18	8	2	46
10	麻布, 青山	10	21	1	13

11	今川橋·筋違橋門	75	65	1	19
12	本郷	24	21	8	339
13	湯島~下谷	366	199	4	162
14	根津, 谷中	30	45	5	132
15	麹町, 市谷	63	96	17	362
16	本所	384	392	7	557
17	深川	1,186	820	44	3,733
18	柳島	474	508	4	235
19	白金	0	0	1	71
20	四谷~雑司ヶ谷	5	10	2	50
21	浅草新寺町	65	11	1	32
品川		6	0	1	54
吉原		630	28	2	31
	사례 합계 수치	4,293	2,759	255	15,037
	계산 수치	※4,297	※2,775		

※는 사료 기재의 수치. 출전: 北原, 2000

에도에서 진재 경기를 상징하는 것으로 자주 인용되는 나마즈에(鯰繪)에는, 목수·미장이·비계 직인이 임시 거처에서 술을 마시는 등 진재 경기에 취한 내용이 많다. 이 상황은 에도라서 나타나는 정경일 것이다. 사실 266개 번의 주택 전부가 크든 작든 피해를 받았고, 영지에 원조를 요구했다. 아오모리(青森) 히로사키번(弘前藩)은 혼조의 가미야시키가 크게 부서지고, 하마초(浜町) 나카야시키는 무너졌으며, 번저에서 79명의 사망자가 나왔다. 번은 사태를 영지에 보고하였고, 10월 14일 2천량의 긴급 자금과 함께 공사 담당 관리가 목수·비계 직인·톱장이 등을 데리고 영지를 출발하여 11월 2일 에도에 도착하였다. 이후 11월 중 세 번에 걸쳐 복구 자금 총 6천량이 보내졌다. 에도와 가까운 가사마번(笠間藩)은 품삯 급등으로 에도에서 고용한 인력을 중지시키고 영지에서 목수를 불렀다. 후쿠오 카번(福岡藩)에서는 복구 자금으로 5천500량을 보내도록 영지에 요청하였 다. 이런 사례는 각번의 자료를 통해 검증할 수 있다. 에도 번저의 복구를 위해 자재와 돈, 거기다 직인들이 영지에서 에도로 집중하였다. 그 결과 나마즈에 속 술 취한 얼굴이 나타났다(北原, 2000).

막말의 재해

이상으로 젠코지지진, 안세이 도카이지진과 난카이지진 그리고 에 도지진과 구제 대응을 살펴보았다. 재해들이 정치에 미친 영향과 사회 변 화를 어떻게 볼 것인가. 도카이지진에서 막부는 개국을 요구하는 외교 교 섭 중에 일어난 재해에 나름대로 대응하였다. 하지만 그것은 자국의 민을 의식한 것이 아니라 오로지 외국에 대한 국가 차원의 대응이었다. 개항장 이 우라가로 옮겨지면서, 시모다정은 부흥을 위해 빌린 돈만 남는 비극을 겪게 되었다.

한편 민간 차원에서 지식과 재물을 축적한 계층이 재해를 입은 지 역의 부흥에 독자적인 판단력으로 대처하였다. 그런 사례는 난카이지진 의 히로촌만이 아닐 것이다. 끊임없이 홍수와 해일 재해를 당한 쓰치우라 번(土浦藩)의 호상 일족인 이로카와 미나카(色川三中) 등도 지방에서 재물과 지식을 축적해 새로운 문화를 일으킨 인물이었다. 돌발적이고 때로는 상 습적인 재해를 당한 경우, 자신이 속한 지역사회의 재생을 위해 가진 힘을 다해 분투한 사람들이 당시 농촌과 도시에 넓게 존재하였을 것이다. 그런 사람들이야말로 이후 정치 변동과 사회 변동을 극복하고 지역을 지지하 는 힘을 발휘해 새로운 지역의 모습을 보여주는 것이었다.

제5장

근대: 국가와 재해

1. 노비지진

사회의 전기가 되었던 재해

본 장에서는 지금까지 살펴본 근세의 재해 복구 혹은 부흥의 방식과 비교하면서 근대 이후 일본에서 발생한 재해의 경우, 대응에서 어떤 차이가 있었는지 구체적인 사례를 통해 살펴보기로 한다. 다만 우선적으로 자료로 삼아야 할 재해에 관한 기록들인 신문, 사진, 행정문서, 개인 일기 등이 방대한 양에 달하며, 재해와 관련된 과학적 분석과 연구 등의 학문 영역이 국내외로 확대되는 시기이기도 했다. 이전 시대와 달리 근대사회에서는 사회적 기반이 점차 정비되고, 투입되는 예산과 관여하는 기관과 사람들도 한층 확대되었다.

본 장에서는 사회적 기반 시설이 재해로 훼손된 경우 어떤 형태로 복구 부흥이 이루어지는지를 다루면서, 중심적 논제를 근대 국가와 재해로 하였다. 따라서 국가와 행정이 어떻게 재해 복구, 부흥에 관여하는지 초점을 맞춰 보려고 한다. 다만 재해에 관한 입법 계기는 재해가 발생하고 그에 대한 필요한 대응책이 이루어지는 가운데, 법률의 실질적 내용이 결정되어 간다. 결국 재해의 전반적인 역사를 살펴볼 필요가 있다는 얘기다.

　이하에서는 사회의 전기가 된 재해를 대상으로 하는데, 지진과 해일 등 자연에서 돌발적으로 발생하는 재해를 중심으로 각 시기 재해가 사회에 끼친 특기해야 할 사항을 열거했다. 이들은 일단 6시기로 나누는 것이 타당하다고 보았다. 〈표 5-1〉, 〈그림 5-1〉 등을 참조하면서 간단하게 설명하려 한다.

<표 5-1> 재해 관련 사회·국가의 대응

시기	개별재해와 발생연도	법률의 제정, 연관 사항
I	1888: 반다이산(磐梯山) 분화 1889: 나라(奈良)·와카야마(和歌山) 대수해 1891: 노비(濃尾) 지진 1893: 태풍 1894: 쇼나이(庄内) 지진 1896: 메이지산리쿠(明治三陸) 쓰나미	1880: 비황저축금법(備荒貯蓄金法) 1892: 진재예방조사회발족(震災予防調査会発足) 1896: 하천법 1897: 삼림법 1899: 이재구조기금법
II	1910: 간토수해(関東水害) 1917: 도쿄만 쓰나미 재해 1923: 간토대지진 1925: 기타타지마(北但馬) 지진 1927: 기타탄고(北丹後) 지진	1919: 도시계획법 1923: 국민정신작흥조서(国民精神作興詔書) 1924: 시가지건축물법개정, 내진기준도입
III	1933: 쇼와산리쿠(昭和三陸) 쓰나미 1934: 하코다테(函館) 대화재 1934: 무로토(室戸) 태풍 1938: 한신(阪神) 대수해 1942: 스오나(周防灘) 태풍 1943: 돗토리(鳥取) 지진 1943: 규슈·시코쿠(九州·四国) 태풍 1944: 도난카이(東南海) 지진 1945: 미카와(三河) 지진	1935: 수해방지협회 발족 1938: 국가총동원법
IV	1945: 마쿠라자키(枕崎) 태풍 1946: 난카이(南海) 지진 1947: 카스린(カスリーン) 태풍 1948: 후쿠이(福井) 지진	1946: 일본국헌법 공포 1947: 일본국 헌법 시행 1947: 재해구조법
V	1953: 난키(南紀) 호우 1954: 도야마루(洞爺丸) 태풍 1958: 가노가와(狩野川) 태풍 1959: 이세만(伊勢湾) 태풍 1964: 니가타(新潟) 지진	1900: 치산치수 특별조치법 1961: 재해대책기본법 1969: 지진예지(地震予知) 계획 1978: 대규모지진특별조치법 1984: 화재보험대개정

VI	1995: 한신(阪神)·아와지(淡路) 대지진 2004: 니가타현(新潟縣) 주에쓰(中越) 지진 2011: 동일본대지진 2014: 미타케산(御岳山) 분화 2014: 히로시마(広島) 호우 재해 2016: 구마모토(熊本) 지진	1995: 지진방재대책특별조치법 1998: 피재자생활재건지원법 2011: 동일본대진재부흥기본법

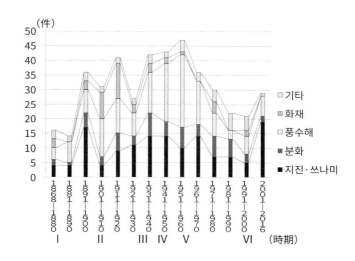

<그림 5-1> 일본근현대 재해건수

주기. 전반적인 사회적으로 문제가 제기된 아래 재해를 포함한다.

기타: 냉해, 한발, 산사태 토석류 나호트카 호 중유 유출 사고, 도카이 우라늄 임계사고 등을 포함한다.

화재: 1901~1920년대의 다수의 큰 화재, 1976년 酒田 대화재 이후, 불에 탄 집이 많은 화재는 소멸되어 가는 경향이다.

풍수해: 태풍, 강풍, 호우, 폭풍우, 수해, 폭설, 눈보라

분화: 磐梯山(사망 461), 霧島御鉢, 伊豆鳥島(사망 125), 硫黄島(전도민 이주), 有珠山, 淺間, 桜島(사망 58), 十勝岳(사망 144), 阿蘇山, 三原山

출전: 北原, 2012. 단 2016년까지 지진과 분화 사례를 추가함.

　　우선 제1기는 메이지 유신 정부에게 다행으로, 초기에는 자연재해 발생률이 다른 시대에 비해 적었다. 이 시대에 국가 재정은 토지세가 80%

이상을 차지했기 때문에 농민, 농지에 대한 흉년에 대한 대응책으로 비황저축금법(備荒儲蓄金法)이 1880년에 정해졌다. 그러나 1890년대에는 청일전쟁 전후로 노비(濃尾) 지진, 메이지산리쿠(明治三陸) 쓰나미 등, 대규모 재해가 빈발했다. 농민 보호를 주목적으로 했던 법률은 재해지의 피해자 구조를 도모하는 이재구조기금법(罹災救助基金法)으로 전환되었다. 주목해야 할 것은 이 법률이 패전 시기까지의 전전(戰前) 재해구조의 기본이 되었다는 것이다.

제2기는 간토대지진을 포함한 1900년~1930년대이다. 이 시기의 특징은 풍수해와 화재가 빈발한 것과 함께 도시화 진전에 따라 재해에 의한 피해 규모의 확대화 경향이 현저해졌다는 점이다. 말할 필요도 없이 간토대지진에 의한 수도(首都)의 와해로 인해 도시계획에 사회의 관심이 높아져 도시 정비 내진설계 등이 도모되었다.

제3기인 전시체제 시기에 전반기는 쇼와산리쿠(昭和三陸) 쓰나미가 메이지산리쿠(明治三陸) 쓰나미 이후 36년 만에 발생했으며, 이때 처음으로 의식적인 쓰나미 방재 대응책이 마련되었다. 수해로 인한 피해가 도시 곳곳에서 발생했고 사망자도 다수 발생했다. 제3기 후반은 태풍이나 지진으로 인한 사망자도 많았지만, 전시체제가 한창이어서 국내에서의 대규모 재해에 대한 대응력은 실종되었다.

제4기 점령기에는 제2차 세계대전 패전으로 일본은 연합국 군대의 통치 아래에 놓였으며 오키나와는 미군에 의한 군정 지배가 되었다. 본토는 민생이 중시되면서 모든 면에서 천황제 유지와 관련한 법적, 경제적, 문화적 기반의 철폐와 동시에 민주주의 이념에 기초한 법체계로의 개편이 추진되었다. 재해에 관해서도 난카이(南海) 지진 피해자와 전시의 폭격으로 인해 괴멸적 타격을 입은 지역이 방치되고 있는 상황을 감안해 재해

기본법이 공포되었다. 다만 국회 논의가 진행 중이었던 1947년에 카스린 태풍[1]으로 수도인 도쿄가 메이지 말 이래의 큰 수해를 입었지만 그에 대해 재해기본법은 적용되지 않았다. 신생 일본을 상징하는 이 법률은 이듬해 발생한 후쿠이(福井) 지진[2]에서 처음으로 시행되었다.

제5기에는 고도성장기에 돌입하면서 1959년 이세만(伊勢湾) 태풍에 의한 5천명의 대량 사망을 계기로 방재 입법과 지진 대책이 집중되었다. 현재까지 적용되고 있는 재해대책기본법은 이러한 태풍 재해를 계기로 제정되었다.

그림 5-1에서 알 수 있듯이 이 시기는 상대적으로 자연재해가 감소하는 경향이었다. 한편으로는 재해대책, 특히 방재 입법이 차례로 제정된 시기이기도 하다. 1953년의 난키(南紀) 호우, 1954년의 도야마루(洞爺丸) 태풍, 1958년의 가노가와(狩野川) 태풍 등 모두 천명 이상의 사망자가 발생하는 등의 풍수해가 계속되었으며, 1959년에는 이세만 태풍으로 5천명 이상의 희생이 발생하자 1961년 재해 대책 기본법이 제정되어 재해를 미연에 방지하려는 발상이 정책적으로 자리매김되었다.

지금에 와서는 '환상'에 불과한 '열도 개조론'에 의한 국토개발 구상이 당시 열도에 들끓었다. 예를 들면 1960년 칠레 쓰나미[3] 이후 방파제 구

---

1   역자주: 카스린 태풍은 1947년 태풍 9호의 국제적 이름이며, 일본 명은 カスリーン台風이며, 영어 이름은 Kathleen이다. 1947년(쇼와 22년) 9월 일본에 접근하여 관동지방과 동북지방에 막대한 침수 피해를 가져온 태풍이다. 카스린 태풍 또는 캐서린 태풍 등으로 불린다.

2   역자주: 1948년 발생한 후쿠이 지진은 후쿠이현 사카이 군 마루오카 마을 부근에서 1948년 6월 28일 16시 13분 29초에 발생한 지진이다. 후쿠이현을 중심으로 호쿠리쿠지방과 기타킨키를 강타했으며, 전후 복구 후 얼마 되지 않은 후쿠이를 직격 한 도시 직하형 지진이다. 규모는 M 7.1이었다.

3   역자주: 1960년의 칠레 지진(칠레 지진, 서부 : Gran terremoto de Valdivia)은 같은 해 5 월, 칠레 중부 비오비오 주에서 아이 센 주 북부에 걸친 앞바다 길이 약 1,000km 폭 200km

상으로, 만(灣) 내부에 재배 어업(栽培漁業)의 안정 경영을 보장하는 경제 수역이 될 것으로 생각하였다. 또한 전력 공급 확대와 경제 침체 지역의 개발을 함께한다고 떠들썩하게 선전하면서 원자력 발전소의 전력 공급이 시작되었다. 1960년대 1기, 1970년대 12기, 1980년대 16기, 1990년대 15기가 만들어졌는데, 58기 중 53기가 이 시기에 집중되어 있다는 점도 상징적이다. 재해 감소기에 자연재해로 인한 위험을 자각하지 않고 이익만을 점유할 수 있다는 착각에 국민 전체가 빠진 시기라고 할 수 있다.

제6기는 1990년대 이후이다. 1948년 후쿠이 지진 이후 진도 7의 지진이 반세기 동안 발생하지 않았다. 고도성장을 이룬 도시는 재난을 잊고 안전신화가 확대 발전했다. 그 신화는 6000명 이상의 사망자를 낸 한신·아와지(阪神·淡路) 대지진의 발생으로 무너져 버렸다. 그리고 고도성장기, 안전신화로 만들어진 원자력발전소가 2011년 동북 일본 태평양 앞바다 지진의 직격탄을 받은 것이다. 이 예상치 못한 충격적인 사태는 아직도 일본 전체, 세계 전체를 뒤덮고 있다. 지구가 활동기에 접어들었다고 하는 요즈음, 확실히 2014년의 온타케(御嶽) 분화산에서는 등산자 57명, 히로시마 호우 재해에서는 74명이 목숨을 잃었다. 2016년 구마모토(熊本) 지진은 아직까지 여진활동이 종식되지 않고 있다.

이상 재해를 전반적으로 검토한 것은 아니지만, 근현대의 재해를 보면서 현재 우리는 동일본 대지진이 어떻게 종식되어 가는지, 방사능에 오염된 지역으로 언제 사람들은 돌아올 수 있는지, 고향 상실 상태라는 현상을 만들어 낸 사람들은 그 책임을 어떻게 완수하는지 등, 아직 예측 불허

의 영역을 진원 역으로 발생한 초 거대 지진이다. 지진 이후 일본을 포함한 태평양 전역에 쓰나미가 내습하여 큰 피해가 발생했다. 매그니튜드 9.5을 기록하며 역사상 세계 최대의 지진이다. 발디비아 지진이라고도 불린다.

의 상태에 놓여 있다. 본서의 부제를 「복구에서 부흥으로」라고 했지만, 현재의 사태에 유효한 발언을 할 수 없다는 것도 충분히 알고 있다. 그러나 그렇기 때문에 지금 할 수 있는 일의 하나로 과거를 돌이켜보고 뭔가 참고가 될 만한 방법은 무엇인가라는 생각할 실마리를 찾자는 것이다.

본 장에서는 연표에 거론된 재해를 모두 검토할 지면도 여유도 없다. 여기에서는 국가와 재해라는 주제에 따라 근대 일본의 재해 부흥을 결정지은 큰 재해를 2건 다루기로 한다. 1891년의 노비(濃尾) 지진과 1923년의 간토(関東) 대지진이다. 전자는 근대 일본이 서유럽을 모델로 통신, 건축, 교통체계, 하천관리 등의 하드웨어적인 정비에 착수했을 때 일어난 M8 규모의 내륙 지진으로 구조물의 대규모 파괴로 인해 7000명이나 되는 희생자가 발생한 재해이다. 후자는 수도 도쿄, 가나가와현의 연안부가 M7.9-8이라는 사가미(相模) 트로프[4] 판 경계 지진으로 괴멸적 타격을 입었다. 지진의 피해는 흔들림의 크기보다는 그 후에 발생한 화재에 의한 것으로, 도쿄·요코하마의 대부분이 잿더미로 변했다. 복구가 아니라 부흥이라는 캐치프레이즈로 도쿄의 도시 개조가 도모되어 그 재해 경험이 이후의 재해부흥에 활용되어 간다는 점에서도 큰 영향을 끼친 재해였다.

근대 국가의 구제 체계

재해가 발생하면 이재민에게 긴급하게 식량 물 등의 지급이 필요하다. 이것은 어느 시대나 변함없다. 메이지 중기의 재해의 경우는 어떠했을

---

4   역자주: 사가미 트로프(Sagami Trough)는 일본 도쿄 앞바다 사가미만에서 동남쪽으로 뻗은 길이 340km의 해곡지이다. 필리핀해 판의 북동쪽에 해당하고, 남쪽의 필리핀 해 플레이트가 북쪽의 오호츠크 판(북아메리카 판) 아래에 가라 앉아있다. 이 플레이트 경계 단층은 수백 년 간격으로 매그니튜드 8 클래스의 거대 지진이 반복되고 있다.

까. 재해구제를 위한 당시의 구제법을 다소나마 자세히 살펴보는 것부터 시작하고 싶다. 재해가 발생하면 피해자는 의·식·주에 어려움을 겪는 일시적 궁민(窮民)이 된다. 일정 기간이 지나 생활 회복이 예상되면 일상생활로 복귀하기 위한 지원책이 강구된다. 지금까지 보아온 막부(幕府)나 번(藩)의 개별적 대응과 달리, 메이지유신 이후 재해구제는 근대법치국가로서의 통일된 기준에 기초한 구제법이 적용되는 점이다.

재해로 인한 생활 곤란으로 「항상적」 궁민(窮民)이 되는 사회 밑바닥층은 사회체제에 관계 없이 존재한다. 이러한 궁민에 대한 식량 의료 등 생활 전반에 걸친 구제는 매우 불충분했지만, 중앙정부가 구조금을 지급하는 휼구(恤救)규칙(1874년)으로 충당되었다. 이 법률과는 별도로 재해 등에 의한 「일시적 궁민」을 구제할 목적으로 입법화된 것이 부현(府縣)과 국가가 자금을 대었던 비황저축금법(備荒儲蓄金法)이다.

비황저축금은 각 부현의 토지세 중 3%인 공저금(公儲金)에 더해 정부의 중앙저축금 120만엔 중에서 90만엔의 국고 보조를 각 부현의 토지세에 따라 배분한 것으로, 그 운용을 각 부현에 맡겨 크고 작은 재해를 구제하려는 것이었다. 구조 금액이 부현의 비황저축금의 3분의 2를 초과하는 경우에는(1890년에 100분의 5로 변경) 국가의 중앙저축금에서 보조하였다.

이 법률은 1878년 지방제도의 정비를 목적으로 한 삼신법(三新法)[5]으로 공포되어 정촌(町村) 합병을 행한 후, 1880년 비황저축법으로 시행되었다. 이 일련의 법적 조치는 지방제도의 정비이면서 지방으로의 권한 이양과 부담의 강화이기도 했다. 지방세를 토지세의 5분의 1에서 3분의 1로

---

5   역자주: 三新法은 메이지 시대의 일본이 제정한 3개의 지방제도 관련법이다. 地方三新法이라고도 한다. 구체적으로는 郡区町村編制法, 府縣会規則, 地方税規則의 3개의 법령을 말한다.

개정하고, 지금까지 토목비를 국고에서 내려주는 하도금을 폐지해, 토목비를 부현(府縣)의 부담으로 했기 때문이다.

이와 관련해 휼구규칙(恤救規則), 비황저축금, 재해토목비 지출 규모가 어느 정도였는지에 대해 1880년대~90년대에 걸쳐 살펴보자. 휼구규칙에 의한 구제 인원과 그 구제액이다(그림5-2). 구제 인원은 1886년에 전년에 비해 일거에 70% 정도 상회한 18,600여명이 되었고, 다시 1891년에는 2만3천명대에 이른다. 이 이후, 구제 인원은 2만명 전후이다. 금액은 인원과 함께 증가하는데, 1인당 연간 평균 6~7엔 정도이다. 비황저축금은 어떠한가(그림5-3). 이는 재해로 인한 구제 전반에 지출되었으므로 대규모 지진 재해(노비지진), 수해(1896년 각지의 수해), 쓰나미(동년 산리쿠쓰나미) 등이 있었던 해는 금액이 두드러진다. 가장 지출액이 많은 해는 200만엔 전후이다. 재해토목비는 1889년 서일본 각 현의 수해가 첫 번째 피크를 나타냈고, 1889년 노비지진에서 두 번째 피크, 1896년 재해로 돌출된 세 번째 피크를 기록했다(그림 5-4).

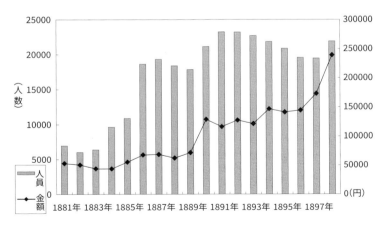

〈그림 5-2〉 휼구(恤救)규칙에 의한 구조액과 구조 인원
출전: 北原, 2006

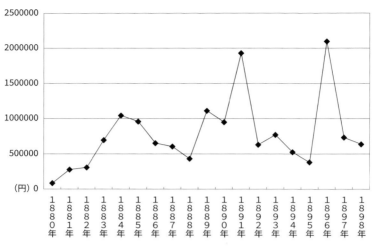

〈그림 5-3〉 비황저축금액구조액 1880년~1898년

출전: 北原, 2006

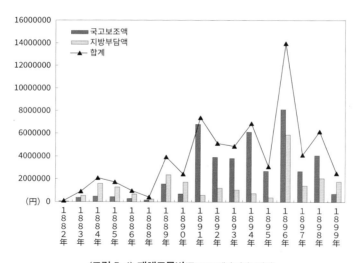

〈그림 5-4〉 재해토목비(국고보조액과 지방부담액)

출전: 長妻, 2001, 표24

이 그래프에서 특히 흥미로운 것은 1890년을 경계로 1891년 이전은 지방 부담이 국비를 상회하는 데 비해 1891년 이후는 국비 보조가 증가하

는 추세이다. 이것은 재해 다발기에 지방은 재해 복구 토목비용을 국고 보조에 요구할 수밖에 없는 대규모 재해가 발생했음을 보여주는 상황이기도 했다(長妻, 2001).

이 비황저축금 제도는 토지세를 부담하는 농민의 흉년 시 구제를 기본으로 하는 것이며, 긴급 식량 지급·임시 주거 비용·농기구 비용·볍씨 비용 등의 구제 항목에 충당되는 20년간 한시적 입법이었다. 그러나 시행 10년을 맞은 1890년에는 저축금이 4백만엔 이상이 된 단계에서 재검토가 이루어져, 그 이후로는 저축금을 실시하지 않기로 했다. 하지만 얄궂게도 이듬해인 1891년에 노비지진이 발생하고, 수해도 각지에서 발생하면서 저축금이 바닥나 폐지되고, 1899년에 법률 77호인 이재구조기금법이라는 새로운 제도로 대체되었다. 이 배경에는 청일전쟁 이후 한층 더 해외 진출을 노리는 군사비에 투입해야 할 국비의 배분 문제도 있었지만, 비황저축금법 자체가 실제 재해구호의 활용에서 불편한 면이 많았던 것도 사실이다.

노비지진의 개요

노비지진은 기후(岐阜) 측후소의 검침기에 따르면 1891년 10월 28일 오전 6시 37분11초, 나고야 측후소의 검침기에서는 6시 28분 50초에 발생했다. 이 지진은 전국 23개소의 측후소의 검침기에서 강한 흔들림이 관측되었는데, 교토·오사카·가나가와(神奈川)·효고(兵庫)·나라·미에(三重)·아이치(愛知)·시즈오카(静岡)·야마나시(山梨)·시가(滋賀)·기후·나가노(長野)·후쿠이(福井)·이시카와(石川)·도야마(富山)의 15개 부현에서 사망자 총 7,272명, 부상자 17,176명, 주택 242,832호가 파손되었다(『官報』 明治24年11月 1日) 당시 진도 단계는 열진(烈震), 강진(強震), 약진(弱震), 미진(微震)의 4단계로 표시되었다. 그림 5-5는 오모리 후사키치(大森房吉)가 작성한 진도 분포

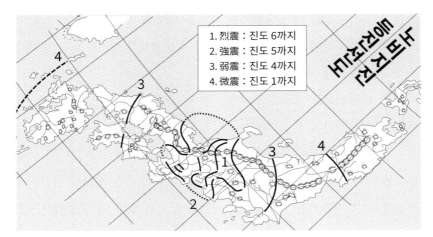

〈그림 5-5〉大森房吉에 의한 노비지진 진도 분포(이 시기의 진도 단계별로 烈震, 強震, 弱震, 微震의 4단계)

출전:『震災予防調査会報告』28호、1899

〈그림 5-6〉노비지진

출전: J. Milne and W. K. Burton, 1891

이다. 진원지로 알려진 기후현 네오다니(根尾谷)에는 가로11m, 세로 6m의 단층이 지표에 나타났는데, 이는 현재 네오다니 단층관에 보존되어 있어 볼 수 있다(그림 5-6). 지진의 규모는 M8로 추정되고 있다.

사망자는 기후현에서 4,901명, 부상자 7,967명, 아이치현에서 사망자 2,459명, 부상자 6,736명이었다. 전소 가구 수는 기후현 5,349호, 아이치현 86호, 전파 가옥은 기후현 42,945호, 아이치현 34,494호, 반파 가옥 기후현 15,606호, 아이치현 23,968호였다.

피해와 구제 - 비황저축금법의 적용

노비지진 구제에는 1880년에 제정된 비황저축금법이 적용되었다. 이 법률에 대해서는 이미 간략히 언급했던 것처럼, 당시 국가의 재정 기반이 토지세 수입에 기초하고 있었기 때문에 흉작 등에 대처하기 위한 농업 보조가 첫 번째 목적이었다.

이(노비지진) 피해에서 비황저축금법에 따른 지급액은 기후(岐阜)현 총계 78만360엔 62전, 아이치(愛知)현 53만383엔 9전 2리였다. 이 비황저축금에서 피해자에 대한 배분액은 두 현의 차이가 있다. 예를 들면, 기후현에서는 임시 거주비로 전파(全破), 전소(全燒)는 7엔(가족 4인 이하)~10엔(5인 이상), 반소(半燒) 5엔~7엔인데 반해, 아이치현에서는 전파, 전소 3엔(1인)~10엔(8인 이상), 반소 1엔50전(1인)~1엔80전(8인 이상) 등으로 되어 있다. 두 현이 구제기준이 다른 것은 비황저축금이 국가와 현이 출자한 것이었으므로, 지급기준은 각 현의회의 논의를 거쳐 실정에 맞춘 것이기 때문이다.

비황저축금뿐만 아니라 은사금(하사금)은 두 현에 각각 1만4천엔, 의연금은 기후현 22만321엔, 아이치현 8만엔이었다. 거기에 칙령에 의한 토목비(후술) 중에서 구조금 10만엔이 두 현에 지급되었는데, 이러한 배분도 비황저축금과 마찬가지로 현의회 내에 지급기준을 결정하는 위원회가 설치되어 배분되었다(표 5-22).

<표 5-2> 노비지진의 피해와 구제

피해항목	기후현	아이치현
전소호	5,349	86
전파호	42,945	344,494
반파호	15,606	23,968
(현재 거주호)	181,322	318,496
사망자	4,901	2,459
부상자	7,967	6,736
(현재 거주인구)	916,338	1,476,138
칙령205호	100,000	100,000
은사금	14,000	14,000
의연금	220,321	80,000

토목비의 염출

이 진재(震災)에서는 벽돌로 만들어진 방적 공장과 굴뚝, 나고야역, 전신전보국, 나가라가와(長良川) 강에 걸쳐있는 동해철도선의 나가라가와 철교 등 철도·도로·제방 등 메이지 정부가 자랑하는 근대화의 상징이었던 건물들이 모조리 무너졌다. 정부가 고용한 외국인, 외국 유학에서 막 귀국한 신예 관료들이 지혜를 모아 건설에 힘쓰고 있던 근대화의 상징이었던 것들이었다. 이러한 구조물 등의 복구공사는 지금까지 언급한 구제금으로는 조달할 수 없었다. 그뿐이 아니었다. 기소산센(木曽三川)[6]강 하류 유역의 풍요로운 농지를 수해로부터 보호하기 위해 근세 이래 꾸준히 쌓아온 둑에 무수한 균열이 생겼다.

10월 말에 발생한 지진이었지만, 이대로 파손된 둑을 방치하면 초봄

6 　역자주: 기소산센(木曽三川)이란 노비 평야를 흐르는 기소 강, 이비 강, 나가라 강의 총칭이다. 모두가 기소 강 수계에 포함되어 노비산센(濃尾三川)으로도 불린다.

에 눈녹은 물로 물어불어나는 시기에 논에 대한 수해 영향을 면할 수 없을 것이 뻔했다. 이 곡창지대가 수해로 괴멸되는 일은 반드시 피해야 했다. 그래서 이 재해를 계기로 정부 주요 인사들의 지진 재해 복구에 대한 관심이 일거에 높아졌다. 11월 11일에는 칙령 205호로 진재구제비 및 토목 보조비로 기후현 150만엔, 아이치현 75만엔이 메이지 23년도의 잉여금 중에서 지출되는 이례적인 조치가 내려졌다.

진재 지역에는 총리대신 뿐만 아니라 정부 고관들이 조사에 들어갔다. 현지 조사를 통해 인심의 동향, 파괴 상황 등을 조사하기 위해서였다. 내무대신 시나가와 야이지로(品川弥二郎)에게 보낸 피해 지역 현황 보고에서는 제방 등에 관한 파손 상황에 대해 아래와 같은 내용을 상신하고 있다(「木曽川長良揖斐川三川堤防其他沿川村落被害景況上申」『愛岐一件』国立国会図書館憲政資料室蔵).

① 기소가와(木曽川)제방(岐阜~河渡, 墨俣 成戸 합류점), 나가라가와(長良川) 제방(岐阜~河渡, 墨俣~成戸 합류입구), 이비가와(揖斐川) 제방을 순찰한 결과, 모두 엄청나게 파괴되었다. 제방 함락 세 네 군데, 제방에 거북 등 모양으로 균열이 생긴 것, 물이 불어나 큰 구멍이 뚫린 것 등 파손이 크다.

② 새로운 제방의 파손이 심하여 제방 전체에 걸쳐 완전한 것은 없다.

③ 오키노(沖野) 기사(技師)의 대략적인 관찰에 의하면, 붕괴 된 제방은 일단 파내고 흙을 다질 필요가 있다고 한다. 또 기소가와(木曽川) 강 건너편 아이치현 제방은 '다소나마 그 피해가 적은 것으로 보인다'라고 보고하고 극심한 피해는 기후현 측에 많다고 보고했다. 오키노 기사는 내무성 토목국장 후루이치 고이(古市公威)에 이어 프랑스 유학을 마치고 귀국한 엘리트 기술 관료 오키노 다다오(沖野忠雄)이며, 메이지 20년대에 시작된 근대 하천 개수의 중심인물 중의 한 사람이기도 했다.

그런데 기소가와는 직할하천으로서, 이미 메이지(明治)정부가 1884년부터 드 리케(Johannis de Rijke) 명하여 사방(沙防)·홍수방지·제방 등 종합적인 근대 하천 개수공사 설계도를 작성케 하고, 1877년에는 내무성 토목국이 홍수 빈발을 감안하여 제방보강 고수공사(제방을 쌓고 홍수를 막는 것을 주안점으로 하는 하천 개수)를 시작하였다. ②의 새로운 제방이란 고수(高水) 공사를 시행한 제방을 가리키는 것으로 추정된다. 요도가와(淀川) 하천 개수에 임하고 있던 오키노는 급거 노비지진의 제방 등 토목 파손 상황을 돌아보면서 응급 공사 견적의 대략적인 예산을 세웠다(岐阜縣 『岐阜縣治水史』 下卷, 1953). 나가라가와(長良川) 제방, 이비가와(揖斐川) 제방, 오가키윤중(大垣輪中)과 중소 하천 변의 윤중 및 제방 등의 총 파괴 길이가 181,300여 간(間), 통관(樋管)[7] 비용 약 13만 321,200엔, 목재의 급등을 감안하여 이 조달에 5할의 추가 계산을 곱해 총액 150만 634여 엔으로 산출했다. 이 견적 총액을 바탕으로 11월 7일 오자키 기후현 지사는 내무대신 앞으로 상기 견적액대로 총액 청구를 하고, 11월11일 칙령205호에 의한 공포가 내려졌다.

칙령 예산을 승인하지 않은 제국의회

칙령에 의한 토목비 보조 예산안을 포함한 의회의 안건과 관련하여, 11월 21일 개회된 제2회 제국의회는 충돌했다. 그 결과 12월 25일에 의회가 해산되어 총선거라는 사태에 이르게 된다.

제2 제국의회의 메이지 25년도 예산안 심의와 관련해, 민당(民黨) 의원(自由黨, 改進黨, 自由俱樂部 등의 야당)이 주류를 이루고 있는 예산위원회에

---

7   역자주: 樋管(ひかん)은 하천에서 농업용수 등을 취수하고, 제방 안쪽의 물을 하천에 방류할 목적으로 설치된 시설이다.

서 삭감 수정된 수정 예산안을 정부가 승인하지 않는 상태가 2월 내내 계속되었다. 아시아 진출을 위한 군함 건조비가 포함된 예산에 맞서는 민당과 정부 여당이 대립하면서 이 의회는 처음부터 해산될 조짐이었다. 경상 예산은 통과되었지만, 임시 추가예산 정부 원안은 부결되고 예산위원회에 의한 삭감 수정안이 그대로 본의회를 통과했기 때문에 12월 25일, 마쓰카타 마사요시(松方正義) 내각은 중의원을 해산했다. 그 결과 메이지 25년도 예산안은 의회의 승인을 얻지 못하고 성립되지 않았다. 그리하여 이듬해 2월 15일 중의원 총선거가 실시되었다.

제2회 제국의회가 갈등하게 된 배경 중 하나는, 노비지진의 구제비 및 제방 수축 토목 보조비를 긴급 칙령 205호(메이지 24년)로 325만엔 지출하도록 정부 내에서 결정 지출한 것과 큰 관련이 있다. 1891년 11월 11일부터 불과 12일 후인 11월 22일에 국회 소집이 예정되어 있음은 주지의 사실임에도 불구하고, 긴급 칙령을 내려 예산집행을 하였다. 이는 헌법 제64조 제2항에 규정된 제국의회의 승인을 얻는 절차를 거치지 않고, 의회를 무시한 행위라고 민당이 일제히 반발했기 때문이다.

이미 서술한 대로 민당은 군사비 증강에 반대했지만, 그 밖에 오쓰(大津) 사건(일본 방문 중인 러시아 황태자를 쓰다산조津田三蔵가 습격한 사건) 보도를 계기로 신문 기사에 외교상 어울리지 않는 기사가 공표되는 것을 피하기 위한 신문지 법안(칙령 46호)의 긴급 발령 등의 문제도 얽혀 있었다. 하지만 의회의 승인을 얻지 못해도 칙령 205호의 예산지출이 법률상 가능했기 때문에 11월 17일에는 두 현에 각각 구조비 및 토목 보조비가 교부되어 위험시되었던 제방 복구공사가 개시되었다.

칙령에 의한 공사비 지출의 경우, 첫 번째 공사에서는 착수되지 않은 도로·다리·용오수로[8]·저수지·통관(樋管) 등의 공사에 관한 공사비 약 2,081,150엔의 보조 신청이 기후현 지사로부터 내무대신에게 제출되었다. 제 2제국 의회에 제출된 두 번째 공사비 보조에 대해서는 심의 종료를 기다리지 않고 의회가 해산되었기 때문에 다시 칙령으로 12월 26일 요구액대로 토목비 보조 공포가 결정되었다(岐阜縣治水史』,『明治財政史』第2卷, 第2回『帝国議会議事速記録』,『時事新報』明治24四年11월(月).

고액의 공사비가 소요된 공사의 실제 상황은 11구역의 공구를 다시 44구역으로 나누어 사무소를 설치하고 각 구에 주임(主任)을 두는 것이었다. 기술 감독은 중앙 혹은 현의 토목 기술자가 담당하지만, 실제로는 정촌(町村)이 도급하고 댓가를 받는 구조였다. 눈 녹은 물로 인한 홍수·범람이 임박했기 때문에 공기 지연은 허용되지 않았고 공사는 강행되었다. 현장의 주임이 모든 것을 책임 지는 체제였다. 이러한 정촌에서 청부받는 형태는 에도시대 이래의 재해구제의 형태인 오스쿠이후신(御救い普請)[9]의 전통적 계보를 잇고 있다고 할 수 있다. 그러한 의미에서 완전히 새로운 공사 청부 형태가 고안된 것은 아니었다.

이 시기 근대 공법을 도입한 하천 개수 공법 자체에 관해 비전문가로서 상세한 내용을 언급할 수는 없지만, 토목사 관점으로 고용 외국인에 의한 근대적 하천 개수가 획기적 의미가 있었다고 설명되고 있다(上林, 1999/土木学会編, 2004). 이에 대해 역사학의 입장에서는 정부와 의회의 대립이라는 측면에서 하천 행정을 이해하는 정치사 분석이 이루어졌다. 대체로 유신 초창기 이래의 노선 대립이 홍수 다발기인 1890년대에 접어들며

---

8   역자주: 용수로와 오수로를 합쳐서 만든 단어이며, 주로 관개용 수로로 사용되는 토지이다.
9   역자주: 御救い普請이란 가벼운 흉작 등의 재해 시에 구조대책으로 시행한 토목공사.

하천 행정을 둘러싸고 갑자기 현저해졌다는 견해가 있다(山崎, 1966/服部, 1995/飯塚, 1996). 또한 많은 액수의 재해토목비가 필요한 토목비 보조 문제에 대해 정부 부처내의 갈등뿐만 아니라 지방의회가 중앙정치에 적극적으로 관여했다고 보는 견해도 보인다(長妻, 2001).

어쨌든 노비지진의 토목 보조비는 그때까지 유례를 찾을 수 없는 고액의 보조였으며 현 지사의 요구액이 100% 인정되었다. 이 결과 고액의 공사비 보조가 지출된 것은 일종의 진재 버블 상황을 초래했고, 나아가서는 진재의옥사건(震災疑獄事件)으로 발전했다. 기후현의 지사는 경질되고 회계검사원의 조사로 후임 지사가 전임자를 고발하는 정쟁으로 발전해 기후현의 정치 혼란이 장기간 지속되었다. 그러다가 마침내 1894년 6월 현을 두 갈래로 찢어 놓은 진재의옥사건의 피고들은 무죄로 결말이 났다.

이상 국가와 지방 정치 체제가 갖추어지기 시작한 시기의 진재 구제 실태를 살펴보았다. 사회 구조가 복잡화하면 할수록 재해 회복에는 돈과 시간이 든다. 근대화가 진행되어 사회 인프라 투자가 커질수록 재해 회복에 다시 고액의 자금이 투입되지 않으면 원래 생활을 영위할 수 없다. 또, 그것을 둘러싸고 사람들이 자금을 획득하려는 싸움도 발생하여 장기화한다. 그러나 이 역사를 부정적으로만 볼 필요는 없다. 확실히 노비지진의 토목비를 둘러싸고 현정(縣政) 내부의 정치 항쟁은 진재 버블이 가져온 것이라는 관점이 강하다. 반대의 견해로 보면, 지역 간의 이해에서 표면화하는 정치 항쟁은 지방 정치력 존재의 증거이기도 하다. 비황저축금 배분안을 둘러싸고 기후시 의회 밖에서는 민중들이 목소리를 높였다. 구제·부흥을 촉구하는 힘이 지역에서 자라기 시작했다는 점도 노비지진에 주목하는 이유이다.

후세에 미친 영향

노비지진은 국회에서 칙령에 의한 재해복구비 지출에 대해 헌법 관련 절차가 제기되는 등, 근대 일본을 흔드는 대재해이었음은 살펴본 바와 같다. 이 외에도 진재 예방 조사회가 국가 예산으로 규정되는 등 언급해야 할 문제가 많이 있다. 노비지진을 계기로 설립된 진재 예방 조사회는 다음 절에 설명할 간토대지진에서 지진학, 건축학, 화재학 등의 분야의 학자를 총결집하여 실시한 조사결과인 『진재예방조사회보고(震災予防調査会報告)』100호를 정리한 후 해산했다. 그 뒤를 이어 도쿄제국대학 지진연구소가 창설되었다. 그런 의미에서 두 대재해는 근대 일본의 재해사에서 상징적인 의의를 갖는다.

덧붙인다면, 간토대지진으로 많은 생명을 잃은 피복창 터에 세워진 진재기념당(震災記念堂, 東京都墨田区의 現東京都慰霊堂)은 노비지진 희생자를 공양하기 위해 아마노 자쿠엔(天野若圓)(1851~1909)이 건립한 진재기념당에서 그 원형을 찾을 수 있다. 이 진재기념당은 현재도 자쿠엔(若圓)의 친족을 중심으로 한 아마노(天野)가의 사람들에 의해 유지·관리되고 있으며 상월명일(祥月命日: 돌아가신 날)인 10월 28일과, 월명일(月命日)인 매월 28일에 공양법회가 운영되고 있다(羽賀他編, 2015).

2. 간토대지진

「위령」과 「부흥」이 겨루는 장-진재기념당(震災紀念堂)

현재의 도쿄도위령당(東京都慰霊堂, 1951년 진재기념당에서 명칭 변경)은 스

미다구(墨田区) 요코아미초(横網町) 1초메(丁目) 요코아미초 공원에 있다. 이
곳은 이전 4만여평의 막부 목재 창고(일명 '오타케조(御竹蔵)')이며, 메이지(明
治) 이후 육군피복창(陸軍皮服倉) 터였는데 1922년 도쿄시가 공원 예정지로
2만757제곱미터 남짓을 구입하여 빈터로 남아 있었다. 간토대지진 당시
안전한 공터를 찾아 이곳으로 많은 사람들이 대피했지만, 지진 발생 후 한
시간 만에 발생한 화재의 불길과 불똥이 사방에서 튀어 달아날 곳을 잃은
3만8천명 가까운 사람이 순식간에 타죽은 이른바 지진과 인연이 있는 장
소이다.

　이런 장소였기 때문에 곧 자연발생적 납골당이 되었고, 스님의 공양
도 이루어졌다. 나무 상자에 넣은 골분(骨粉) 사진 등에서 당시의 모습을
알 수 있다. 이러한 경위로 여기에 진재에 관련되는 어떤 시설을 만드는
것은 자연스러운 흐름이었던 것 같다. 하지만 진재기념당이라는 건물이
만들어지기까지는 어떤 목적으로 어떤 형태로 할지 등에 대해 다양한 논
의가 있었다. 그 경위는 진재기념당에 남아 있던 자료를 조사한 다카노 히
로야스(高野宏康)에 의해 자세히 보고되었다(高野, 2010).

　1951년에 그때까지의 진재기념당 시설에 전쟁 재해 희생자의 유골
을 넣기로 하면서 「도쿄도위령당(東京都慰霊堂)」으로 명칭 변경이 이루어졌
다. 진재기념당이 건설 초기부터 지진 희생자의 유골을 받아들이는 시설
이라는 점에서, 여기에 전쟁으로 무연고가 된 희생자의 유골도 합치게 되
었다. 지진 희생자 5만8천여명·전쟁 희생자의 유골 10만5천여명을 합쳐
16만3천여명의 화장 골분이 납골당에 안치되었다. 이후 전쟁 희생자 공양
도 겸하게 되면서 도쿄대공습일인 3월 10일과, 지진기념일인 9월 1일에
도쿄도위령회에서 매년 큰 법회를 집행하고 있다.

　진재기념당 부속으로 별동으로 세워진 부흥기념관은 당초 간토대지

진 전시에서 모은 자료를 전시보관하기 위해 건립된 건물이었다. 그러나 전후 70주년을 맞아 전쟁에 대한 기억이 사라져가는 현 상황에서 전쟁 관련 전시도 일정 공간을 차지하도록 바뀌었다. 그러나 부흥기념관 안으로 들어서면 압도적인 부분은 간토대지진 관련 그림이나 부흥한 도쿄시의 모형 사진, 혹은 화재 시 회오리 바람으로 발생된 고열로 불타 늘어진 시계, 찻잔 등 희생자가 있었던 지진 현장을 연상케 하는 물건들이 전시되고 있다. 대체로 전시물은 지진의 무서움을 전하는 사진이나 지진을 체험한 아이들의 그림 등으로 구성되고, 도쿄시의 부흥 사업 개요를 전하며 부흥한 도쿄시의 모습을 모형으로 보여주는 등 진재, 부흥과정, 부흥 이후라는 세 요소로 구성되어 있는 것 같다.

그러나 다카노(高野)에 따르면 진재기념당 건설 당시 도쿄시 측은 진재 희생자를 위로하는 시설로서만이 아니라 「방재」「위령」「전시」라는 세 가지 요소를 축으로 고려하였으며, 「부흥」의 요소는 들어가 있지 않았다고 한다. 이 사업을 도쿄시의 사업이 아니라 민간사업으로서 「재단법인 도쿄지진기념사업협회」가 주체가 되어 건설하면서, 사업에 찬동하는 일반인들이 열렬히 희구하는 「부흥」과 관이 상정하는 「위령」이 다투는 시기가 존재한다고 한다. 또 이 「부흥」의 요소의 부상에는 미디어의 역할이 컸다고 지적한다.

이곳에는 진재 체험자나 유족이 기증했거나 관련 기관에서 작성한 진재 관련 간행물, 조사서 등 방대한 자료가 소장돼 있다. 이 자료들에서 사진 종류는 정리조사 후 『사진집간토대지진(写真集関東大震災)』(吉川弘文館, 2010)으로, 궁내청이 소장한 진재 직후 육군이 촬영한 진재 지역의 항공사진이나 요코하마시의 진재 사진 등도 함께 더해 간행되었다. 그 밖의 소장 자료군 일람표는 앞서 다카노(高野) 논문 말미에 게재되어 있다. 이 가운데는 진재 대피 중 목숨을 잃은 사람의 이름, 나이, 본적, 거주지 등을 기록한 조사 카드나 진재 직후 어디로 대피하려고 했는지 등을 조사한 대피자 카드 등 '생(生)'의 자료도 대량으로 포함되어 있다.

본 절에서는 다른 곳에 유례가 없는 이런 자료에서 얻어진 분석 결과의 일부를 소개하고, 간토대지진으로 피난을 강요받은 사람들이 어떤 처우를 받았는지, 도쿄시를 중심으로 한 논의에 한정되지만 진재 부흥이란 피난민에게 어떤 의미를 지니는 것인지를 살펴보려 한다.

간토대지진의 개요

우선 간단하게 간토대지진의 개요를 서술해 보자. 다이쇼(大正) 간토 지진은 사가미(相模) 트로프의 플레이트 경계 부근이 진원 지역이며, 지진의 규모는 M7.9~8로 추정되고 있다. 이 지진으로 간토 남부 지역 연안에 쓰나미가 몰려오고 보소(房総) 반도, 이즈(伊豆) 반도 등에서 해안가 가옥이 쓰나미에 휩쓸려 내려가기도 했으며, 내륙 지역에서는 산 쓰나미라고 불리는 대규모 토사재해도 발생하며 피해가 있었다. 게다가 도쿄만의 안쪽에 위치하는 도쿄시는 쓰나미 피해를 입지 않았지만, 진재 직후에 발생한 화재로 많은 희생자를 내는 등 피해의 양상은 각각의 입지와 조건에 따라 달랐다.

〈표 5-3〉은 피해가 발생한 1부(府)6현(縣)의 사망자·행방불명자를 원인별로 나눈 표이다. 이 1부6현은 진재 피해를 입은 부현으로 국가가 정한 구제를 받는 현이다. 물론 도쿄시, 요코하마시 이외에 사망자 5명인 이바라키(茨城) 현의 경우, 현민 전체가 지진재난 구조를 받는 것이 아니라 사망자나 행방불명자가 발생한 지역에 국한된 이야기다.

府縣	사망자, 행방불명자수				
	주택 전파	화재	유실 매몰	공장등의 피해	합계
神奈川縣	5795	25201	836	1006	32838
東京府	3546	66521	6	314	70387
千葉縣	1255	59	0	32	1,346
埼玉縣	315	0	0	28	343
山梨縣	20	0	2	2	22
静岡縣	150	0	171	123	444
茨城縣	5	0	0	0	5
합계	11086	91781	1013	1505	105385
東京市	2758	65902	0	0	68660
横浜市	1977	24646	0	0	26623
横須賀市	495	170	0	0	665

사망자·행방불명자는 105,385명에 달해 약 65%가 도쿄시, 약 25%가 요코하마시에서 발생했다. 또 피해 요인으로 보면 화재로 인한 희생자는 약 87%로 가장 많고 주택 붕괴는 약 10.5%로 뒤를 잇는다.

출전 : 国立歴史民俗博物館, 2014

다음으로 주의할 것은 주택 전파의 1부6현의 합계가 11,086명인 반면, 화재로 인한 사망자·행방불명자는 91,781명이라는 점이다. 이 진재에서 압도적 다수의 사망자는 화재에 의해 발생한 것임을 알 수 있다. 게다가 도쿄부의 화재로 인한 사망자는 66,521명인데, 도쿄시의 화재로 인한 사망자는 65,902명이고 도쿄의 군부(郡府) 지역의 화재로 인한 사망자는 619명으로, 압도적 다수는 도쿄시에서 불타 죽은 사람이다. 이곳 피복창에서 숨진 사람이 3만8천명으로 추산되므로 도쿄시의 불타 죽은 사람 중 60%정도가 진재기념당의 원래 지역인 피복창 터에서 사망했다는 얘기가 된다. 어쨌든, 요코하마시와 함께 이 진재에서는 화재에 의해 많은 사람들이 목숨을 잃었다는 것을 알 수 있다.

유실·매몰의 항목에서, 가나가와(神奈川)현 836명은 사가만(相模湾)에 연한 마을의 쓰나미 피해와 동시에, 예를 들면 네부가와(根府川) 강의 산사태가 있었다. 많은 집이 토사 밑으로 내려앉았고 해안선 인근 터널을 나서던 열차를 산사태가 덮쳐 매몰 희생자가 많았다. 또 가파른 절벽에 둘러싸인 요코스카(横須賀)나 가마쿠라(鎌倉) 등에서는 인가가 흙더미에 묻히는 피해도 적지 않았다. 시즈오카(静岡)현의 유실·매몰 171명은 이토(伊東)나 아타미(熱海)에서의 쓰나미 피해로 인한 사망자를 가리킨다.

다음으로 공장의 피해라는 것은 공장의 붕괴로 발생한 사망자의 수이다. 가나가와(神奈川)현에서 1,006명이라는 집계 결과는 게이힌(京浜) 공장지대가 형성되고 있었던 시기에 해당한다. 호도가야초(保土谷町)의 후지가스(富士瓦斯) 방직공장 453명, 가와사키초(川崎町)의 후지가스 방직공장 154명, 히라쓰카초(平塚町)의 사가미(相模) 방직공장에 153명 등의 사망자가 나왔다. 이들 공장에서는, 면적이 넓은 공장에서 주야간 교대로 일하던 지방 출신 여공들이 대거 피해를 입었다. 도쿄시 이외에도 간토평야의 해안가에 국한되지 않고 산지 깊숙한 곳에서 지진으로 산지의 지반이 이완되는 등, 나중에 토사재해를 초래하는 요인이 이 때 형성됐다는 지적이 나오고 있다.

피난자 카드에서 알 수 있는 것

이제 여기에서 도쿄시의 진재 직후의 모습을 보자. 우선 지진 후에 일어난 현상으로 많은 사람들이 공터를 향해 피난했다. 9월 1일 시점의 도쿄시의 인구는 2,265,300명으로 추계되었다. 지진 당일의 인구는 불분명하기 때문에 3년 전 1910년의 제1회 국세(國勢) 조사에 의한 결과에 자연증가와 사회증가의 비율 숫자를 더한 추계인구이다. 이 중 피해인구는 약

60%로 추정된다. 약 140만에서 150만명의 사람이 피해를 입었다.

이들은 지진 당일부터 안전하다고 생각되는 장소를 찾아 우왕좌왕했다. 황궁 앞 광장에 30만명, 우에노(上野) 공원 50만명, 아사쿠사칸논(浅草観音)[10] 7만명, 시바 공원 5만명, 야스쿠니신사 경내 5만명, 메이지신궁(明治神宮) 외원(外苑) 3만명, 넓은 정원을 가진 부자들의 집 등에 많은 사람들이 대피했다. 소방활동도 전개되었지만 태풍 직후 바람이 불면서 풍향 변

〈그림 5-7〉 피난자 카드와 카드 케이스

화에 따라 화염이 종횡으로 번지며 도쿄 시내 중심부를 거의 불태워버렸다. 간신히 화재가 수습된 4일 무렵부터 구호 활동이 본격화되었고, 집이 불타버린 대피자도 마음을 진정시키고 지방 본가로 일단 귀환하는 움직임이 보이기 시작했다.

---

10   역자주: 浅草寺의 별칭이다. 헤이안 시대에 창설된 도쿄에서 가장 오래된 절이며, 관음보살을 모시고 있기 때문에 '浅草観音' 또는 '浅草の観音様'이라고 불리우고 있다.

〈그림 5-7〉은 현재 부흥기념관에 전시되고 있는 피난민 카드와 자투리 나무 조각으로 손수 만든 카드 케이스이다. 전시에 제공된 것은 3,800장의 카드이지만, 원래는 10만명의 소재가 표시되어 있는 2만장의 카드가 있으며 전체의 약 5분의 1에 해당하는 부분을 전시하고 있다.

피난자 카드를 작성하여 진재 피해자를 찾는 조사에 도움이 되려 했던 것은 도쿄시정조사회(東京市政調査会)였다. 이 기관은 진재부흥계획의 주역으로 유명한 진재 내각의 내무대신 고토 신페이(後藤新平)가 지진 발생 바로 전 해인 1922년 2월 24일 설립한 조사기관이다. 지진 후에 야스다 젠지로(安田善次郎)의 생전 약속에 따른 기부금으로 히비야(日比谷) 공원의 현재 장소에 건축된 시정 회관을 본거지로 삼았다.

지진 당시 관공서는 엄청난 수의 이재민 퇴거를 조사하는 일에 손쓸 방도가 없었다. 때문에, 시정조사회가 경시 총감과 상의하여 히비야 공원에 구호부를 마련해 「사람 찾는」 일을 중심으로 안내 업무를 시작했다고 한다. 피난자가 대규모로 몰려있는 곳에 조사원을 파견해 대피자의 이름을 카드에 적고 구분 정리한 것을, 히비야 공원 내 「찾는 사람」이라 쓰인 큰 제등 아래 일반이 열람할 수 있게 한 것이다(뒤 그림 5-9 참조). 참고로 이 제등도 부흥기념관에 전시되어 있다. 이미 만지면 너덜너덜할 정도로 열화가 진행된 상태이다. 대피자 조사를 맡은 것은 자원봉사학생 약 100명이었다. 그 성과를 신문사와 논의하여 피난자의 이름과 피난 장소를 일람표로 제공한 것이 『동경일일신문』 9월 15일, 16일자 도쿄시내 부록판이다.

지금까지의 자료조사 등을 고려하면, 이 시기의 진재 지역인 도쿄에서의 사람들의 움직임은 다음과 같이 시기별 구분할 수 있다(穂積, 1924).

제1단계(9월 1일~3일간): (지진) 직후 식량, 의료구호를 찾아 각지를

배회

제2단계(4일~7, 8일 정도): 잠정적인 구호 혹은 피난 장소를 시내외에서 찾고, 어떤 경우는 불탄 자리에서 재료 등을 조달해 자신의 부지에 가건물을 세우거나, 혹은 지방의 친가, 지인의 소재지를 목표로 도쿄시를 탈출한다

제3단계(10일 정도~): 식량 배급은 이재민에 한정하였고, 일반인에 대해 무료 배급 정지의 행정조치가 내려져 지방으로의 대피자가 일시 증가 경향을 나타낸다

제4단계(2주 정도~): 도쿄시에 공설 가건물이 건설되어 서서히 입소가 시작된다

피난자 카드가 작성되어 히비야 공원의 시정조사회 임시사무소에서 일반인에게 활용된 시기는 제3~제4단계에 해당한다. 이 시기에는 수많은 사람이 불타 죽은 곳인 피복 공장터에서의 시체 처리가 이루지고, 긴급조치도 이제 일단락된 단계로 보인다.

그런데 거기서 살아남은 자들에 대한 구체적 방안이 필요해졌다.

앞서 소개한 『동경일일신문』 9월 15일, 16일에 게재된 「피난자 성명표」에는 카드 작성 목적이 다음과 같이 간결하게 기술되어 있다. 여기서 필요한 정보를 살펴보자.

- 본 표는 9월 8일부터 12일에 걸쳐 도쿄시정조사회구호부가 도쿄도의 학생 여러분의 의협(義俠)적 도움을 받아 피난민의 이름을 조사한 것입니다.
- 본 표의 이름은 주로 노숙(야숙과 동의) 피난민과 공공건물에 수용되어 있는 사람들이지만 전부는 아닙니다(이하 생략).

- 본 표 등록 후에 이사하거나 이동하는 사람도 많이 있을 것이므로 다른 곳으로 옮긴 사람도 있을 거라고 생각합니다(이하 생략).
- 본 표 성명의 대부분에 대해 원래 주소, 연령, 피난처 등의 상세한 사항도 조사했으니, 자세한 것은 본회 구호부에 문의해 주십시오.
- 본 회의 구호부는 찾는 사람과 묻는 사람의 중개사무도 하고 있으니 어느 쪽도 이용해 주십시오.
- 본 표 성명 아래에 외3, 외5라고 적혀있는 것은 동반자인 가족이

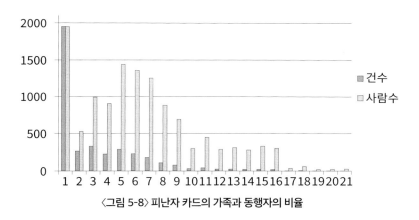

〈그림 5-8〉 피난자 카드의 가족과 동행자의 비율

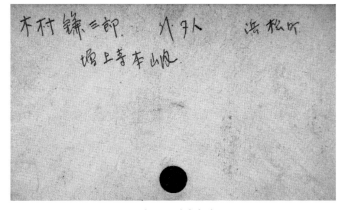

〈그림 5-9〉 피난자 카드

나 점원의 인원수입니다.

카드에 기재되어 있는 내용은 성명, 연령, 동반자수, 원래 주소, 피난 장소이다. 피난 장소에서 이동처가 기입되어 있거나 이전 예정 등을 기입한 경우도 적지만 드문드문 보인다. 그러나 원주소가 기재되어 있지 않은 것도 3,800장 중 1,097장이나 된다. 따라서 원주소와 피난 장소의 관계를 알 수 있는 사람은 전체의 70% 정도에 그친다.

또한 '외 몇명'으로 기재되어 있지 않은 경우를 일단 1인 대피자로 보면 3,800장 중 1,948장(51.3%)이므로, 단신과 동반자가 있는 피난자는 거의 반반이 된다. 가족 혹은 동반자에 대해서는 앞서 신문에 게재된 설명에 따르면 가족 혹은 점원 등으로 설명되어 있으므로 당시 도쿄 피난자의 많은 경우는 고용된 종업원과 가사 도우미 등을 동반해 대피했을 것으로 추정된다. 단신자가 약 반수를 차지하지만, 가족 및 기타 동반자의 수는 2인부터 29인까지이다. 21인 이상의 건수는 각각 1건씩이다.

전체의 경향을 그래프로 보면, 그림 5-8과 같다. 독신자인 경우를 제외하면, 인원수가 많은 사람은 5~7인 정도의 가족이나 동반자이다. 즉, 이 정도의 집단으로 피난처를 여기저기 찾고 있었을 것이다. 독신자 중에서 눈에 띄는 것은 어린아이다. 이들 대부분은 미아로 추정된다. 실제 카드에서는 이름 불명, 원주소도 불명인 것이 많다. 거의 경찰서에 보호되어 있는 상태였다.

아직 안정된 대피소를 찾지 못해 시내를 우왕좌왕하는 이재민들 중에는 어린아이가 길을 잃고 경찰에 보호받는 등 안타까운 상황이 극히 일부 사례에서 검출됐다. 미시적 자료이지만 간과할 수 없는, 재난이 빚어내는 상황은 이러한 '생'의 자료에서 발견된다.

이윽고 시정조사회 활동은 제국대학 이재민정보국(罹災者情報局)으로 인계되지만 구호사무 그 자체가 인계된 것은 아니다. 자력으로 임시 거처를 지을 여유가 없는 피난민들은 공설 판잣집으로 보내졌다.

지방으로 피난하는 사람들

피난자 카드에 대해 서술하면서 지진 지역인 도쿄의 9월 중순까지의 상황을 4단계로 나누어 설명했다. 이 중 제2기, 즉 제2단계(4일~7, 8일 정도)에는 잠정적인 구호나 피난 장소를 시의 안팎에서 찾으려 했다. 어떤 이는 불에 탄 자리에서 재료 등을 조달하여 자신의 부지에 판잣집을 만들었고, 어떤 경우는 지방의 친가나 지인의 소재지를 목표로 도쿄시를 탈출하려 했던 그런 시기이다. 여기에서는 지방으로 피난한 사람들에 대해 분석해 설명하고자 한다.

도쿄와 요코하마가 지진으로 잿더미가 되어 그곳에 머물 수 없는 이재민들은 9월 3일 이후 공식적으로 철도 무임승차가 허용되어, 지진으로 인한 손상이 적어 개통되었던 철도나 제공된 선박 등을 통해 지방으로 빠져나갔다. 그 수는 10만이라고도 한다. 당연히 그들이 가는 곳 마다의 철도역에서는 구호 활동이 벌어지게 된다. 내무부는 차관 이름으로 9월 3일에 다음과 같은 통지를 내렸다.

괄호 안은 오후 8시 12분이 마이즈루 요코부(舞鶴要港部)[11]에 착신한 시각이며, 오후 10시 반은 나가노(長野) 현청에 착신한 시각을 나타내고 있다.

내무차관발

---

11   역자주: 要港部는 일본 해군 기관이며, 해군의 근거지로 함대 후방을 통할하는 기관이다.

지사 앞

마이즈루(舞鶴) 무선전신(無線電信) 9월 3일 오후 10시 반 도착(오후 8시 12분 도착)

東京府의 각 방면 및 인근 현으로 피난하는 사람들이 적지 않다. 그 중 친척이나 친구 집이 아니라, 그저 안전한 지방으로 피난하는 자 등 곤란이 많을 것이다. 따라서 지금 특히 그 지방 사람들에게 애민의 정을 환기하고, 지방단체 또는 뜻있는 사람들이 적당한 구호 방법을 마련하도록 하여, 그 피난민의 이름 등을 되도록 정리해 두는 등 적당한 조치를 취하기를 바란다

(長野縣 歷史館 소장 『救援に関する公文書類』)

위의 나가노현 사료에서 통첩의 수신자는 치바(千葉) 미야기(宮城) 사이타마(埼玉) 도치기(栃木) 후쿠시마(福島) 군마(群馬) 니가타(新潟) 야마나시(山梨) 가나가와(神奈川) 시즈오카(静岡) 각 현의 지사(知事)이지만 사실 모든 부현(府縣)에 보내졌다.

애초에 이것은 피난민이 언제, 어느 정도, 어느 현에 도착할지도 분명하지 않은 상황이었기 때문에 현의 책임으로 구제하라는 명령은 아니다. 아랫부분에 분명히 나타나듯이, 지방 민중의 동정심을 일깨워 지방단체나 유지에 의한 구호를 촉구한다는 것이지, 현 자체가 구호체제를 만들라는 명령은 아니었다. 왠지 모호한 느낌이다.

그러나 왜 '지방 민중의 동정심을 일깨워 지방단체나 뜻있는 자들에 의한 구호'를 촉구해야 했는가를 생각하면 의미심장하다. 이것은 도쿄나 요코하마 등의 지진 재해지에서 지방으로 간 피난민 구제금을 국가에서는 내지 않는다는 것을 시사하고 있다. 지방 현에서도 피해자는 자기 현의

출신자이긴 하지만, 다른 현에서 발생한 재해로 피해 입은 사람들이며, 자기 현의 재해 이재민이 아니다. 때문에 행정상 구조기금 예산을 지출해야 하는 대상은 아니다. 하지만 지방청은 중앙정부의 지시에 따라 도망쳐 온 피난민에 대응하지 않을 수 없는 것이다.

그래서 어떻게 했냐 하면 지방 현은 우선 현청에 근무하는 현의 지사, 이사관 이하, 공무원들의 지위에 따라 성금을 내도록 했다. 그 다음 각 현의 신문사와 공동으로 신문 지상에서 기부금을 호소했다. 지방 신문에서 모금 호소가 게재되기 시작한 것이 9월 4일부터 5일 정도였다. 한 사람당 1엔, 혹은 구호물자를 현청 앞으로 보내자는 호소가 있었다. 간토대지진의 성금은 외국으로부터도 많은 성금이 있었지만, 국내만으로도 물품을 환산한 합계액으로 약 6천만엔이라는 거액에 달했다. 이는 노비지진이나 그 이후 발생했던 재해나 그 밖의 경우를 봐도 이례적인 액수이다. 그이유는 이러한 관민 일체의 의연금 모집 체제가 있었기 때문이다.

그러나 지방 현에서 보면, 어느 정도의 사람이 출신지에 돌아올지 정확한 숫자를 알 수 없었다. 우선 도쿄·요코하마 등으로 돈 벌러 나간 사람이 많은 도호쿠 여러 현의 예를 들면, 도쿄 주변의 다바타역(田端駅), 오미야역(大宮駅), 아카바네역(赤羽駅) 등, 철도역 주변에 피난민을 접수하는 사무 창구를 마련했다. 선로를 따라 걷는 피난자의 사진은 많은데, 그러한 인근 현은 차지하더라도, 그렇지 않은 먼 곳의 여러 현은 이러한 조치로 귀경하는 현 피난민의 수를 파악하면서 준비체제를 정비하였다.

나가노현으로의 피난 예

나가노현의 경우를 검토해 보자. 당시 철도 노선상, 주오선(中央線)과 신에츠선(信越線)의 환승역이었던 시노노이역(篠ノ井駅)에서 9월 4일부

터 17일까지의 통과자 또는 하차
한 사람은 총 5만7천명에 이른다.
이들에 대해 시노노이 청년단, 부
인회, 재향군인회 등이 너나없이
다과를 제공했다. 또 신에츠선 가
루이자와역(軽井沢駅)에서는 통과
또는 하차하는 피난자에게 이름과
행선지를 쓰도록 했다. 명부에 기
재해야 할 사항으로서 성명, 피난
지 주소, 가는 곳 지명, 원적, 비고
(備考)의 다섯 항목을 쓰도록 하기
위해 연필을 첨부해, 열차마다 이

〈그림 5-10〉 가루이자와역 피난자 명부
출처:나가노현 역사관 소장

명부를 제출하여 기입하도록 하였다. 그림 5-10은 가루이자와역 대피자
명부의 표지이다.

신에츠선 가루이자와역의 피난인 명부 기입수는 1,027명, 주오선 가
미스와역(上諏訪駅)의 명부 기입자는 17명으로 보고되었으며, 행선지 별로
집계한 숫자도 기록되어 있다.

신에쓰선(信越線) 가루이자와역(軽井沢駅)

東京6 京都23 大阪83 兵庫23 長崎1 新潟215 福井40 石川41 富山64
鳥取2 島根1 岡山8 広島19 山口10 和歌山15 奈良1 三重10 愛知66 静
岡37 山梨22 滋賀33 岐阜15 長野213 徳島6 香川2 愛媛3 福岡8 大分1
佐賀4 熊本9 鹿児島9 朝鮮2 台湾1 不明34 (합계 1027)

주오선(中央線) 가미스와역(上諏訪駅)

大阪9 兵庫1 新潟2 愛知1 岐阜1 長野2 愛媛1 (합계 17)

(長野縣歷史館蔵 『関東震災救援報告』 第1回)

신에쓰선(信越線) 가루이자와역(軽井沢駅)의 경우, 니가타(新潟)의 215명과 가루이자와역이 있는 나가노(長野)의 213명이 압도적이다. 계속해서 오사카(大阪) 83명, 아이치(愛知) 66명, 시가(滋賀) 33명 등 도카이도(東海道)선 불통 때문에 주오선(中央線)으로 우회했던 피난자도 적지 않다. 니가타 215명을 포함하여, 도야마(富山) 64명, 이시카와(石川) 41명, 후쿠이(福井) 40명 등 호쿠신(北信) 지방으로의 피난자가 신에쓰선을 경유하여 피난한 것을 알 수 있다. 주오선은 지진 발생 당초에 우에노하라역(上野原駅)-요세역(与瀬駅) 사이 구간에 9월 14일 사사고(笹子) 터널 내의 토사 붕괴로 일시 불통이 되었기 때문에 승차하는 피난자가 적었다고 생각된다.

지방 현의 구제 자금원과 의연금 처리

그런데 이상과 같은 조치에 대한 비용을 어디에서 염출했는가의 문제가 있다. 이미 말한 것처럼 각 현은 민간으로부터 의연금을 모집했다. 이 금액은 실제 중앙 정부 주도로 진행됐다고 밝혔다.

이를 뒷받침하는 것은 9월 16일, 고토 신페이(後藤新平) 내무대신의 내각회의 청의(請議)이다(그림 5-11). 먼저, 9월 16일의 청의 내용이다.

의연금 처분에 관한 건
지진 재해에 관한 일반 의연금은 의연자의 의지를 고려하고 이재민의 궁핍한 상황을 살펴, 우선 일정 부분을 식량과 의복의 현품을

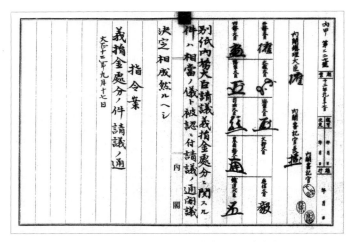

〈그림 5-11〉 의연금 처리에 관한 각의(閣議)로의 청의(請議)

지급하는 데 충당하고, 다음으로 치료소와 목욕탕 등 응급시설에 충당하는 것이 가장 적당하다고 판단됩니다. 다음과 같이 의연금 처분 방법을 일단 결정하려 하며, 그 비용을 지출한 의연금의 잔여금 처분 방법에 대해서는 다시 안을 만들어 각의를 청하려 한다.

이상 각의를 청함

의연금 처분 방법

의연금은 우선 아래에 기입한 비용으로 지출한다.

1. 식량비

　5백5십만엔으로 예정. 다만 필요할 경우는 다시 증액할 수 있다

2. 피복비

　5백만엔으로 예정. 앞의 내용과 동일

3. 아래 응급시설비

　예정 지출액은 추가 안을 마련하여 경상하기로 한다.

　가. 피난지에서의 간이 목욕장의 경영 또는 보조

나. 간이치료소의 경영 또는 보조

다. 일용필수품의 간이 시장 건설

라. 고아 미아 및 부양자가 없는 老廃者의 임시수용소의 경영

바. 사망자 유족에 대한 장례비의 지급 및 추도회시행

사. 빈민주택의 건설

아. 이재민 여비의 보조로 1엔에서 5엔을 교부

비고: 15일까지의 일반 의연금 접수금 2천7백만4천7백5십8
엔85전

의연금 처분은 지진 발생 후 보름이 지난 9월 16일 단계에서 2,700만
엔 남짓이라는 거액의 모금액을 감안하여 식량, 피복, 응급시설의 3개 분
야에 지출할 것을 제안받은 것이었다. 각 현의 성금 마감은 거의 9월 말일
을 기한으로 한 것이 많기 때문에 정부로서는 앞으로도 많은 액수의 성금
이 모일 것을 예상한 제안이었다. 이 청의(請議)는 다음날인 7일의 내각회
의에서 승인되었다. 여기에 제시된 성금의 용도는 이재민 개인을 구제하
는 구조금의 지급 항목은 없고 공적인 시설에 초점을 맞춘 것뿐이다. 유일
하게 응급시설 5개 항목에 사망자 유족에 대한 장례비가 포함돼 있을 뿐
이다. 더욱이 지금처럼 일본적십자사가 정부의 위탁을 받아 재해의연금
처리를 담당한다는 규정이 있는 것은 아니었다. 이는 민간이 임의로 도움
의사를 밝힌 성금에 정부가 직접 관여하여 각의 결정을 내린 전례 없는
형태였다.

그렇다면 법적 근거는 무엇이었는가. 1899년(明治 32년, 法律 77호)에 제
정된 이재구조기금(罹災救助基金)이 바로 간토대지진 때에 근거가 되었던
재해구조 법률이었다. 이 이재구조기금 제8조의 규정에서는 '이재구조를
위해 이재구조기금으로 지출해야할 항목은 다음과 같음'이라고 되어 있

으며, ① 피난비용 ② 식량비 ③ 피복비 ④ 치료비 ⑤ 가건물 비용 ⑥ 취업비 라는 6개 항목이 열거되어 있다.

9월 17일 각의에서 결정된 간토대지진의 의연금 처리 항목을 보면 취업비를 제외한 거의 모든 항목이 이에 해당함을 알 수 있다. 간토대지진의 의연금은 이재구조기금의 항목에 따라 용도가 정해졌다. 바꾸어 말하면, 간토대지진의 고액의 의연금은 본래 행정이 부담해야 할 이재구조기금으로 대체된다는 것이 각의에서 결정되었다.

천황 하사금의 처리

간토대지진에서는 그때까지 전례가 없는 것이 많이 있다. 천황의 하사금은 이미 9월 3일에 1,000만엔 교부가 결정되어 있었다. 1918년 쌀 파동에서 당시 하라 다카시(原敬) 내각 때 30만엔의 하사금이 내려진 예가 있지만, 그것을 웃도는 이 정도의 큰 금액은 없었다. 이러한 금액의 결정은 물론 천황 한 사람의 의사에 의한 것이 아니라 내대신(內大臣), 궁내대신(宮內大臣) 등이 정부 수뇌와 상의하여 결정한 지극히 정치색이 강한 조치이다.

하사금에 대한 처리는 다음과 같은 각의 결정서를 통해 알 수 있다. 의연금 처리에 관한 각의 청의안과 같은 날인 9월 16일, 내각총리대신 야마모토 곤베(山本權兵衛) 앞으로 내무대신 고토 신페이가 청의하였다. 그 내용을 간단히 요약하면 다음과 같다(그림 5-12).

① 천황 하사금 처분은 이재민에게 현금을 배분할 것
② 물자를 구입하여 이재민에게 배급할 것
③ 부양자가 없는 노인, 유아, 부녀를 수용할 수 있는 응급 사회시 설을 마련할 것

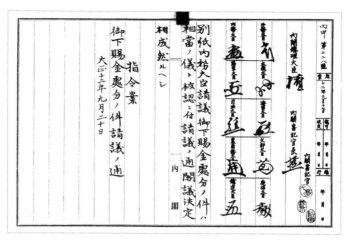

〈그림 5-12〉 천황하사금의 처리에 관한 閣議의 請議

④ 단, 이미 ② ③에 대해서는 천황의 성은이 한정되는 경향이 있
고, 또 이미 재경 이재민에게는 국비(960만엔)로 물자배급 등을
하고 있는 상황이다

⑤ 성은을 이재민에게 널리 알리기 위해서는 ①의 현금으로 배분
하는 방법이 가장 좋다고 판단된다

⑥ 단, 현재로서는 지진피해자를 결정하는 어려움도 예상되지만
반드시 불가능한 것은 아니다. 이러한 이유로 당분간 지진 피
해를 입은 부현(府縣)의 이재민에게 아래와 같이 천황 하사금을
배분하기로 한다

그리하여 하사금 배분 기준율이 제시되었다.

분배 표준
1. 사망자 1명당 100%로 한다

2. 전소, 전파, 유실에 해당하는 호수 1당 100%로 한다

3. 반소, 반파에 해당하는 호수 1호당 50%로 한다

4. 부상자는 1사람은 50%로 한다

이상의 각의는 의연금 처리와 같은 날에 신청되었으나, 뒤늦게 9월 20일에 지령안 대로 결정되었다.

천황의 하사금은 ①지방에 피난해 있는 이재민에게 직접 현금을 전달하고 ② 금액은 이재민 총수가 정해지지 않은 단계이기 때문에 비율로 표시되어 있다. ③ 이재민의 특정은 「이재민의 결정에는 상당히 어렵지만, 결국 이재민을 알아내는 것이 반드시 불가능한 것은 아니다」. 즉, 상당한 어려움이 따르지만 못해낼 게 없다는 것이다.

지진 피해 인구 조사 실시

그런데 여기서 문제가 되는 것은 어떻게 피난자를 파악하여 피해 상황을 파악하는가이다. 그래서 채택된 방책은 지진 이후 2개월 반이 지난 11월 15일을 기점으로 전국에 걸쳐 어느 정도의 사람들이 지방으로 피난 갔는 지에 관해 진재인구조사를 실시하도록 한 것이다. 이는 이미 10월 초순에는 구상이 구체화 되고 있었던 것으로 보인다. 제도(帝都)부흥사업을 수행하기 위해 고토 신페이가 구상한 독립 기관으로서의 부흥성(復興省)의 가능성을 모색하고 있던 단계였다.

제도부흥사업을 계획대로 구체화하기 위해서는, 우선 지방으로 피난 간 사람들이 돌아와야만 한다. 이를 위한 전망이 필요한데, 당연히 지방으로 대피한 사람들이 어떤 피해를 입었는지, 사망자는 몇 명인지, 어디서 사망했는지, 돌아올 예정은 있는지 등을 함께 조사하기로 했다.

그 결과를 통계국에서 처리하도록 하고, 다음 해인 1924년 12월에
사회국『진재조사보고』로 간행했다. 실제 조사는 임시진재구호사무국에
서 취합했는데 1923년 3월 말쯤 해산되었기 때문에 (내무성)사회국에서 출
판했다. 종래에 이 표제 때문에 이용되는 경우가 적었던 조사이지만 '떠
나는 사람과 돌아올 사람'이라는 특이한 조사항목이 있다는 것이 주목된
다(川合, 1991) 지진 시의 이재민 동향을 파악하는 것으로 매우 귀중한 조사
내용이 담겨 있다. 그 결과의 일부는 〈표 5-4〉에 나타나 있다.

<표5-4> 진재 부현의 인구 동태

縣	9.1 추계인구	사망행방 불명	11.15 현존이재민	11.15 現在 人口	9.1일 추계인구 - 11.15 현재 인구
東京府	4,050,600	70,497	1,495,926	3,634,199	-416,401
東京市	2.265.300	68,660	1.021,956	1,527,277	-738,023
神奈川縣	1,379,000	31,859	1,024,071	1,242,532	-136,468
横浜市	442,600	23,335	254.556	311,402	-131,198
千葉	1,347,200	1,420	194,318	1,400,655	53,455
埼玉	1,353,800	316	125,801	1,391,098	37,298
静岡	1,626,300	492	90,044	1,646,614	20,314
山梨	602,000	20	34,144	611,812	9,812
茨城	1,399,100	15	32,320	1,428,982	29,882

출전: 社会局『震災調査報告』148~149쪽. *11.15 현재 인구=東京市 및 神奈川縣 조사인구, 다른 것은 추계인구에 피난자를 더한 숫자임(北原, 2012)

지진으로부터 2개월 반 후, 도쿄시의 인구는 지진 전과 비교해 30%
이상 감소하였고, 요코하마시는 30% 미만의 인구감소가 있었다. 그러나
다른 5개 현은 인구가 늘고 있었다. 이것은 자연증가가 아니라 지진 피난
자에 의한 「사회적 증가」이다. 즉, 도쿄부·도쿄시, 가나가와현·요코하마

시를 제외한 지진 피해를 입은 5개 현에는 많은 피난자가 갔다는 것을 보여준다.

진재인구조사는 3년 전의 국세(国勢) 조사에 따라 조사원이 임명되어 엄격한 조사 지도가 행해지면서 집행되었다. 11월 15일 오전 0시를 기해 조사지의 피난자를 진재조사세대표(震災調査世帶票)에 기입하는 방식이다. 개인표에 주목해 보자. 진재 피해의 조사이지만 주소·이름·나이, 피해 상황 등은 물론이고, 지진 당시 있었던 장소·대피 장소와의 관계·피해 상황(상처 정도 등)·직업·앞으로 거주할 장소 등 조사를 통해 무엇을 파악했는지 명확하게 알 수 있다. 『진재조사보고』는 이들 조사표의 집계 결과를 정리해 분석하고 있다. 조사의 집계 결과로부터 주목해야 할 항목을 몇 개 정도 보기로 하자.

실업자에 대한 조사

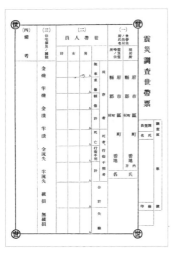

〈그림 5-13〉 진재조사 세대표

도쿄시, 요코하마시는 전체 인구 조사를 실시하였으며 지진 피해를 당한 다른 현은 지진 피난자만을 대상으로 했다. 피해를 입은 사람들의 직업에 대해 조사를 실시하였지만, 직업별 내용은 우선 기본적 분류로 '본업', '종속자'라는 표현을 사용한다. 후자의 정의는 '본업 없는 종속자 및 주인 세대 내에 있는 사용인을 포함한다'로 되어 있다. 즉, 피고용인으로 해석될 수 있지만, '가구 내에 있는 사용인'은 당시 표현으로 따지면 '하녀(女中)' 등도 포함된다. 진재 당시 직업이 있었던 이재민은 도쿄부와 가나가와현에서 340만 명 이상을 차지했지만 다른 진재(震災) 4개 현은 32만6,654명으로 10%가 채 되지 않았고, 압도적 다수의 이재민 중 직업이 있는 자는 도쿄부, 가나가와현 두 곳이 차지하고 있다. 거기서, 두 곳의 시부(市部)와 군부(郡部) 외의 다른 피해자 중 직업이 있던 자를 남녀별로 보면, 본업자는 압도적으로 남성이 많다. 하지만 종업자는 도쿄시구 지역·하치오지(八王子)시·요코하마시·요코스카(横須賀)시를 포함한 군부(郡部) 모두 여성이 대부분을 차지한다.

〈그림 5-14〉 진재조사 개인표

실업자에 대한 조사 항목은 전실업자와 준실업자로 나뉜다. 전실업자란 지진 당시 직업을 갖고 있었지만 11월 15일 시점에서 직업을 잃은 자이며, 준실업자는 현재 일시적으로 어떤 직업을 갖고있는 자를 말한다. 재해 피해자 중 총실업자수는 249,910명이며, 이 중 지금 말한 분류의 전실업자는 209,137명, 준실업자는 473명이다. 이 중 도쿄부 20만854명(도쿄시, 하치오지시를 포함한 군부)과 가나가와현 46,338명(요코하마시, 요코스카시를 포함한 군부)에서 대부분을 차지하는데, 유의미한 숫자는 이 두 부현(府縣)에 한정된다.

진재 상황에서는 당연하게 도쿄부에 대해서는 도쿄시가, 가나가와현에 대해서는 요코하마시가 전체의 동향을 좌우한다. 게다가 남녀비를 비교하면, 전체 실업자는 남성 70% 전후, 여성이 30%의 비율을 차지한다. 또 일시적으로 일자리를 얻고 있는 준실업자는 도쿄시, 요코하마시 모두 불과 15~16% 정도에 머물고 있다. 2개월 반이라고 하는 상황에서 피난자의 취업에 어려움이 있었다는 것을 알 수 있다.

「떠날 사람, 돌아올 사람」

조사의 주체인 임시진재 구호사무국의 최대 관심은 제도(帝都)부흥사업의 대상인 도쿄, 요코하마가 부흥을 달성하기 위해 이재민으로 지방으로 피난간 사람들이 도쿄 혹은 요코하마로 돌아올지의 여부이다. 이 조사의 주안점은 이 '떠날 사람, 돌아올 사람'이라는 항목에 그 점이 표시되어 있다.

지진 피해 지역 이외의 각 부현(府縣)의 현재 인구는, 추계인구에 11월 15일 현재 해당 지역으로 피난해 온 현재 있는 사람들을 더한 수치이다. 이러한 조치를 취하고 '떠날 사람, 돌아올 사람' 즉 향후 피난처에서 지진 피해 지역으로 돌아갈 의사가 있는지 여부를 묻는 란에 기입시킨 결과를 11월 15일 체류지에서 '떠날 사람'과 새로 유입되는 사람인 '돌아올 사람'으로 표시한 것이다. 지진 피해 지역으로 돌아갈지 여부가 기본적인 질문이기 때문에 피해지 밖의 각 현에서는 '떠날 사람'은 있어도 '돌아올 사람' 란은 공란이다. 지진 피해지 외 각 부현의 '떠날 사람' 수치를 집계하면 11만9,172명이다. 이를 일시적으로 지방으로 피난한 사람의 총계 30만5,455명에서 빼면 18만4,283명이 된다. 이들 지방으로 피난한 사람들의 약 60%가 2개월 반 후의 단계에서는 지진 피해지로 돌아갈 의사를 굳히지 않았다고 하는 결과이다.

부흥이란 무엇인가라는 궁극적인 문제가 사람이라는 것을, 당시의 조사를 주관했던 임시 지진 구호 사무국 즉 내무성 사회국 관리들은 잘 알고 있었다는 것이 된다. 『진재조사보고』 조사 내용은 이를 잘 보여준다. 인프라를 정비해도, 사람들이 돌아오지 않으면 부흥의 전망은 가질 수 없었다. 우선 그 때문에 돌아갈지 어떨지, 재해 피난민의 의사를 이런 형태로 물었던 것이다. 후쿠시마의 현 상황을 감안해도, 이것은 시대를 초월해 공통되는 근본적인 문제였다는 것을 새삼 생각하게 해준다.

마지막 장: 복구에서 부흥으로

복구는 긴급대책이며, 부흥은 그 뒤에

지금까지 각 시대마다 사회 전환의 배경이라 할 수 있는 재해들을 살펴보았다.

제1장 1절은 조간지진(貞觀地震)의 해일 재해로 인해 1,000명의 사망자가 발생한 다가성의 피해에 관한 것이다. 조정은 지진사(地震使)라는 사자(使者)를 파견하여 피해 조사와 생존자 구휼, 특히 환과고독(鰥寡孤獨)[1]인 사람들에 대한 구제, 조·조(租·調)의 면제, 사망한 사람들의 매장 등의 시책을 실시하였다. 이것은 현재 재해의 긴급 대응책에 해당하는 것이었다. 이어서 전개된 것은 고대 도호쿠에서 에미시(蝦夷) 대책의 중요 거점인 무쓰국(陸奥国) 치소의 부흥 공사이다. 기와 제작 기술을 가진 신라인들을 피해 지역에 들여보내 사람들의 부흥 의욕을 북돋우면서, 새로운 기와 제작 기술을 도입하여 다가성 부흥 사업에 종사하게 하였다. 고대사회라 해도

1　역자주: 홀아비·과부·고아 및 늙어서 자식 없는 사람을 이르는 말로 의지할데 없는 사람들을 가리키는 말이다.

우선은 재해지의 회복을 도모한 후, 부흥 정책을 전개한 배려가 이루어진 점에 주목해야 하지 않을까.

2절에서는 대재해가 많았던 세이와 천황(淸和天皇)의 조간(貞観) 시기, 그 중에서도 현재 후지 오호(富士五湖)²의 모습이 만들어진 조간분화로 인한 재해 지역의 대응책을 살펴보았다. 이곳은 다가성과 같이 에미시 대책의 거점이라는 현실 정치와 무관한 지역이다. 후지산 분화 재해 지역에 대해 조정이 취한 대응은 현지 유력 호족이었던 군사(郡司)의 불만을 위무하고, 조정의 힘을 지역에 뿌리내리게 하기 위한 신사(神社)의 창설이었다. 군사에 빙의한 화산신(火山神)이 내뱉는 말은 큰 지변(地変)을 가져온 자연에 대한 두려움이면서, 중앙정부 내 군사의 서열화를 원하는 재지 세력들의 자세이기도 하다. 고대 국가가 만들어낸 지방 통치의 정치 기술이 재해 국면에서 표출된 단면이다.

3절은 후지산 조간(貞観) 용암류의 대지에서 전개된 중세 말기의 세계에서 사람들의 생활이 어떤 것이었는지를 살펴보았다. 센고쿠기(戰國期) 특정 지역에 관한 구체적인 기록에는 끊임없이 '기갈(飢渇)'과 역병에 시달리고 전란의 장소로 변한 땅에서도 '자치'를 지켜낸 사람들의 삶이 눈앞에 재현되는 듯 전개되고 있다.

겐로쿠·호에이기 다이묘 조력 공사의 의의

제2장에는 동일본대지진 이후 1611년(게이초 16) 오슈지진(奥州地震) 등 도호쿠 관련 새로운 연구 성과도 나왔지만(蝦名, 2014), 17세기를 지나 에

---

2   역자주: 후지 오호(富士五湖)는 山梨縣 쪽 후지산 기슭에 위치한 5개 호수의 총칭이다. 다섯 개 호수는 다음과 같다. 5개 호수는 本栖湖, 精進湖, 西湖, 河口湖, 山中湖이다.

도시대 중기의 대재해로 이야기가 비약되었다. 서술의 균형이 좋지 않지만, 이 장에서는 재해 복구에 다이묘 조력 공사가 이용되었고, 그것이 에도 막부가 재해 피해지로 자금을 투하하는 방법이었음을 서술했다. 이 점이 본서의 중심 과제 중 하나이기에, 본서 분량의 약 절반을 할애해 실태 내용을 자세히 기술하였다. 대상으로 하는 재해는 1703년 겐로쿠지진(元禄地震), 1707년 호에이지진(宝永地震)과 호에이분화이다. 그것은 에도시대가 시작된 지 1세기가 지나 에도막부가 처음으로 연달아 경험한 가장 피해 범위가 큰 자연재해였다. 겐로쿠지진에서 이즈반도(伊豆半島) 동쪽, 4년 후의 호에이지진에서는 이즈반도 서쪽에서 규슈의 분고수도(豊後水道)[3] 일대에 이르는 넓은 범위에서 큰 피해가 발생했고, 이어 49일 후 후지산이 분화하여 사가미국(相模国) 일대에 두껍게 화산 모래가 퇴적되었다. 막부가 있던 간토평야를 중심으로 일본열도의 동쪽과 서쪽, 그리고 바로 중앙부에서 유례없는 광범위한 피해가 있었다.

겐로쿠지진 이후 에도성 수리 복원을 위해 다이묘 23가에 대규모 석벽 공사가 명해졌다. 호에이지진 이후에는 본문에서 서술하지 않았지만, 슨푸성(駿府城)의 석벽 공사를 히메지번(姫路藩) 사카키바라가(榊原家) 외 두 명의 다이묘에게 명령하였다. 그리고 아라이관소(新居関所)[4] 등 해일로 유실된 도카이도(東海道) 연변의 막부령 숙역 복원을 다이묘 세 명에게 명하여 공사하도록 했다. 에도성 및 슨푸성의 다이묘 조력 공사와 도카이도 연변 조력 공사에서 다이묘의 공사 체제가 다르다. 전자는 군역으로 인식되

---

3   역자주: 분고수도(豊後水道)는 규슈의 오이타현과 시코쿠의 에히메현 사이에 있는 물길이다.

4   역자주: 新居関所(あらいせきしょ)는 에도시대의 東海道 関所의 하나이다. 현재 静岡縣 湖西市新居町新居에 상당한다. 정식명칭은 今切関所(いまぎれせきしょ)이다.

는 전통적인 태세로 다이묘 측이 임했지만, 도카이도 연변과 하천 공사는 미리 막부가 지정한 청부 조닌(請負町人)에게 공사를 청부시키고 다이묘는 공사 비용만 부담하는 형태가 채택되었다. 그때까지 성곽과 사사(寺社) 건축을 위한 다이묘 조력 공사가 하천 수복으로 전환된 것은, 1704년(호에이 1) 야마토강(大和川) 수로 변경이 효시이다. 그것은 다이묘 조력 공사에 의한 서일본 하천 수복의 유일한 예이기도 하다(村田, 2009). 간토 지역에서는 1602년(게이초 7) 후지강(富士川)과 1604년(게이초 9) 야하기강(矢作川) 공사 이후 1세기 지난 1704년 도네강(利根川)·아라강(荒川) 홍수의 하천 복구가 효시가 되었다(大谷, 1996). 이후 막부 영지가 많은 간토에서는 다이묘 조력 공사에 의한 하천 수복이 계속되었다.

하천 수복의 조력을 명받은 다이묘 측은 종전과 같이 군역의 체제로 임했지만, 막부 간조카타(勘定方)의 강력한 요청으로 공사비를 부담하면서, 실제 공사는 청부 조닌에 의한 수복이라는 형태에 익숙해졌다. 처음에는 성곽 공사 등과 다른 체제에 당황했지만, 이후 청부 조닌에 의한 공사가 일반적인 것이 되었다. 이러한 변화의 배경에는 당연히 청부 조닌에 의해 인부 조달이 가능한 조건이 성립되어야 한다. 이것은 에도시대의 다이묘 조력 공사를 연구한 마쓰오 미에코(松尾美惠子)가 일찍부터 시사했던 점이기도 했다(松尾〈善積〉, 1967).

처음에 거대 재해에 대응해 막부가 직접 구제하지 않는 점이 조금 의아하였다. 하지만 다이묘 조력 공사를 통해 재해 현지에 대량의 자금과 물자, 인력이 투입되는 실태를 생각해보면 당시 다이묘 조력 공사는 간접적인 재해지의 구제라고 평가할 수 있다. 한편 1704년 홍수와 관련해 막부 간조부교(勘定奉行)는 막부령에 준하는 하타모토(旗本) 지두(地頭)에게 제방 파손의 복구와 농민의 식량 구제에 유의하도록 지시를 내렸다.[5] 이 점을 고려하면 구제 지시가 없는 막부 직할령에 대한 다이묘 조력 공사는 피해 지역 구호의 파급 효과를 노린 조치라 생각된다. 물론 공사비를 강제 요청당하는 다이묘 영지의 백성들에게 부담이 가벼울 리 없다.

그런데 이러한 복구 방식이 가능한 것은 막부 직할령뿐이었다. 이 점이 호에이분화의 구제 방법에 여실히 나타난다. 호에이분화로 화산 모래 피해가 심했던 오다와라번(小田原藩)의 경우, 막부는 번 영지의 약 절반을 막부령으로 거두고 대체 토지를 주는 한편 모래 피해 지역이 부흥할 때까지 긴 경우는 40년이 지나 오다와라번으로 되돌려주는 이례적 조치를 취했다. 5대 장군 쓰나요시(綱吉) 시기에 다이묘 조력 공사 등에 의한 사사 건축으로 막부의 지출이 적지 않았다. 이로 인해 빈발하는 재해 복구 자금도 바닥나 전국에 석고(石高) 1,000석당 2량의 세금 징수라는 전례를 볼 수 없는 조치가 내려졌다.

후지산(富士山) 호에이분화(宝永噴火)에서 모래가 쏟아져 내린 지역의 발굴에 따르면, 모래 처리 방식은 '덴치가에시(天地返し)'라고 불린 것 외에도, 밭 한 구석에 모래를 쌓아 올린 것도 확인되는데, 어쨌든 대형 토목공사였음을 실감할 수 있다. 순회하는 막부 후신카타(普請方)와 다이칸(代官) 및 데다이(手代)들의 지시나 조언을 얻어, 무라우케(村請け) 방식으로 마을 측의 인부가 주도적으로 광범위한 지역의 모래를 처리하였다(古宮雅明『神奈川縣立博物館研究報告』35号, 2009). 아마도 사진에 본 '우나에가에시' 즉 '덴치가에시' 등의 모래 처리도 이런 조언을 받아 이뤄졌을 것이다. 피해지 전역의 모래 처리에 조력 다이묘를 배치하는 것이 불가능한 현실을 감안

---

5   『御触書寛保集成』版 No.1355.

한다면, 그 대안으로 막부 후신카다와 다이칸 및 데다이 등을 다수 동원해 모래 피해 지역을 순회시키고, 공사의 진척을 도모한 것이 아니었을까. 그렇게 생각하면 이재민의 직접 구제를 일곱 배나 웃도는 5만여 냥이 '관리 비용 및 제반 비용'에 지출된 점도 납득된다.

광범위한 화산 모래 피해의 경작지 회복에 막대한 비용이 예상되는 상황에서, 막부는 궁여지책으로 사령(私領)을 막부령으로 바꾸고 전국에 세금을 징수함으로써 복구자금을 마련하였다. 바꾸어 말하면, 전국에 부과된 세금은 다이묘 조력 공사에 의한 자금 조달과 같은 성격으로 생각할 수 있다.

하천 재해의 다발과 복구 시책의 변화

다이묘 조력 공사에 대해서는 제3장 2절에서 아사마산(浅間山) 분화 이후 도네강(利根川) 홍수에 대해 호소카와가(細川家)가 하천 수복을 담당한 사례를 소개했다. 이 경우, 실제 하천 복구가 '거의 다 이루어진' 후에 호소카와번의 관리 등이 현지에 가서 약 10일간 머물고 공사가 마감되는 극히 형식화된 다이묘 조력 공사가 되었다. 그 과정에서 막부의 하천 정책에 몇 가지 변화가 있었다. 우선 겐로쿠·호에이 시기의 다이묘 조력 공사의 문제점이 드러났다. 대표적인 예로 사카와강(酒匂川) 공사에서 볼 수 있듯이, 하천 수복에 많이 적용된 정부 조닌에 의한 공사가 부실하여 수복 공사가 거듭되었다. 이에 그동안 간조부교(勘定奉行)로서 하천 공사 전반을 담당한 오기와라 시게히데(荻原重秀)의 실각과 함께, 다이묘 조력의 공사비를 이용한 정부 조닌의 하천 수복 공사는 중지되었다. 간토다이칸(関東代官)이나 다다노부(伊奈忠順)의 파면 이후, 교호기(享保期) 8대 쇼군 요시무네(吉宗)가 기슈번(紀州藩)에서 이자와 야소베(伊沢弥惣兵衛)를 등용하고 하천 수복 방식을 바꿨다. 신전(新田) 개발이 하천 재해를 증가시키자, 공의 공사(公儀普請) 즉 막부가 전면적으로 비용을 부담하는 공사를 경감하고, 하천 유역 다이묘의 영지 규모에 따라 부담시키는 방식으로 전환하였다.[6]

그러나 이 방식 역시 1732년(교호 17) 서일본 일대의 메뚜기 피해로 인한 기근으로 중단되었다. 이 방식이 부활한 것은 26년 후인 1758년(호레키 8)이다. 그 사이 1742년(간포 2) 도네강(利根川)과 지쿠마강(千曲川) 등 간토 하천들의 대홍수에 대해 청부 조닌의 방식을 폐지하고, 막부는 다이묘에 의한 '장소 할당' 방식으로 인부를 대규모 동원해 조력 공사를 전개하였다. 이때 대규모 인부 동원의 주체는 다이묘 영지의 마을이어야 하지만, 재해를 입은 마을의 구제를 위해 막부는 노인, 여자, 어린이에게 흙을 나르게 하고 품삯을 지급하는 방식을 채택하였다. 하지만 효율성 악화, 공사 일수의 연기, 비용의 증대 등으로 도중에 방침의 전환이 도모되었다(大谷, 1996). 하천 수복의 비용 부담, 노동 주체 등의 문제와 관련한 시행착오 때문에 수년이 지나 1747년(엔쿄 4) 다시 청부 조닌 도입의 다이묘 조력 공사가 부활되었다. 이러한 흐름 속에서 덴메이(天明) 아사마산(浅間山) 분화 이후 도네강(利根川) 홍수의 피해 복구는 다이묘 호소카와가의 조력 공사로 이루어졌다.

제3장 3절에서는 19세기 중기 덴포개혁(天保改革)의 중요 시책으로서 인바누마(印旛沼) 수로 공사를 다루었다. 이것은 재해 수복은 아니지만, 덴메이(天明) 아사마산(浅間山) 분화에 의한 도네강 홍수로 중단된 신전 개발을 다른 형태로 계승하는 것이기도 했다. 마지막 다이묘 조력 공사이며, 당시 부활한 '장소 할당'의 공사 실태를 밝혀주는 몇 안 되는 사례이다. 상

---

6   『御触書寛保集成』No.1350.

당히 부담이 컸던 쇼나이번(庄内藩)에 전하는 공사 실태 관련 사료를 통해 수로공사의 토량(土量), 토량 계산 방법, 인부 산출 등 당시의 토목 기술의 일부가 밝혀졌다. 쇼나이번이 특히 고심했던 영내 동원의 인부 중에는 적지 않은 사망자가 나왔다. 힘든 공사였고, 공사의 효율을 제고하기 위해 번에서 온 인부뿐만 아니라 청부업자가 조달하는 고용 인부 외, 이런 종류의 토목공사에 유능한 기술자 즉 구로쿠와(黒鍬)도 고용하면서 어려운 고비를 넘겼다.

전문화한 토목업자의 존재는 젠코지지진의 하천 공사에서도 확인되는데, 그들은 공사 현장을 옮겨 다니는 존재였다. 이제 시대 자체가 노인·여자·어린이에 의한 구제 공사(御救普請)라는 느슨한 공사 방법을 허용하지 않는 단계에 이르렀다. 그러한 시대를 말해주는 자료가 공사 현장에 많이 남아 있다. 조력 공사의 다이묘가 담당한 각 공사장의 임금, 도시락 등의 소문은 곧바로 에도의 인력 시장에 전해졌다. 참고로 인바누마 수로 공사를 소재로 한 소설로 마쓰모토 세이초(松本清張)의 『덴포 도록(天保圖録)』(朝日文芸文庫)이 있다.

제4장에서는 젠코지지진의 국역 공사 사례를 다루었다. 국역 공사(国役普請)라고 하지만 로주(老中)를 역임한 번주(藩主)의 역량으로, 막부가 비용을 부담한 막부 공사와 다름없었다. 현장에서 공사를 담당하는 것은, 하천 수복 공사에 경험이 풍부한 지역 유력자들이 마을을 통솔하는 이른바 무라우케 공사이며, 막부와 번의 관리와 논의하며 공사를 지휘하였다. 하천 수복으로써 제방을 다시 쌓거나, 수류 억제를 위해 제방의 보강재를 설치하였다. 하지만 보리 파종 시기와 겹쳐 공사 현장에 나오지 않는 농민들에게 번 관리들이 아침밥을 준비해 농사짓기 전 공사에 종사하도록 하는 등, 여러 조치를 통해 공사가 간신히 이루어졌다. 이미 피해를 입은 마

을 사람들도 단순히 무라우케에 의해 재해 구제를 받는 수동적 입장이 아니게 되었다. 재해 시 하천 수복과 관련해 채택된 다이묘(大名) 조력 공사이든, 국역 공사이든 수복하는 노동을 부담하는 주체는 마을의 인부가 기본이 되었던 것이다. 19세기 전반 가장 현저한 변화는 기술적으로 지혜를 축적하는 마을 즉 무라우케의 주체적 자립이었다.

재해 부흥은 민간의 힘

제4장에서 서술한 안세이(安政) 난카이지진(南海地震)과 에도지진(江戸地震)에서는 지금까지 보아 온 복구·부흥과는 달리 막부가 고액의 구제 자금을 부담한 것이 아니었다. 먼저 결론을 말하면, 이제 막부는 자신의 근거지인 에도에서조차 복구 공사를 우선시할 수 없고, 에도성 석벽 수복은 세 차례에 걸쳐 막부 스스로 공사를 했다. 겐로쿠지진과 마찬가지로 에도성의 석벽은 지반이 약한 곳이 붕괴되었으나, 예전처럼 다이묘에게 명하여 복구시킬 여력이 없었다. 에도 시내는 다마가와상수(玉川上水)의 수관 누수로 침수하는 상태가 이어졌다. 하지만 당시 해안 방비가 국가 최대 과제였고, 전년(1854)의 도카이지진(東海地震)에 의한 시모다(下田) 항 러시아 군함의 조난 문제 처리, 미일 화친 조약 체결 후의 문제 등으로 고민하는 상황에서 재해 이후의 도시 정비는 뒷전이었다.

하지만 민정을 소홀히 할 수 없는 에도에서 파손된 막부의 주요 건물들은 차례로 복구되었다. 구호소 등 막부가 해야 하는 극빈자 구제는 이루어졌지만, 시중의 일반 이재민에 대해서는 막부가 에도의 호상(豪商)들에게 시행과 부조를 재촉하였다.

안세이 난카이지진으로 가옥 붕괴와 사망자가 발생한 와카야마현(和歌山縣) 아리타군(有田郡) 히로촌(広村)은 '볏가리의 불'이라는 방재 전설

이 생겨난 곳이다. 여기서 전설이라고 한 것은 '볏가리의 불'의 고헤(五兵衛) 영감은 실상 35세라는 젊은 나이에 야마사쇼유를 경영한 사업가 하마구치 고료(濱口梧陵)로, 메이지유신 이후 와카야마번(和歌山藩) 곤노다이산지(權大參事), 와카야마현 의회 의장 등을 역임한 지역 기업인이기도 하였다. 단순히 마을 촌장이 아닌 것이다. 재력이 있어 마을 사람들에게 품삯을 주고 둑을 다시 쌓게 하였다. 지금도 해당 지역에서 둑에 흙을 가져가는 전통이 이어지고 있다. 이제 마을은 스스로 재해로부터 보호할 수 있는 힘을 비축한 것이다. 하마구치 가의 옛집은 하마구치 고료(濱口梧陵) 기념관이면서 해일 방재 교육 센터('稲むらの火の館')로 활용되고 있다.

에도시대의 재해를 연구한 구라치 가쓰나오(倉地克直)는 에도시대의 재해에 대한 대응력을 다음과 같이 지적한다. 에도시대의 사회를 구성하는 조직은 영주, 촌(무라)과 정(마치)이라는 중간 조직, 가문이라고 하는 세 개의 관계 속에 유지되며 개인이 존재한다. 가문과 개인이라는 사회 하부에 위치한 존재는 연공(年貢)이나 기타 의무를 다하는 대신, 막부(幕府)와 번(藩)이라는 상위자의 보호를 받을 권리가 있다. 대재해가 발생하여 개인 상호의 관계만으로 존재할 수 없을 때에는 막부와 번이라는 '공공(公共)'의 기능을 작동시키는 구조, 즉 상위자에게 구제 의무가 발생한다. 17세기까지는 경작지의 확대 등이 진전되는 가운데 이러한 도쿠가와 시스템은 대체로 기능하였다. 하지만 18세기에 들어서 대재해가 연속적으로 발생하면서 '공공'의 기능에 관한 의식에, 하위자로부터의 고양(高揚)이 상부에 위치하는 막부와 번(藩)을 압박하며 상호간 겨루기가 나타났다. 마침내 19세기에 이르러 하위자 스스로 지혜를 축적하려 힘쓰고 지역에서 재해를 극복하는 한편, 재해 복구·부흥에서 지역의 힘으로 감당되지 않는 부담은 민간에서의 항쟁을 일으키고, 도쿠가와 시스템은 붕괴하였다(倉地, 2016).

부흥의 원동력은 사람이다

본서에서 근대의 재해로 다룬 노비지진(濃尾地震)과 간토대지진에서 지적해야 할 점은 근대화를 진행하는 사회에서 대재해가 발생하면 인프라 정비라는 막대한 투자가 필요하다는 것이다. 노비지진은 철도나 건축물, 하천 정비 등 이른바 도쿠가와 시스템과는 180도 전환된 근대화를 추진하는 도중에 발생하였다. 철도 복구나 하천 정비에 막대한 국가 예산이 투입된 것은 사료적으로 추적할 수 있지만, 예컨대 지진 후의 화재로 괴멸적 타격이 거듭되었던 기후(岐阜)나 오가키(大垣) 등의 복구·부흥이 어떻게 이루어졌는지는 불분명한 점이 많다.

그러나 약 30년 후의 간토대지진에서 최대 목표는 도시 부흥이었으며, 국가 차원에서 부흥이 도모되었다. 간토에서 피해를 당한 부현(府縣)은 부흥사업의 자금 획득에 고심하였지만 도쿄시와 요코하마시는 제도(帝都) 부흥의 특별 예산으로 재빨리 부흥의 모습을 갖추었다. 도로와 교량, 시가지의 구획정리가 갖추어졌지만, 제도부흥사업을 추진하는 관료들이 가장 우려했던 것은 한때 100만명에 달했던 지방으로의 피난자들이 정말로 도쿄나 요코하마로 돌아올 것인가 라는 점이었다. 그 우려를 확실한 수치로 파악하려 한 것이 제5장에서 설명한 지진 재해 2개월 반 후인 11월 15일에 실시된 진재 피난자 조사이다. 제도부흥사업은 7개년의 예산이 편성되어 1930년에 일단의 부흥을 이루고 제도부흥제(帝都復興祭)가 열렸다. 하지만 아이러니하게도 도쿄시의 인구는 원래대로 회복되지 않고 주변 지역으로 확산되었고, 1932년에는 다섯 개 군(郡), 82개 정촌(町村)을 병합해 200여만 명의 인구를 흡수하여 인구 400여만 명의 '대도쿄(大東京)'를 성립시켰다.

제도부흥사업의 예산이 성립될 때 정치 투쟁이 유명하지만, 행정 담당자들 사이에서 제도부흥사업 자체는 성공한 것으로 간주되었다. 4년 후인 1927년에 일어난 기타탄고(北丹後, 현 京丹後市) 지진에서는 제도부흥사업의 사무작업에 출장한 인물이 기타탄고 지진 부흥사업을 위해 도쿄시에서 소환되었다(京丹後市, 2013). 1933년 쇼와산리쿠 쓰나미의 어촌 부흥에서도 제도부흥사업에 종사한 계보와 연결되는 내무성의 내각관방 도시계획과가 부흥계획을 세웠다(岡村, 2016).

기술은 사람을 통해 전해지지만, 부흥의 사상은 시대와 함께 요구되는 바가 변화한다. 확대 지향의 재해 복구·부흥이 아니라 동일본대지진으로부터 5년을 경과한 지금, 당초 요구된 부흥과 현 상황의 차이는 무엇에 의해서 초래된 것인가. 해결은 곤란하지만, 우리 모두가 생각하고 담당해야 할 과제이다.

맺음말

에도시대에 부흥이라는 말은 사용되지 않았을 것이다. 기본적으로 새롭게 발전하기 보다는 전형(典型)으로 회귀하려는 시대였으므로, 현재 우리들이 당연하다고 생각하는 미래 지향의 '부흥'이라는 단어는 등장하지 않는다. 하지만 근대에 들어서 고토 신페이(後藤新平)가 간토 대지진의 부흥 정책을 주장하며, 확실히 복구가 아닌 '부흥'을 소리 높여 말했다. 이러한 사고방식은 동일본 대지진 이후 부흥 구상에서 되살아났다. 그로부터 5년이 지난 지금, 부흥 구상은 당초 기대한 대로 실현되고 있는가. 부흥공영주택(復興公營住宅)이 들어서고 높아진 대지에 집이 세워지기 시작했지만, 피난지에 정착한 주민 그리고 부흥 격차로 인한 주민 간 균열 등으로 행정도 이재민도 '이게 아니었는데'하는 생각을 많이 한다고 들었다.

지진 5주년인 2016년 3월 11일을 중심으로 후쿠시마 현립 박물관에서 '진재 유산을 생각한다(震災遺産を考える)'라는 제목의 전시가 개최되고, 아울러 '3D 디지털 진재 유구 아카이브 체험'도 이루어졌다. 도쿄전력의 후쿠지마 제2원전이 위치한 도미오카정(富岡町)에서는 지진 발생의 다음날인 3월 12일 오전 6시 주민 전원에게 피난 지시가 내려졌다. 그리고 그날 저녁 피난 장소인 도미오카고등학교에 다시 피난 지시가 내려졌다. 도미오카고등학교는 단 하루의 피난소가 되었다. 이번 전시에서 충격적인 것은 피난소의 흔적으로, 고등학교 여기저기에 붙여진 메모와 화장실 청

소 등을 지시하는 벽보의 전시였다. 듣자니 지금도 그대로 남아있다고 한다. 도미오카정은 원전 사고의 피해를 직접적으로 받았고, 피난 해제의 전망이 없는 구역과 2016년 중 피난 해제가 예정된 구역이 병존한다. 지금도 마을 관공서가 피난 주민의 거주구역에 대응해 세 곳 가설되어 있다.

도미오카 교육위원회 몬마 다케시(門馬健)의 안내로 사람이 살지 않는 집만이 그대로 남은 도미오카정을 한 바퀴를 돌았다. 현립 박물관의 전시 중 손을 뻗으면 바다에 닿을 것 같은 곳에 위치한 조반선(常磐線) 도미오카역의 사진이 인상적이다. 하지만 이미 역은 사라졌으며, 그곳에는 잔해로부터 방사능 물질을 선별하는 무인 시설이 세워지고 검은 비닐봉투가 늘어서 있다. 이전 역 인근에 우뚝 선 후쿠시마 제2원전의 굴뚝을 처음 보았던 장면을 잊을 수 없다.

몬마 씨는 현지 신문기자 출신으로 도미오카정의 직원이다. 집들이 해체되고 거리의 흔적도 남지 않은 도미오카를 주민들이 기억할 수 있도록, 그는 시사(市史) 편찬사업을 추진하고 있다. 한편 지진이 남긴 '것'과 '장소', 이후 전개되는 부흥 과정을 보여주는 '것'과 '장소'라는 진재 유산을 통해 후쿠시마가 무엇을 잃었고, 무엇이 생겨났는가를 프로젝트의 구성원들과 함께 '후쿠시마의 경험'으로 남긴다고 한다. 원전의 폐로(閉爐)까지 40년이 걸린다고 하는데, 그때까지 '후쿠시마'의 여정을 모두 남기길 바란다. 20세기 제도(帝都)의 '부흥'과는 정반대의 방향에 있는 21세기의 '부흥'을 역사 유산으로 남겨 주기를 바라기 때문이다.

본서의 구성에서 제1장은 이번에 처음으로 도전한 고대사와 중세 기록에 기초해 썼고, 제2장 이하는 이제까지 쓴 논문 등을 참고해 다시 작성하였다. 제1장에서 조간(貞觀) 해일과 관련해 다가성(多賀城)의 부흥, 후지산(富士山)의 조간 분화, 후지산 산록 관련 중세 말 기록 등을 살펴보았다. 후지산 산록에 위치한 요시다(吉田)는 저자의 고향이다. 집과 부모로부터 벗어나려는 마음으로 도쿄로 왔는데, 이번에 처음으로 고향의 중세 기록을 읽고 그곳의 깊은 역사에 감동하였다.

제2장에서는 2015년과 2016년에 정리한 다이묘 조력 공사에 관한 논문을 수정하고, 후지산 호에이(宝永) 분화에 대한 새로운 발굴 성과 등을 소개하였다. 제3장에서 1783년(덴메이 3) 아사마산(淺間山) 분화로 인해 도네강(利根川)의 하천 수복을 맡은 다이묘 조력 공사 분석은, 중앙방재회의(中央防災會議) 휘하 '재해 교훈의 계승에 관한 전문조사회'에서 담당한 『1783 덴메이 아사마산 분화 보고서(1783天明淺間山噴火報告書)』 제5장을 수정한 것이다. 그리고 거의 마지막에 해당하는 다이묘 조력 공사의 사례로서 덴포기(天保期) 인바누마(印旛沼) 수로 공사를 분석해 새로 실었다.

제4장에서는 젠코지(善光寺) 지진으로 산체 붕괴의 토사재해에 이어 폐색호 결괴와 지쿠마강(千曲川) 홍수가 일어나고 그것을 수복하는 국역(國役) 공사의 실태를 분석하였다. 이 부분은 새로 쓴 부분이다. 안세이(安政) 도카이(東海) 지진으로 인한 시모다항(下田港)의 피해와 복구는 위의 중앙방재회의 전문조사회에서 담당한『1854 안세이 도카이 지진·난카이 지진 보고서(1854安政東海地震·安政南海地震報告書)』 제2장을 수정한 것이다.

제5장에서 근현대 지진, 분화, 해일 등을 중심으로 기타 재해를 포함해, 시기 구분을 시도하였다. 원전 건설의 시기가 비교적 재해가 적고 고도성장으로 나아가는 시기와 맞물리는 점을 밝히고(『歷史學硏究』898호 증간), 이후 재해를 추가해 수정하였다. 그중 노비(濃尾) 지진과 간토 대지진에 주목해야 하는 이유를 분명히 하고 구체적인 실태를 설명하였다. 이것은 『일본재해사(日本災害史)』중 '근대 재해' 1,2절을 수정한 것이다. 간토 대지진에 대해서는 주로「간토 대지진의 피해자 동향」(『日本史研究』589호)을 다

시 정리하였다. 그리고 마지막 장은 본서의 부제 '복구에서 부흥으로'라는 관점에서 제1장부터 제5장까지의 내용을 정리하며 본서의 결론으로 대신하였다.

끝으로 이제까지 재해 관련 논문을 위한 조사와 자료 제공 등에 협력해 주신 분들에게 감사를 전한다. 모두의 이름을 적고 싶지만, 많은 분들의 협력을 얻어 할 수 있는 일이기에 여기에 사의를 표하는 것으로 대신하려 한다. 본서의 출판을 권해 주신 지쿠마신서(ちくま新書) 편집부의 마쓰다(松田健) 씨를 비롯해 모든 분들에게도 죄송한 마음과 함께 깊이 감사드린다.

2016년 8월

저자 씀

인용문헌

相原延光・井上公夫「南関東の「びやく」という地名の由来について」『地理』61-7, 2016年

赤羽貞幸・北原糸子編著『善光寺地震に学ぶ』信濃毎日新聞社, 2003年

阿部正巳「庄内藩の下総印搭沼疎水開削顛末」『歴史地理』68巻, 2・4・4合併号, 1936年

飯塚一幸「濃尾震災後の災害土木費国庫補助問題」『日本史研究』412号, 1996年

石橋克彦『南海トラフ巨大地震 - 歴史・科学・社会』岩波書店, 2014年

今泉隆雄『古代国家の東北辺境支配』吉川弘文館, 2015年

宇佐美龍夫他『日本被害地震総覧599-2012』東京大学出版会, 2013年

蝦名裕一『慶長奥州地震津波と復興 -四〇〇年前にも地震と大津波があった』蕃山房, 2014年

岡村健太郎「明治三陸津波と昭和三陸津波の災害復興政策に関する比較研究」『歴史地震』31号, 2016年

大口勇次郎・五味文彦編『日本史史話』1(古代・中世), 山川出版社, 1993年

大熊孝『利根川治水の変遷と水害』東京大学出版会, 1996年

大谷貞夫『江戸幕府治水政策史の研究』雄山閣, 1996年

長田一『長田氏族の足跡』1986年

小田原市編『小田原市史』史料編近世Ⅱ, 小田原市, 1989年

笠谷和比古「宝永五年「国役普請」をめぐって-幕藩制政治史研究序説」『日本史研究』162号, 1976年

片桐昭彦「明応四年の地震と『鎌倉大日記』」『新潟史学』72号, 2014年

金子浩之「宇佐美遺跡検出の津波堆積物と明応四年地震・津波の再評価」『伊東の今・昔』伊東市史研究, 10号, 2012年

金子浩之『戦国争乱と巨大津波-北条早雲と明応津浪』雄山閣, 2016年

鏑木行廣『天保改革と印旛沼普請』同成社, 2001年

川合隆男編『近代日本社会調査史』慶應通信, 1991年

川名禎「南関東における泥面子の分布とその要因」『関西近世考古学研究会』発表資料, 2008年12月

上林好之『日本の川を蘇らせた技師デ・レーケ』草思社, 1999年

菊池勇夫『近世の飢饉』吉川弘文館, 1997年

北原糸子『都市と貧困の社会史』吉川弘文館, 1995年

北原糸子『地震の社会史』講談社学術文庫, 2000年, 이후 吉川弘文館에서 再刊, 2013年

北原糸子編『日本災害史』吉川弘文館, 2006年

北原糸子編『写真集 関東大震災』吉川弘文館, 2010年

北原糸子『関東大震災の社会史』朝日選書, 2011年

北原糸子「関東大震災の被災者の動向」『日本史研究』598号, 2012年

北原糸子・松浦律子・本村玲欧編『日本歴史災害事典』吉川弘文館, 2012年

北原糸子「災害史研究の現状と課題 － 災害史事典を編纂して」『歴史学研究』898号増刊, 2012年

北原糸子「宝永地震(一七一一)における大名手伝普請-松代藩真田家の東海道筋修復を中心に」『長野市立博物館紀要』(人文系), 16号, 2015年

北原糸子「元禄地震の江戸城修復と大名手伝普請」『国史学』218号, 2016年

京丹後市『京丹後市の災害』2013年

熊原政男校定『祐之地震道記』解説, 神奈川縣教育委員会, 1953年

倉地克直『江戸の災害史-徳川日本の経験に学ぶ』中公新書, 2016年

国立歴史民俗博物館『ドキュメント災害史』展示図録, 2003年

国立歴史民俗博物館編『歴史にみる災害』展示図録, 国立歴史民俗博物館, 2014年

小鹿島果編『日本災異志』日本鉱業会, 1894年

児玉幸多校訂「東海道宿村大概帳」『近世交通史料集』四, 吉川弘文館, 1967年

古宮雅明『富士山宝永噴火被災地の川普請と幕府の対応』『神奈川縣立博物館研究報告』三五号, 2009年

古山豊「旧一ツ松郷における津波被害」,「房総における元禄地震」,「元禄地震史料および分析」『新収日本地震史料』補遺別巻, 1994年

斎野裕彦「貞観十一年陸奥国震災記事と自然災害痕跡研究」『市史せんだい』23号, 2022年

佐川正敏「貞観地震復旧瓦生産における新羅人の関与について」『宮城考古学』16号, 2014年

笹本正治『災害文化史の研究』高志書院, 2003年

宋倉正展・他「平安の人々が見た巨大津波を再現する-西暦八六九年貞観津波」『AFERC NEWS』16号, 2014年

震災予防評議会編『増訂大日本地震史料』第二巻・第三巻, 文部省震災予防協会, 1943年

震災予防調査会『震災予防調査会報告』100号, 岩波書店, 1926年

末柄豊「『勝山記』あるいは『妙法寺記』の成立」『山梨縣史研究』3号, 1995年

菅原征子『日本古代の民間宗教』吉川弘文館, 2003年

鈴木長常・鈴木長頼「鈴木修理日記」1〜4 (鈴木棠三・保田晴男編『近世庶民生活史料未刊日記集成』第3〜6巻, (三一書房, 1997〜1998年)

善光寺地震災害研究グループ編『善光寺地震と山崩れ』長野縣地質ボーリング業協会, 1994〜95年

高野宏康「「震災の記憶」の変遷と展示」神奈川大学非文字資料研究センター『年報 非文字資料研究』6号, 2010年

田中収「白鳥山の地形・地質」『白鳥山城と万沢・内房郷』山梨縣富沢町教育委員会, 1997年

都司嘉宣「兀禄地震(一七〇三)とその津波による千葉縣内各集落の詳細被害分布」『歴史地震』19号, 2003年

千葉市史編纂委員会『天保期の印播沼堀割普請』, 1998年

中央防災会議・災害教訓の継承に関する専門調査会編『1855 安政江戸地震報告書』, 2004年

中央防災会議・災害教訓の継承に関する専門調査会編『1854 安政東海地震⊥女政南海地震報告書』, 2005年

中央防災会議・災害教訓の継承に関する専門調査会編『1783 天明浅間山噴火報告書』, 2006年

中央防災会議・災害教訓の継承に関する専門調査会編『1707 富士山宝永噴火報告書』, 2006年

中央防災会議・災害教訓の継承に関する専門調査会編『1847善光寺地震報告書』, 2007年

戸沢行夫『江戸の入札事情―都市経済の一断面』塙書房, 2009年

土木学会編『古市公威とその時代』土木学会, 2004年

内閣府防災担当編『1703 元禄地震報告書』, 2022年

内閣府防災担当編『1707 宝永地震報告書』, 2014年

永原慶二『富士山宝永大爆発』集英社文庫, 2002年

長妻廣至『補助金の社会史』人文書院, 2001年

中村正憲 (巡見報告)『千葉の歴史を知る会』会報32号, 1982年

名古屋大学附属図書館・附属図書館研究開発室『古文書にみる地震災害』名古屋大学図書館春季特別展図録, 2016年

日本火山学会『富士山』, 2011年

根岸茂夫『大名行列を解剖する』吉川弘文館, 2009年

根崎光男『犬と鷹の江戸時代』吉川弘文館, 2016年

羽賀祥二・濃尾震災紀念堂保存機構編『濃尾震災紀念堂-歴史を繋ぐひとびと』, 2015年

羽鳥徳大郎「明応七年、慶長九年の房総および東海南海大津波の波源」『地震研究所彙報』50号, 1975年

服部敬『近代地方政治と水利土木』思文閣出版, 1995年

馬場弘臣「元禄大地震と宝永富士山噴火その1」『文明』19号, 東海大学文明研究所, 2014年

原田和彦「善光寺地震における松代藩の幕府への被害報告について」『災害・復興と資料』4号, 新潟大学災害, 復興資料研究グループ, 2014年

原田和彦「善光寺地震における松代藩の情報収集と文書管理」『幕藩政アーカイブズの総合的研究』思文閣出版, 2015年

福本祐子「天保一四年印播沼工事の一側面」『利根川文化研究』9号, 1995年

藤田覚『天保の改革』吉川弘文館, 1989年

富士吉田市史編さん委員会編『富士吉田市史』通史編第一巻、古代・中世, 2000年. 同第2巻, 近世, 2001年

富士吉田市史編さん室編『富士吉田市史資料叢書(妙法寺記・勝山記)』(笹本正治による解説), 富士吉

田市教育委員会, 1991年

藤原治『津波堆積物の科学』東京大学出版会, 2015年

二上玲子「文献史料からみた貞観地震に関する一考察」『市史せんだい』22号, 2012年

古島敏雄『古島敏雄著作集』第6巻, 東京大学出版会, 1975年

保立道久『歴史のなかの大地動乱-奈良・平安の地震と天皇』岩波新書, 2012年

穂積重遠「東京罹災者情報局の活動」『大正大震火災誌』改造社, 1924年

堀内亨「河口湖町常在寺所蔵史料」『山梨縣史研究』3号, 1995年

益田勝実『火山列島の思想』ちくま学芸文庫, 1993年

松尾(善積)美恵子「手伝普請について」『文学部研究年報』14号, 学習院大学, 1967年

松本精一「江戸時代の土木設計・積算・施工技術を探る-「天保期の印播沼掘割普請」の古文書
　　　を読む」『総研リポート』創刊号, 2007年

三島市郷土資料館編『三島を襲った災害』三島市郷土資料館, 2008年

村田路人『近世の淀川治水』山川出版社, 2009年

明治財政史編纂会著『明治財政史』第2巻, 丸善, 1904年

矢田俊文『地震と中世の流通』高志書院, 2010年

矢田俊文・村岸純「一七〇三年元禄関東地震における九十九里地域の被害」『資料学研究』13
　　　号, 2016年

柳澤和明「貞観十一年(八六九)陸奥国巨大地震・津波と陸奥国-発掘調査から知られる被害と復
　　　興を中心として」『史林』96号, 2013年

柳澤和明「『日本三代実録』より知られる貞観十一年(八六九)陸奥国巨大地震・津波の被害とそ
　　　の復興」東北史学会『歴史』119輯, 2012年

柳澤和明「九世紀の地震・津波・火山災害」鈴木拓也編著『東北の古代史4 三十八年戦争と蝦
　　　夷政策の転換』吉川弘文館, 2016年

山崎有恒「内務省の河川政策」高村直助編『道と川の近代』山川出版社, 1996年

山梨縣立博物館編『河口集落の歴史民俗的研究(山梨縣立博物館調査・研究報告七)』山梨縣立博物館,
　　　2014年

山本武夫「明応七年(一四九八)の海洋地震-伊豆以東における諸状況」『続古地震-実像と虚像』
　　　東京大学出版会, 1989年

『楽只堂年録』(郡山柳沢文庫蔵,『史料纂集』古記録編. 第五巻・宝永二年三月まで、八木書店。ただし、宝永二年(四月以降は未刊行につき、原本、および『新収日本地震史料』第二巻別巻、同第三巻別巻による)

渡辺和敏『改訂 街道と関所―新居関所の歴史』新居町教育委員会, 1987年

渡辺敏全集編集委員会『渡辺敏全集』長野市教育会, 1987年

渡辺尚志『浅間山大噴火』吉川弘文館, 2003年

Hearn, Patrick Lafcadio "Gieaningg in Budda Fields"(ラフカディオ・ハーン『仏陀の国の落穂拾い』), 1897年

Milne, J. & W.K. Burton, Plates by K. Ogawa, the great Earthquake in Japan, 1891(Second Ver.)

일본열도는 4개의 플레이트가 충돌하는 지점에 위치해 세계 지진의 10퍼센트, 활화산의 7퍼센트가 집중되어 있다. 이렇듯 "지진이라는 마물 (魔物)과 공존하는 숙명을 지고"(北原, 2006) 있는 일본사회를 대상으로, 본서의 저자 기타하라 이토코(北原糸子)는 지진사 연구를 전개해 왔다.

먼저 저자는 도쿄교육대학(東京教育大學)에서 일본사를 전공하고, 1983년『안세이 대지진과 민중(安政大地震と民衆)』을 출판해 주목을 받았다. 그것은 사회사적 관점에서 1855년(안세이 2) 지진 당시 민중의 동향을 분석한 연구였다. 구체적으로 지진 이후 확산된 나마즈에(鯰繪)와 가와라반(かわら版) 기사 등을 중심으로 이재민의 행동에 초점을 두고, 일본인이 재해를 어떻게 바라보았는가를 서술하였다. 에도시대의 정보 미디어에 관한 분석을 통해, 재해에 직면한 사람들이 사태를 어떻게 이해하고 다시 일어나 살아갔는가에 관심을 둔 것이다.

저자는 액막이로서 유행한 나마즈에에 대해, 재해를 극복하려는 이들이 발신한 격려의 메시지라고 평가하였다. 그리고 지진 르포라 할 수 있는『안세이견문지(安政見聞誌)』를 분석하며 "눈물나는 이야기와 인간에게 보이지 않는 신의 뜻을 말하는 행위에는 지진으로 인한 충격과 감정적 확장을 해소하는 사회적·심리적 효용이 있었다."고 했다(北原, 1983). 지진 및 재해 연구가 대부분 이공학 연구자를 중심으로 이루어지던 당시, 저자는 사회학적 관점에 기초해 재해 당시 인간행동을 연구하며 재해사회사(災害社會史)의 기초를 마련하였다.

무엇보다 저자는 1984년 설립된 역사지진연구회(歷史地震研究會) 활동에 참여하고 제4대 회장을 역임하였다(2007~2011). 연구회는 역사시대에 일어난 지진 즉 역사지진과 그에 관련된 현상들에 대한 연구 및 정보를 교환하기 위해 이학·공학·역사학·사회학·방재과학 등 다양한 학문의 연구자, 행정 실무 담당자, 향토사가, 보도 관계자 등이 참가해 결성한 단체이다. 사실 지진·해일·분화 등 지구구조의 변화에 따라 발생한 재해는 어느 정도 주기성(週期性)을 가지므로, 일본학계는 일찍부터 방재(防災)의 관점에서 재해의 이력을 조사하고 분석해 앞으로 발생할 수 있는 재해를 예지하려는 경향이 있었다. 그와 연계해 역사학 연구에서도 재해 관련 역사자료를 다루기 시작했고, 역사지진연구회가 문과 학문의 관점에서 지진 및 재해의 사회적 측면을 연구하는 경향을 이끌었다.

그 성과의 일환으로 저자는『일본재해사(日本災害史)』(2006)와『일본역사재해사전(日本歷史災害事典)』(2012)을 편저하였다. 그를 통해 역사학과 이공학 분야의 연구자가 협동한 재해사 연구, 이른바 문리(文理) 융합의 재해 연구를 보여주었다. 그리고 동일본대진재 이후 피해 지역을 직접 방문해 조사 연구하고『해일 재해와 근대 일본(津波災害と近代日本)』(2014)을 저술하고, 동일본대진재 5주년을 맞아 일본 재해사를 '복구에서 부흥으로'라는 관점에서 정리해 본서『일본진재사』를 출판하였다.

본서는 6장으로 구성되어 있다. 저자는 제1장에서 고대~중세 재해 중 869년 지진과 864년 분화, 15세기 후반부터 16세기 전반에 걸친 재해를 주로 다루었다. 제2~4장에는 에도시대 재해 중 1703년 지진과 1707년 지진 및 분화, 18세기 기근과 1783년 분화, 1850년대 지진 등에 대해 살펴보았다. 그리고 제6장에서 근대 재해 중 1891년과 1923년 지진과 관련해 중점적으로 서술하였다. 전체적으로 고대부터 근대에 걸쳐 대표적인 재해의 역사자료에 근거해 재해의 양상과 사회 사상(事象)이 어떠하였는지를 고찰하였다. 특히 구제와 지원, 복구·부흥의 진전 등에 초점을 두고 분석하였다. 대규모 재해에 대응해 일본사회는, 근대 이전 진보 또는 개발이라는 이념이 명확하지 않고 주로 복구에 전념하는 한편 근대 이후 도시계획에 의한 도시 재생 및 부흥 등을 전개하였다. 일본사회의 대응이 역사적으로 복구에서 부흥으로 나아간 것이다.

주목할 것은 저자의 관점이 동일본대진재 이후 '부흥'에 관한 일본 학계의 관심과 연계되는 점이다. 그 예로 일본 국립 아카데미인 일본학술회의(日本學術會議, Science Council of Japan)는 지난 10년간 동일본대진재로부터 부흥하기 위한 연구 활동에 진력했다. 그 목표는 대규모 재해로 인해 인적 피해가 발생하지 않는 지역, 안심하고 쾌적한 일상생활을 영위할 수 있는 지역을 만드는 것으로 재해 이전으로의 복구가 아니었다. 다만 지금도 도호쿠지방 지진의 여진이 이어지고, 2016년에는 구마모토에서 대규모 지진이 일어나 각 지방 정촌(町村)의 부흥이 과제로 남겨진 상황이다.

그러한 현실 과제에 학문적으로 접근한 저자는 2020년 역사지진학 연구를 대표하는 연구자로서, 민속학과 박물학에 큰 업적을 남긴 미나카타 구마구스(南方熊楠, 1867~1941)를 기려 제정된 '南方熊楠賞'을 수상하였다.

지은이 소개

기타하라 이토코(北原糸子)

1939년생. 주요 연구는 재해사 연구이다. 쓰다주쿠대학 학예학부 영문학과를 졸업하고, 도쿄교육대학대학원 문학연구과 일본사 전공을 수료하였다. 가나가와대학 특임교수, 리쓰메이칸대학 교수, 국립역사민속박물관 객원교수 등을 역임하였다. 저서로『地震の社會史』,『江戸の城づくり』,『關東大震災の社會史』,『日本災害史』등이 있다.

옮긴이 소개

김성현

연세대학교, 교토대학, 한국학중앙연구원에서 일본사와 역사지리를 전공하였다. 연세대학교와 서강대학교 등에서 강사, 연구원 등으로 일했다. 논문으로「19세기 말 조선에 대한 일본 외교관의 이미지와 인식」,「19세기말 일본의 해외 지리정보의 성격」,『『택리지』의 지역서술에 대한 이해」등이 있다.

이석현

조선대학교 인문학연구원 HK+사업단
HK연구교수.
고려대학교에서 석사 및 박사 학위를 받았고, 경성대학교, 연세대학교, 서강대학교, 서울대학교의 전임강사, 연구교수 등을 역임하였다.
논문으로는「중국 재이관의 성립과 변용」,「중국의 재해 연구와 데이터베이스, 지도」,「동위의 구황활민서와 구황책」,「중국의 재해 재난연구와 '재난인문학'」가 있고, 논저로는『한중외교관계와 조공책봉』(공저),『중국번속이론과 허상』(공저),『송사외국전 역주』1·2·3(공역),『중국의 역사-송대』(공역) 등이 있다.

조선대학교 재난인문학연구사업단
재난인문학 번역총서 01

일본 지진 재해사
— 복구에서 부흥으로
日本震災史-復旧から復興への歩み

초판1쇄 인쇄 2023년 2월 10일
초판1쇄 발행 2023년 2월 24일

지은이   기타하라 이토코(北原糸子)
옮긴이   김성현·이석현

한국어판 기획   조선대학교 재난인문학연구사업단
펴낸이   이대현
편집   이태곤 권분옥 임애정 강윤경
디자인   안혜진 최선주 이경진
마케팅   박태훈

펴낸곳   도서출판 역락
출판등록   1999년 4월 19일 제303-2002-000014호
주소   서울시 서초구 동광로 46길 6-6 문창빌딩 2층 (우06589)
전화   02-3409-2060
팩스   02-3409-2059
홈페이지   www.youkrackbooks.com
이메일   youkrack@hanmail.net

ISBN 979-11-6742-266-8 94300
     979-11-6742-222-4 94080(세트)